本书受江苏省教育厅项目“网络新闻评论研究”资助
项目编号: SK101516

21世纪新闻传播学丛书

网络新闻评论研究

杨新敏　许海燕　尚香钰
罗　锋　郝吉环　著

苏州大学出版社

图书在版编目(CIP)数据

网络新闻评论研究/杨新敏等著. —苏州：苏州大学出版社,2009.12
(21世纪新闻传播学丛书)
ISBN 978-7-81137-387-5

Ⅰ.网… Ⅱ.杨… Ⅲ.因特网—应用—评论性新闻—研究 Ⅳ.G210.7

中国版本图书馆CIP数据核字(2009)第242955号

网络新闻评论研究
杨新敏 等著
责任编辑 施 放

苏州大学出版社出版发行
(地址：苏州市干将东路200号 邮编：215021)
丹阳市民生印务有限公司印装
(地址：丹阳市西门外陵川绿岛南首 邮编：212300)

开本 787 mm×960 mm 1/16 印张 15.25 字数 264千
2009年12月第1版 2009年12月第1次印刷
ISBN 978-7-81137-387-5 定价：26.00元

苏州大学版图书若有印装错误,本社负责调换
苏州大学出版社营销部 电话:0512-67258835
苏州大学出版社网址 http://www.sudapress.com

目录

contents

第一章　网络新闻评论本体研究

第二章　网络新闻评论主体论

第三章　国内网络新闻评论结构语言研究

第四章　网络新闻评论风格论

第五章　国外网络新闻评论研究

第一章

网络新闻评论本体研究

第一节 网络新闻评论的界定

讨论网络新闻评论，首先面对的一个问题是，它研究的对象包含哪些方面？迄今为止，人们已经对网络新闻评论做出了一些基础研究，但是，对它的研究对象究竟是什么，却一直语焉不详。之所以这样，是因为网络是一个巨大的信息平台，从评论的首发地看，在这个平台上，既有大量转帖的来源于其他媒体的评论，也有首发于网络的评论；从评论的样式说，既有传统的成文评论，也有多人对话式评论，后者往往三言两语，若从对话中分离出来，就让人不知所云；从评论对于媒体的依存度而言，有的评论是媒体依存度较差的，随便发表于什么媒体都行，有的评论是媒体依存度较强的，无法进行媒体转换，或经过媒体转换后，其意义就会缺失或改变的；从评论的规范说，有的评论是符合传统的评论规范的，有的则难以用传统的规范来审视，或从传统的评论规范审视就得认定为非新闻评论的。比如：一般人们认为的新闻评论是单主体的，网络中的一些评论却是多主体的；一般人们认为的新闻评论是成文的，网络中的一些评论却是不成文的；一般人们认为的新闻评论是有评有论的，网络中的一些评论却是只评不论的；一般人们认为的新闻评论是语言规范的，网络中的一些评论却是语言随意的，它大量使用网络语言；一般人们认为的新闻评论是理性的，网络中的一些评论却嬉笑怒骂，插科打诨。

让我们回到新闻评论的本质规定。构成新闻评论的最根本的要素是什么？一句话，是对新闻事件表达观点。如果你只是告知现在发生了什么事，那是新闻。如果你就此事抒情言志，那是文学。如果你对此事发表意见，那就是新闻评论。所以，面对网络新闻评论，我们必须放宽对新闻评论的限定，只要它不违背新闻评论的本质规定，它就是新闻评论，而不是别的。

网络本身就是兼容并包的，网络新闻评论也不宜作过多的限定。如果硬要把某些出现在网络中的评论剔除出去，就会极大地降低网络新闻评论的丰富性，也会伤及网络新闻评论彼此的联系和互渗。我们可以给网络新闻评论做个宽泛的规范，即出现在互联网上的对新闻事件的看法。当然，如果只是笼统地把所有网络上的评论都认定为同一层面上的新闻评论，那又失之简单化，概括而不深入，笼统而不细致。我们不妨把网络上的评论按照其与网络的结合程度进行区分，使其各得其所。这样，也便于我们对各种不同类型的新闻评论的特性进行认定。

一、上网评论

上网评论指的是将传统媒体的新闻评论搬上网。上网的评论就每篇评论的内容本身来说，它并没有发生什么变化，但是，它的生存环境变了，导致评论的接受方式和接受效果发生了很大变化。它可能是影印上网，也可能是脱离其所有媒体形态上网，这一点我们后文再说。关键的变化体现在以下三方面。

（一）评论集纳与观点冲突

所有上网的传统媒体评论都被集纳到了一起，这一集纳，就使单篇的评论所有的自足性不复存在，它与其他相关的评论建立起一种超链接，成为超文本中的一个节点。在其原有的生存环境中，它与原有媒体中的其他内容互文，并突出出来，成为那一媒体的旗帜和灵魂，以一种相对统一的声音作用于它的接受者，发挥着极强效果；但上网后，它就只是诸多媒体声音中的一种声音，这种声音在无数杂音中面临竞争。网络集成评论后，必须为所集成的诸多评论列出一个目录，让网民借助目录进行挑选，然后进入所选评论的内容，每则评论与所有其他评论都处于一种相对公平的标题竞争中。之所以说是相对公平，是因为评论的目录排列的位置会对网民多少产生影响，排在前面的有更多的机会被网民所点击，如果其名次被网管有意前置或被网民有意推顶，其被点击的机率就更高一些。但是，网民并不会因为某则评论被排在前面就一定去点击，他们会根据自己的需要和兴趣做进一步的挑选。如果此评论未被人们选中，则其效果就根本无法实现。如果此评论有幸被人们选中，它的观点就可能进入人们的视线。但是，人们并不会轻易接受其观点，而是会选择其他相关联的评论，在观点的竞争中作判断。互联网是个观点的大卖场，而不是像传统媒体那样，是某种观点的专营店。在报纸中，每一份报纸对某一新闻事件所持的立场是相对单一的，而人们要同时看多种报纸对某一事件的评论很不方便，所以，一般是主要看某一份报纸的评论，在没有其他评论参照的情况下，读者就很容易被此报的评论思路牵着走，为此报纸的意见所引导，形成与此报纸相近的认识。即便读者在某个方面不同意此观点或对此观点有所怀疑，但因为没有别的信息参照，也很难提出自己的观点，形成自己的判断。此时，若此观点基本是公允的，它可能使人们形成对世界的较合理的认识，并据此付诸行动，以维持世界舆论的正当性。但每个人的智力都是有限的，没有任何人能保证自己对世界的认识就是合理的认识，一旦评论员的认识存在较大的失误，就会把读者的认识引向歧途，特别是当此媒体是主流媒体，影响范围广，影响力度大时，更令人担忧。为此，西方一些影响较大的媒体如《纽约时报》，出于平衡理念，有意在自己的媒体上引入冲突性观点，让人们在不同观点的参照下去阅读，在不同观点的对比中得出自己的判断。《纽约时报》的具体做法是，在相对的两个版面中，左版刊登社论，表达自己的意见，右版则有意刊登一篇与社论的意见相左的评论，因为处于对版中，人们可以很方便地去比较两种意见，从而在一定程度上避免人们因为长期以来形成的对此报的信任而对社论的观点产生盲从。民主社会依赖于每个公民的理性，所以，当公民不是依赖于别人的头脑去认识世界，而是参考别人的思考去做出自己的判断时，他的理性也被培养起来。每个公民都具有较强的理性思维水平，都具有对世界的一定的判断力，公民多数人所做出的决策就可能较为合理。当然，即使如此，《纽约时报》的评论仍然是需要警惕的。一是它所设置的冲突性意见是有限的，只是列举了对新闻事件的两极性意见，而两极之间的过渡带阙如。世界是复杂的，对世界的认识也不能是非此即彼的二元对立思维。二是所有的冲突性观点都是在编辑的掌管之下的，编辑是在某种元观点的支配下进行次观点的讨论的。此时的次观点，就像专营店的不同型号的产品一般，都是某一公司的产品。传播学揭示的一个真理是，一面理的宣传可能会产生即时效应，而一旦人们听到另一面理时，就会出现认识的反转，对原有的宣传产生极度的不信任。报纸让人们看到两面理，就会使人们形成对敌对观点的免疫力。报纸编辑在选择不同意见时，一般的倾向是把他所认为的较合理的意见设置为社论，而不甚合理的意见设置为与社论冲突的评论，结果是使人们在看过冲突性评论后,更加认同社论的意见。再者,报纸这样设置意见带有极强的人为色彩,为冲突而冲突,长期做下去,就可能把它形式化,使冲突性意见变成一种摆设,造成冲突性意见与社论在质量上的巨大差异,从而更加确立社论的权威性,使社论对舆论的引导力更强,因而带来更大的隐患。当然,西方一些媒体也很重视媒体作为社会公器、公共论坛的作用,它们不仅发表代表本媒体的意见的社论,把社论作为此媒体的旗帜、灵魂和眼睛,也开辟一些评论专栏或专版,让媒体之外的意见也能在意见市场上有自己的摊位,近年来,我国一些媒体,特别是都市报类的媒体也试图这样做,为公众言论留出摊位,从而推动了时评的迅速发展。但这些摊位往往自说自话,彼此形不成一种对话的状态,众声喧哗却没有共同的话题。再者,媒体的版面或时间有限,不可能让所有的公众都有机会把自己的声音在媒体上放大,只能从无数来稿中挑选一部分发表在自己的版面上。这样一来,经过媒体编辑把关的过程,无数与媒体编辑意见相左的观点就被过滤掉了,能够登上媒体版面的只是与媒体的意见一致的意见,至多是与媒体的意见不那么冲突的意见。它从表面上看是形成了一个较公平的意见市场,实质上是借公众中的一部分意见进一步放大了自己的意见,使自己的意见显得更加具有合法性,更为社会所认可,因而,它造成了一种公众普遍如何认识的假象,使那些被过滤掉的意见在沉默的螺旋中变得更加边缘化。这样,媒体就在人们的错觉中把自己的意见兜售了出去,形成对社会的引导或误导。当然,在一个自由的媒体环境中,每个媒体的意见可能会有一些差异,此媒体所过滤掉的意见恰好被另一媒体所采用,即便如此,结果仍然是不理想的,理由还如上面所述——一个人不大可能正好同时在阅读这两家媒体的内容,他阅读了哪家媒体的内容,就可能因为听不到其他声音而被这个媒体的意见牵着走。而在一个不那么自由的媒体环境中,则可能所有媒体都形成同一种选稿标准,使边缘的声音永远被排斥在媒体之外。但在互联网上,在这个大卖场里,情形就截然不同了。当然,互联网上也有许多专营店,但这些专营店就像大卖场中的某个柜台一般,它是与其他柜台集中在一起的,此专营店不售卖某些观点甚至排斥那些观点,人们可以到其他柜台去买。现实中的传统媒体做不到这一点。除非在图书馆中,没有人能把所有的报纸拿来看,人们只能选择某几份报纸看。在互联网所形成的这种超链接中,每一则上网的评论都处于与其他评论的交锋或商讨中。有比较才有鉴别,本来在传统媒体中,人们所意识不到的评论中的偏执与错误,一经比较马上显现了出来。当然，评论上网后文本关系的重组也带来新的问题。在报纸中，一篇评论与事件的结合度是比较高的，人们可能是通过对报道的阅读了解了事件的整个过程后再来读评论，就是说评论是与事件过程、事件背景、事件相关人员（所有当事人、目击者、与此事件相关的专家等）的陈述等紧紧链接在一起，人们得以在此基础上来听取评论者的意见，而重组后，相关的报道只是在评论中略有提及，人们得不到完整的事件信息，也就很难做出自己对事件的判断。评论一定是着眼于事件的某一个点，而不是事件的全部。这也是欧美新闻学理论特别强调要把报道与评论分开的充足理由所在。在他们看来，报道的任务是让受众了解事件的原原本本的过程，而评论的任务是让受众了解别人是如何看取此事件的。如果报道时夹杂着评论，就可能带来这样一些麻烦：一是报道者不是把自己放在一个客观告知者的位置，而是带着自己的认识去选择事件，对那些与自己的认识不一致的事件过程要么视而不见，形成盲点，要么有意忽略那些过程，使事件在报道者那里已经进行了着意选择，纳入报道中的一切事件细节都为报道者的观点服务了。这样，报道就可能是不全面、不客观、不公正、不平衡的；二是接受者不但从报道者那里得不到事件的完整信息，无法形成完整的认识，而且还只能戴着报道者所给的有色眼镜看世界，从而不能对世界有个直接的、无阻隔的把握。换句话说，就是人们不仅看不到一个完整的世界，而且只能得到一个报道者所给予的认识和评价。当然，报道一定是由人做出的，而人永远无法像一面镜子一样把事件完全客观地展现给受众，但正因为对这一点的认识，所以，报道者更要有意识地搁置自己的偏见，尽可能地去还原事件真相。也正是因为报道者永远无法完满地还原事件本身，所以，传媒的多样化才更加重要。在多样化的传媒中，此报道者可能无法避免地带有自己的偏见，那么，人们可以通过参看其他报道来做出判断，把偏见压缩到最小。只有对事件过程有了较完整、客观的了解，公众才能对事件做出较为公允的评判。这样，我们就可以看出评论与事件报道紧密链接的重要性了。当我们所看到的全都是人们对事件的评论时，我们可能会无话可说。不过，这点在互联网上还不构成大的问题，因为许多传统媒体在互联网上都有 PDF 版，人们可以将两种报道组合参考看。即使没有 PDF 版，人们还可以通过事件链接跳到报道性的页面去看新闻。互联网的集成功能使所有媒体的报道都可以在网上集中调出，使人们通过参看各家的报道来避免某家报道的不完整性，形成对事件本身的一个较为完整、准确、客观、平衡的认知。在这样的认知下再来看各家的评论,读者就可能在一定程度上得出不受别人左右的自己的看法了。

(二)不同观点的冲突使评论的接受者由被动走向主动

传统媒体的评论因为没有竞争性的观点做对比,加上接受者与评论者对事件信息获知的不对称性,接受者一般是以一种崇拜的心理去看,以一种求知的心态去请教的,很容易被评论者所俘虏,成为评论者意见的追随者。也正因为这样,传统媒体最容易实现舆论的导向。塔德和勒庞都发现,在一个集体中,大众的智商往往会下降,在传播者的暗示和催眠下,群体会做出统一的非理性判断。大众传媒替代了广场演说的功能,使更多人的思想被裹挟,情绪被激发,做出从众的判断。之所以这样,他们认为,是因为传播者作用的不是人们的理智,而是人们的感情,而人们在情绪上是会互相感染的,因而形成了一个理想的被暗示与催眠的场。“群体永远漫游在无意识的领地,会随时听命于一切暗示,表现出对理性的影响无动于衷的生物所特有的激情,它们失去了一切批判能力,除了极端轻信外再无别的可能。”①而人们之所以容易被暗示与催眠,还与人们在集体中的自我责任感降低有关。“群体是个无名氏,因此也不必承担责任。这样一来,总是约束着个人的责任感便彻底消失了。”②后来纽曼的沉默的螺旋理论修正了勒庞的理论,她发现,在群体中的个人并非失去理性判断力,而是因为人是社会动物,每个人都希望被他所依靠的群体所接纳,担心被群体所抛弃。如果他个人的认识与群体不同,他会感受到一种孤独的恐惧,会担心别人把他当作一个另类,因而,他会努力使自己与群体的意见一致。在群体的场暗示中,他会因为相信群体的判断,从而对自己的独特判断产生强烈的怀疑,随着时间的流逝,越来越难坚持己见,越来越丧失自信,从而认同群体的意见。结果是,个体不再思考,而盲从于群体的意见和行为。勒庞只是看到“聚集成群的人,他们的感情和思想全都转到同一个方向,他们自觉的个性消失了,形成了一

---

① 古斯塔夫·勒庞著,冯克利译:《乌合之众——大众心理研究》,中央编译出版社 2005 年 11 月第 1 版,第 24 页。

② 古斯塔夫·勒庞著,冯克利译:《乌合之众——大众心理研究》,中央编译出版社 2005 年 11 月第 1 版,第 16 页。

种集体心理"①,但为什么会这样,答案要到人们的社会归属意识中去找。大众传媒出现后,它以伪群体意见的表达者开始,以化伪为真结束。当大众传媒宣扬某种观点时,某个人可能会怀疑这种观点,但他无法感知别人的判断,不知别人是否也怀疑,而事实上,怀疑的声音往往在大众传媒上被编辑过滤掉了。当他几乎听不到其他人的怀疑的声音,而大众传媒的声音却越来越响亮时,他就会误把这种响亮的声音理解为多数人的声音。此时,他就有可能对自己的意见产生怀疑:集体的智慧肯定比我强,大家一致认定的意见总是对的,我的观点与大家不同,说明我错了,只是我比较愚钝,弄不明白我错在哪了。此时,他就失去了说出自己的观点的勇气,担心被众人所嘲笑。即便此人自信心很强,他认为众人都错了,我是对的,他也一样不敢把自己的观点表达出来,因为他的观点与别人不同,他就有可能被看做是一个另类,而被众人所孤立。人是社会动物,被别人所孤立是令人极其恐惧的事情,于是,他也表示沉默。沉默者越多,主流的观点就越响亮,反过来说,主流的观点越响亮,沉默者也就变得越多,于是形成一种沉默的螺旋。就是说,大众传媒承担了一个伪群体的角色,它的声音被人们误以为是群体的声音,从而导致了群体的声音真的变为大众传媒所张扬的声音的结局。正如托马斯定理所讲的那样:"如果人们把某种情境定义为真实的,那么这种情境就会造成真实的影响。"②不管是塔德和勒庞的大众心理研究还是纽曼的沉默的螺旋理论,他们都基于一个前提,就是人们只能听到一种观点,其他的声音要么听不到,要么很微弱,所以,这种观点被误认为是群体公认的观点。在没有其他声音竞争的情况下,人们就无从比较,无从做出自己的判断,所以智商必然下降,于是,就变得特别容易受到煽动,特别容易从众。互联网上各种不同观点的超级链接,打破了这一格局,使人们都能看到多种观点了,没有一个权威告诉你哪种观点是对的,其他都是错的,你也就不得不调动自己的思维去做出判断了。每个人都调动自己的思维去判断,也就不会降低自己的智商,相反,会提升自己的智商。智商提升了,也就不会从众了。事实上,在互联网上,也没有一个一致拥护某种观点的大众可依赖,因为大家都在做出自己的判断。在这里,你无法被动接受,只能主动思考,无

① 古斯塔夫·勒庞著,冯克利译:《乌合之众——大众心理研究》,中央编译出版社 2005 年 11 月第 1 版,第 11 页。

② R. 默顿、林聚任:《自我实现预言》,《国外社会学》2001 年第 1 期。

法消极阅听,只能积极判断,于是,在传统社会中的思想家与大众的两分现象不复存在,每个人都有可能是思想家了。

当然,我们也不能回避互联网上的群体极化现象。群体极化(Group Polarization)最早由 James Stoner 于 1961 年提出。美国当代法家、芝加哥大学讲座教授凯斯·桑斯坦这样解释群体极化概念:"团体成员一开始即有某些偏向,在商议后,人们朝偏向的方向继续移动,最后形成极端的观点。"他认为:"在网络和新的传播技术的领域里,志同道合的团体会彼此进行沟通讨论,到最后他们的想法和原先一样,只是形式上变得更极端了"。① 在我国,人们也发现,"现在的网络上聊天室和论坛不是把持不同政见的各类公民吸引到网上就共同关心的问题进行协商,而是把思想、政见、价值观和爱好基本相同的个人吸引到一块加深他们的原有价值观和偏见,而不是挑战和改造原来的价值观和偏见"②。

这一现实确实让人沮丧,但究其原因,一是人们一旦形成某种对于世界的看法,就倾向于坚持己见。承认自己已有的看法是错的,这是很痛苦的事。所以,面对与自己的意见不同的见解时,人们会产生认知的不和谐,在对方的看法说服性不强的情况下,会自以为是,坚决拒绝,激烈批判,而在认识到对方的观点具有很强的说服力的情况下,则情感上一时难以转过弯来,要有所改变需要假以时日。这是传播学理论中早已指出的现象。只是在传统社会中,人们接触到不同见解的机会极少,没有多少需要自己保卫的思想,群体意见的极化现象也就相对比较少。而互联网的出现,令地球真正成了一个村落,不同思想一下子都处在与其他思想交锋的前沿,于是,其成员也就倾向于捍卫自己已有的见解,对其他思想本能地加以排拒,所谓"话不投机半句多"。然而,既然处在交锋的前沿,争执就势所难免,越是被极化了的思想,就越是暴露出其片面性,最终必然是在交锋的过程中双方逐渐克服自身的不足,在吸纳对方合理性成分的基础上来革新自己的认识。看看上世纪世界两大阵营的发展历史,这一道理就不难理解。从世界上第一个社会主义国家诞生开始,共产主义意识形态与资本主义意识形态之间的争执就不断展开,发展到上世纪 50 年代,双方就都走向极化,标志就是冷

---

① 凯斯·桑斯坦著:《网络共和国——网络社会中的民主问题》,上海人民出版社 2003 年版,第 47 页。

② 刘文富著:《网络政治——网络社会与国家治理》,商务印馆 2002 年版,第 298 页。

战——双方各执己见，互不对话，互相妖魔化，认为两种意识形态水火不容，在美国是出现麦卡锡主义，在中国"文革"时期甚至打出了"宁要社会主义的草，不要资本主义的苗"的旗号。但冷战只是两种意识形态的极化阶段，后来人们发现，资本主义意识形态正在吸纳社会主义意识形态的成分，注重劳工权益，注重社会福利，注重经济的计划性（不过不是由一个权力中心制订的随意性比较强的计划），北欧一些国家甚至很难分辨是社会主义国家还是资本主义国家；而社会主义中国则通过改革开放，告别了原有的僵硬的（或者可以直接说是极化了的）社会主义，排除了姓社姓资的争论，引进了西方国家的一些先进的管理理念，使中国迅速充满了活力。二是网络信息的海量化与表达和接受的个性化的矛盾。理论上说，网络信息海量化，可以使人们接触到更多的信息，从而变得思想更开放、态度更包容，但网络无涯而人生有涯，谁也不可能把网络信息全部阅读，人们只能挑选那些自己需要的信息去看。网络上也没有一个权威能够指导人们读什么，不读什么，它的阅读是自由的、主动的，而弗洛伊德早就指出，人的本我追求快乐原则，对那些会导致认知不和谐的意见，人们本能地有拒斥心理。这样，就导致在网络上往往同气相投，形成一个个意见群体。但这些意见群体总要发生遭遇战，极化意味着一种意见发展成熟，而发展成熟的意见进行遭遇战，其辩论的质量会更高。有多种成熟的意见出现，正可以使一个社会更理性地商讨，更能在不同的思想路径的选择中找出最优路径，从而使社会更健康地发展。

（三）上网评论还是网上讨论的重要思想资源

人们要在互联网上展开讨论，总得有个话题，有了这个话题，人们才能集中展开辩论，否则人们就不知道要说什么。上网的传统媒体的评论就是人们的讨论得以展开的重要话题之一。因为上网的评论往往是相关的评论被集成在一起，使人们得以看到不同的观点与不同的逻辑，因而激发了自己的积极思考，而积极思考的结果是人们都有话想说，于是，就一些上网评论所提供的观点以及所展开的逻辑，人们得以在互联网上进行表达。每个人的理解和认识都因为自己的特殊生活背景和知识背景而有所不同，因而各自的表达都会有所出入，于是辩论得以展开。网上的辩论又进一步激发了传统媒体评论者的思维，使网上网下形成一种互动，既使传统媒体的评论更加开放和公允，又使网上的评论更趋向理性。

二、网上成文评论

网上成文评论在我们的论述中有其特别的范围。它指的是那些仍然以单主体出现的、成文的评论，但那些评论不是原发于传统媒体，而是原发于网上。它包括各网站中的原创评论、博客中的评论和论坛中的原创主帖。

就评论形态而言，网上成文评论与传统媒体中所登载的评论差异不大，如果作者不是首发于网上，而是首发于传统媒体中，也就成了传统的媒体评论。一般来说，人们更愿意把自己的评论发表于传统媒体上，因为第一，这意味着这篇评论在文字水平上是质量比较高的，经过了认真修改和梳理的，经得起编辑的筛选与检验的（当然，这不意味着网上的评论文字水平就一定差）；第二，作者也相对而言更容易获得社会的认可；第三，作者的劳动也容易获得经济回报。许多评论作者都是专职的自由撰稿人，他们靠评论写作来维持自己的生存，因而，有没有稿费、稿费多少是他们必须考虑的问题。有些网络媒体在登载评论时也支付一定的稿费，但总体而言，稿费量比较小。当然，也有一些网站稿费是比较高的，比如人民网的“人民时评”，稿子一旦选中，千字支付千元，但这样的机会太难得；第四，传统媒体发表的评论大多会被网站集纳，则作者有可能获得二次回报。总而言之，能在传统媒体上发表评论，对评论作者而言，好处是很多的。但是，还是有大量的评论发表在网络上，究其原因有以下几个方面：一是传统媒体版面有限，发表不易。新闻评论的时效性很强，如果不能在数天的时效期内发表，其价值就迅速缩水，评论者的劳动就将完全付之东流。于是有相当多的评论就流入网络，在网上寻求价值的变现。网络新闻媒体中的原创评论大多为此类。网站为了鼓励原创评论，以丰富网站内容，增大网络点击量，除了支付一定的稿酬外，还约他们为网站的评论员，并为他们在网上结集；二是新闻评论涉及的是观点，有许多观点或具有相当程度的敏感性，或与媒体的选题计划不符，或在某个特定的形势之下不拟刊登，从作者这里说，观点能否被其他人看到，能否寻找到同气相投者，能否说服他人，对他来说是更为重要的事情，为此甚至付费刊登他也愿意，于是，这些评论就寻找到了网络这一出口。新闻评论是一种思想的体操，而思想追求的是自由。传统媒体受到种种限制，无法实现思想的自由，在种种约束下，新思想的生长就受到了阻碍。那些自由的思想要寻求自由的表达，网络无疑是一种比较理想的平台，特别是其中的博客。博客用一句广告词来说，叫“我的地盘我做主”，“我”的意见可以根据“我”自己的意愿登在“我”的博客上，登得多了，就成为“我”自己的思想发展史，让别人可以清楚地看到“我”的主要思想是什么，“我”的思想经历了一个什么变化过程，它远比网络媒体所做的评论员的集子要完整。因为观点的敏感性，它会引来众多的讨论，使全社会的认识水平迅速提升。随着时间的变化，一些异端的思想可能会被人们逐渐理解、认同和接受，所以，博客评论对全社会的思想大解放功不可没。当然，博客是一种责任性媒体，即便你采取网名写博客，固定的博客还是很容易让人们知晓博客后面的真实的作者。第一，它使博客的作者很爱惜自己的名声，不肯发表不负责任的意见；第二，它会在思想表达上时时有着来自社会的无形的压力，当这种压力大到使其表达有所顾忌时，他也会匿名进入论坛进行表达；第三，与思想的自由相应，网上评论的语言表达也是自由的，这种自由使评论不拘一格，很难为传统媒体所认可，因而也就很难走进传统媒体，当作者不愿意受传统媒体的语言约束时，也就只能把自己的语言才华展现于网上；第四，网上与网下是互通的，如果能在网上写出名堂来，使自己成为网上的意见领袖，作者也就有可能在某一天走出网络，走进传统媒体，所以，在网上发表评论也不失为一条终南捷径；第五，即使无法走出网络，能在网上一呼百应，以自己的观点去影响他人，也会使评论者充满成就感，如果自己的评论引来众多的跟帖，获得众人的叫好，就是对自己的水平的最好的检验，即便网上有许多人对自己提出质疑，也会使自己对问题思考得更全面、更中肯、更深入，那也是一种值得的回报。

网上的成文评论与网下的传统媒体的评论一样，是单主体评论，所以，评论者的思想是连贯的，评论者对自己的观点是经过了较完整的论证的，因而，人们不仅知道他持什么观点，还知道他为什么持这样的观点，这一点很重要。传统媒体的评论尽管有一些是持论独异的，但那些观点与社会的主流观点差异并不很大，人们很容易理解那些观点，有许多评论甚至看过观点就没必要看其论证过程，因为其观点人们很容易接受，但网上的成文评论有许多观点离主流观点较远，人们看到那些观点往往感到奇怪，感到不可思议，感到很偏执，如果没有相应的论证，人们很难接受。如果经过论证，使人们改变了原来的看法，人们就感到自己的思想一下子豁然开朗，眼前展现出一片新天地，感到获得了新的思想启迪。反过来说，那些不充分的或强词夺理的论证则会让人们认识到这种观点的片面性与局限性，从而寻找新的认识途径。与上网评论这一讨论资源相比，网上成文评论是一种更具有启发性与可辩论性的资源，因为它们在开启着种种非常规性的认识思路。

三、网化评论

网化评论是指那些以论坛形式出现的多主体讨论式评论。这种评论有众多的参与者，每个参与者都以对话的方式与其他人进行观点交流，这种观点交流多以跟帖的方式进行。一则引发争论的帖子，其跟帖可能会有成百上千个，这是任何传统媒体都无法容纳的，它只能以网络方式生存，是网络化的，切合网络特点的评论，所以，我们称之为网化评论。

与网上成文评论相比，网化评论多数只是观点的表达，很少有细密论证过程，事实上，在对话过程中，人们是不可能对自己的观点进行深思熟虑的思考，并以很考究的语言加以表达的，只能是想到什么说什么，想到哪点说哪点，想到什么理由说什么理由，因而，我们很难看到讨论过程中的一以贯之的思路。但是，因为参与者众多，每个人的观点和理由相互补充，相互质疑，相互争辩，又使讨论的思路有一种广泛的发散性，展现出多种思考的可能性。网化评论的参与者都是蒙面人，不像在现实生活中，要照顾对谈者的面子，所以，发言者无所顾忌，放肆张狂，真的进入了言者无罪的境界。不管遇到什么话题，人们有什么意见就大声说出来。为了使自己的意见引起关注，甚至采用一些出格的方式，形成一种热闹的辩论甚至有点像是吵架的情景。

通过辩论，可能会形成这样几种结果：一是人们各自看到自己的观点的片面之处，逐渐形成相对一致的认识；二是虽未形成相对一致的认识，但出现了由多种观点向少数几种观点集中的趋势；三是辩论的诸方各执己见，谁也说服不了谁，甚至因为彼此背景的不同，观点的迥异，相互的难以理解，导致各方理性缺失，情绪上升，形成骂战，在各方骂累之后又会开始思考被骂方观点的合理性；四是形成一种观点占上风，持不同观点的人认为这些人难以理喻，道不同不相与谋，因而退出这个讨论区，另开讨论区，与同气相投者讨论，从而导致一种网络中的意见极化现象，即意见相近者总在一起讨论，因为彼此意见相互支持，就产生一种错觉，觉得世界上大多数人都是这样认识的，因而愈加坚信自己的看法。这样，就形成了一个个相互隔离的意见圈子。这些圈子彼此听不到对立方的意见，交流于是受阻，认识越来越片面。当然，这种片面又可能是一种深刻的片面，就是说讨论者纷纷为这个小圈子认同的观点寻找理由，使这种观点的论据日趋充分与完满。这种集体找论据、集体进行论证的过程使观点迅速成熟。

网络辩论之所以重要，正是因为通过辩论人们可以不断地听到不同的意见，并在不同的意见的交锋中不断地丰富自己的认识，培养起一种理解与宽容的心态和独立思考的能力。每个人都因地域、民族、环境、教养、职业等差异而对事物有着不同的认识，对事件有着不同的立场，因而各从不同的角度来看取新闻，表达自己的见解，而每种见解都因为角度不同而有着某种洞见，也存在着某种不见。只有在能听到各种不同的见解的情况下，人们才会意识到原来还有这样一群人，还有这样一种意见，这种意见有它的某种道理，因而理解他人的意见，宽容他人的意见。所以，网化评论需要的正是各种意见的互补，是多种认识的可能性的发掘。从这个角度说，任何论坛中声音的单一化都是论坛的灾难。网络论坛中不能追求统一的认识，只能追求对不同的认识的理解和宽容。如果讨论最终趋向于统一的认识，结果只能是使讨论窒息，因为大家意见都一致了，还要讨论干什么？但正如我们前文所说，当一种意见成熟后，人们就失去了继续讨论这种意见的激情，于是转向以这种成熟的意见与其他意见交锋的过程，从而由冷战走向争辩进而走向对话。不打不相识，经过一定时期的情绪发泄，各方逐渐学会了理解与宽容，这是一个虽不理想，但却很现实的进程。

网化评论中的专断与对骂等不讲道理的现象有这样几种原因：一是因为认知不和谐。讨论者的观点是建立在自己长期以来所形成的对世界的认识的基础上的。一旦他在讨论中发现自己的观点受到了别人的攻击，而且这种攻击似乎还很有道理，自己很难辩解，此时，他就会觉得别人的观点是歪理邪说，讲不出理来就把它骂倒。人一旦已经形成了某种认知之后，当有另一种矛盾的认知出现，他就会感到难以接受，感到极端痛苦，就会本能地去维护自己原有的认知，以使自己处于和谐的认识状态。当然，随着时间的推移，他会渐渐地抛弃错误的认知，重新建立自己的认知状态。所以，这类不讲道理是一个走向新认识的过程。二是对方认为此方已经明白了道理，却不讲道理地乱骂，因而给予回骂，以不讲道理对付不讲道理。三是认为对方根本不可理喻，无奈只有骂上几句解气。四是对那些明知事理如何，但为了自己的利益坚持己见者，人们只有用痛骂来表达愤慨。不管是出于什么原因,网上的专断与辱骂都是无能的表现。讨论者们并不会因为你的专断表达而认同你,也不会因为你的辱骂而服从你。所以,应多在网上对此加以讨论,使人们认识到这一问题,逐渐学会以理服人。

与上网评论和网化评论相比,网化评论由于缺少了对观点的论证过程,难免会降低理性讨论的氛围,一部分网民自以为掌握真理,因而对辩论的对方缺乏应有的尊重,往往认为对方不是弱智者就是被某个利益集团雇用者,而弱智者是孺子难教的,是粪土之墙不可污,朽木不可雕,除了骂他两句没有别的办法,至于被某个利益集团所雇用者,他是明知事理却有意搅浑水,是捣乱者,这样的人你不把他骂走还能怎么样?因为自以为真理在握,这部分网民很难听进别人的意见,总是以恶意来揣测别人的意见,这就使那些真心交流者感到大受侮辱,认为自己是在和一些没有教养的网络流氓对话,因而退出辩论。我们不排除网上有受某个利益集团雇用的试图误导网民的人,毕竟网络是一个江湖,林子大了,在这里什么样的鸟都会有,网民对网络交流的警惕也是十分必要的,阅读每一则帖子都需要动脑子想想,此人为什么这样说,其目的是什么,在这个网名之后究竟是一个什么身份的人在说话,他是在什么利益驱动下说这些话的?如果丧失了这份警惕,我们就有可能被某些别有用心的人所利用。保持这份警惕,多想想说话者的意图,本身就是一种理性的表现。但必须明白,理性,更重要的不是划分阵营,而是谋求真理,不管网名背后的人是谁,我们首先要做的判断是,他说的话有没有道理。我们需要把自己已有的判断搁置起来,试图去为对方寻找理由,这样才可能避免我们因为成见而拒绝异见,才可能使自己的思想获得解放,使新思想的成长具备土壤。即便你所面对的真的是个别有用心的人,你也不可能靠谩骂取胜。那些别有用心的人既然敢来发言,就已经准备好了挨骂,你骂上了,倒反而给他帮了忙,让观战者认为你才是别有用心的人,因为你一骂,首先已经让人怀疑你的人格了。对付别有用心的人,最好的办法仍然是讲道理。你可以用理性的论证使那些人的观点无法立足,从而使他们理屈词穷、哑口无言,使那些对他们的似是而非的观点有所认同的人认识到他们的错误,从而反过来认同你的观点。谩骂和恐吓决不是战斗,只有逻辑的论证是最有力的。如果对方并非别有用心的人,只是与你的观点不同,你就更不应该出口成骂。与你的观点不同,可能有以下几种情况:一是对方长期受到某种错误信息的误导,从而形成某种错误观点,而这种错误观点又经过一再强化,变得根深蒂固,以致乍一听到一种新观点,马上本能地认为是错的,所以,他立即亮出他的观点与你辩论;二是对方接触的信息比较陈旧,无法理解在新信息条件下所形成的新观念;三是对方掌握的信息与你不同,因而观点也与你有出入;四是你们所掌握的信息都是一样的,但因为思想路径不同,形成不同观点。人性有一个巨大的弱点,就是总以为自己是对的。面对不同观点时,人们总在想,我的观点是基于什么什么理由,这一理由如此之简单,对方怎么就不明白呢?辩论的双方都这样想,于是就都把对方当做弱智之人。认识到这一弱点,在辩论时,我们就必须保持一份谦恭,很可能当我们把对方当做弱智之人时,自己恰恰是那个弱智者。当我们认为对方对极其简单的道理都弄不懂的时候,自己恰恰是对对方的极其简单的道理没弄懂。有洞见就有不见,任何人的知识都是有盲点的,道理明摆在那里,但它可能正好在我们的盲点上,使我们视而不见。所以,最好的辩论是一种谦恭的商讨。对于前两种情况,要的是通过我们不断地讲道理,使对方慢慢地接受新信息,形成新观念。观念的转变是有过程性的,这个过程并不因为你的急躁而省略。任何人在自己的观念受到挑战时,都会首先把自己的观念看做是正当的,都会下意识地来进行自我防卫。当人们认识到自己的观念的局限性后,就会渐次减少防卫,直到最后拥抱新观念。但是,如果在自我防卫时遇到猛烈攻击,人们就会加强防卫。所以,如果你以谩骂的方式对付对方,对方就会不断地强化他的防卫,使观念转变的过程变得更慢,或甚至因为防卫力量的过强而使观念的转变变得不可能。对于后两种情况,辩论的双方都需要通过接纳对方的信息或观点,以丰富自己的认识,此时,自以为是,就失去了丰富自己的认识的机会和可能性。在实际辩论中,我们并不能超前判断对方究竟是哪种情况,但不管是哪种情况,认真倾听,虚心求教都是对的。

总之,网化评论的主要问题是非理性,而治理网化评论的非理性的问题显得十分重要,网民们只有充分认识其危害性,才能守住理性的界线。

第二节 网络新闻评论的生成环境

一、网络对信息的集成是网络新闻评论的前提

互联网连通了全球信息传播，使人们在真正意义上同时成了信息传播和信息接受的双重主体，从而突破了传统的大众传播的诸多限制。学界一般把互联网传播的特点概括为交互性、开放性、时效性、草根性、时空压缩性等。但是，作为虚拟的信息联通空间，互联网并不具有自足性，它与现实的信息传播空间紧密相联，并受到社会诸规范的影响，因而必然受到现实的制约，所以，考虑互联网传播的特点，不能不把现实的制约因素纳入研究范围。换句话说，我们必须回答的是，在现实的传播环境及社会规范的制约下，互联网传播显现出怎样的特点，而不是仅仅讨论与现实的传播相比，互联网显现出什么特点。

从这个角度来看互联网的新闻传播，我们发现，互联网并不像人们想象的那样开放。由于人人都可能作为传播者出现，而每个传播者的传播素养并不一致，有可能导致信息失真，如果把一些出于某种目的而故意在信息传播中造假的人考虑进来，则互联网信息传播的开放还带来了其负面影响，使网络新闻信息的可信度大大下降。当然，经过一定时间的历练，网民在接受信息时会有一定的鉴别能力，但信息鉴别本身带有一定的专业性，我们永远无法预期所有网民都拥有这种专业鉴别力，甚至于希望多数网民拥有专业鉴别力都是不现实的。事实上，专业鉴别力与一定的鉴别条件相关，比如说，你需要有专门的信息核实渠道和信息核实技术，没有那些条件，即便是专业鉴别者也无从做出判断。在这种情况下，网民在遇到某些吃不准的信息时，往往会寻找比较权威的、有一定公信力的媒体来加以印证，对非权威

来源的信息持怀疑态度。而在网民看来能够担当印证者的媒体，又往往指向现实空间的报纸、广播和电视。这样，就形成了一个悖反：一方面，网民担心现实空间中的传媒因为种种因素的制约而屏蔽其所需信息，或者说网民是出于对现实空间中的传媒的某种不信任而寻求互联网的，另一方面，网民又得把现实空间中的传媒作为可信任的媒体，用它们来印证网络中其他渠道的信息的真伪。

从管理者的角度说，如果敞开互联网上的新闻信息，会有极大的危险性。为了国家的安全和社会的稳定，有些信息是需要保密的。如果机密泄露，就有可能带来重大的政治和经济灾难。虽然我国已经制定了《信息公开法》，但此法的建立正是因为有一部分信息需要保密。以前政府的理念是保密是原则，公开是例外，现在变成了公开是原则，保密是例外，但这并不意味着保密不重要。如果没有保密需求，就不必建立信息公开法。保密决定了互联网上的信息必然受到一定的限制。

网上新闻炒作也是令管理者头疼的问题。从政府角度说，他们希望信息的流量能受到一定的控制，以保证政府希望人们重视的问题能够成为公众的议程，政府希望人们思考的方向能够成为公众的思考路径，但是，网站为了其流量的最大化，往往选择那些特别耸人听闻的信息，使社会的稳定受到威胁。在市场化运作条件下，传统媒体虽然也时常会为经济效益或其他目的而选择那些耸人听闻的信息，但相对而言传统媒体毕竟是更可控的，在中国，一个通知下去，媒体的炒作就会立即停止。但网站上的信息发布却更难控制，加之网民的转帖和跟帖，往往使局面变得难以收拾。一部分网民爱凑热闹，有人形象地称之为哄客，任何一件稍稍敏感的事情，网民一起哄，就立即会形成全社会的议程，从而使政府的议程设置失去作用。

还有一个问题是虚假信息的危害。理论上说，应该允许信息自由流动，以便于公众从信息的比较中判别真假，寻求真相。对于故意制造谣言者，可以在认定事实后，给予惩治；对于非故意状态下的谣言，也可以通过辟谣而消除其危害。但是，辟谣是需要时间的，在辟谣的信息产生作用前，谣言的危害可能已经发生作用。互联网上的谣言有这样几个特点：一是传播迅速，二是传播范围广泛，三是来源很多，四是追查困难，五是谣言往往以新闻的面目出现。因为其传播迅速，所以往往来不及应对已经流传开来，对人们的观念和行为迅速产生影响；因为传播范围广泛，所以这种影响又是大面积的；因为来源很多，所以防不胜防，要把所有谣言逐一澄清就要耗费巨大的人力物力财力和时间,而这几乎是不可能完成的任务;因为追查困难,能够受到惩治的只是其中一部分人,它无形中又使犯罪者增加了侥幸心理;因为谣言往往以新闻的面目出现,所以,它还特别容易让人们相信其真实性。

为了有效控制网上新闻信息,国家做出规定,并在几年后又重申这一规定,即原则上各网站都没有新闻采访权,只有新闻登载权,特别是商业网站的新闻频道,只能从有资格的网站和传统媒体那里购买新闻。支撑这一规定的最有力的理由是,新闻采访报道是一种专业活动,它需要专业的设备、专业的记者和专业的审核机制,而大多数网站根本不具备这些条件,不能保证新闻信息的真实性和客观性。这一规定一下子使互联网采集和发布新闻的及时性失去了意义,使网站成了转载信息的工具。当然,各网站也在针对此政策寻求对策,有些对策看起来还有一些成效。比如,网站可能失去了原始信息的原创性,但网站会通过对原始信息的深加工使信息增加附加值,网站还可能借助超链接功能来集成信息,制作成各种各样的专题,以方便网民集中查阅,而这些专题在传统媒体中因受播出时间或报道版面的限制而难以做大。然而,与传统媒体相比,网站毕竟输在了起跑线上。

考察网站的对策,实际上它指向的不是事实信息本身,而是事实信息背后的意义。网站对原始信息的链接,并不改变原有的事实信息,只是把具有一定相关性的事实信息链接在一起,使之在读者的阅读过程中形成一种文本间性,一种文本间的相互参照和延伸。它就像镜头片断的蒙太奇组合一样,在组接处生成一种意义。

网站对原始信息的深加工有两种手段,一是加工者将各种信息组接在一起可能生成的意义凸显出来,或者说,在各相关事实信息间建立起加工者认为可能有的逻辑联系。这一手段与超链接相比,后者是让读者自己去找出事实间的联系和意义,前者则是加工者代读者去做了这一工作,或者说,是加工者所找到的事实间的联系和意义。这一工作的附加值正是加工者的这一劳动所产生的价值。这种手段所生成的产品,就是深度报道。深度报道的深度,并不是体现在所提供的事实性信息的增多,也不体现在所提供的事实性信息的细节化。就所提供的事实性信息的量而言,超链接的信息量最大,但人们一般并不会把借助超链接所集成的信息看做深度报道,相反,它让人们想到零散化、碎片化、想到材料的堆积。就所提供的事实性信息的细节化程度而言,传统媒体因为具有采访资格,记者可以在采访中了解到大量的细节,但网站编辑只是把已有信息进行加工,其作品并没有增加任何细节，只是把所得到的细节放到了某个位置。即便在传统媒体中，细节化也只是进一步增加了信息的准确度、清晰度和可感度，使作品变得更生动易读。深度报道的深，恰恰体现在它通过对事实的着意安排，指向某种事实背后的意义，让人们透过事实有所感悟。

网站对原始信息的另一种加工手段，就是直接指出事实背后的意义，即直接表达对事实或通过事实而产生的意见。这种表达就是新闻评论。如果说深度报道是通过对事实的安排让人们体会意义，那么，新闻评论就是直接告知事实背后的意义。如果说深度报道追求的是具象的具体，新闻评论则是抽象的具体。

纵览各网站的作为，编辑通过对原始信息进行深加工，以增加附加值的对策并没有得到认真的实施。绝大多数网站并不去整合已有资源，也很少直接发表自己的评论，而是把自身作为一个介质，一个容器，一个发布平台。网上所有的深度报道多是对传统媒体深度报道作品的转帖，其评论也多是传统媒体评论的转帖及网民的评论的发表或转帖。说得刻薄一点，网站的内容主要是转帖和网民原创。新闻信息是转帖，深度报道是转帖，新闻评论是转帖和网民原创。网站就是一个超大容量的图书馆，它并不生产知识，而是为知识生产服务。

首先，做深度报道虽然可作为一种对策性选择，但它蕴含着极大的风险性。国家要求原始新闻要完整转帖，以免信息失真，而整合新闻信息就必然要做出裁剪，裁剪后的信息还能保证真实与客观吗？其次，深度报道要求记者深入第一线采访，做到对现场有所见、有所感、有所思，而失去了采访权，没有第一感受，报道的质量如何保证？未到第一线采访而能写出深度报道的记者闻所未闻。要完整转帖原始新闻作品，最稳妥的做法，就是将这些作品集成到一起。就评论而言，在报纸媒体中，新闻评论被作为媒体的旗帜、灵魂和眼睛，体现着媒体的立场，因而在媒体中占有最重要的地位，一张报纸如果没有社论就会被人认为面目不清。然而，截至目前，还只有个别以评论为主的网站或网站的栏目会有一批专职评论员来写网论。人民网的人民时评和新华网的新华视点主要都不是网站自己的人员来写，而是由网友来写，而网友，即便是签约网友，与所签网站也只是一种松散的关系，某个网友可以与此网站签约，也可同时与其他网站签约，他并非此网站的工作人员，网友的一稿多投甚至在一定程度上被各网站所默许，他们所发表的评论，如果类比于传统媒体的社论，勉强可以称得上是来论或代论。现在一些网站体现出一定的立场，但这些立场主要不是靠网站自己的宣示其立场的评论显现出来，而是其网民成分导致的。网站主要靠编辑排序等手段体现自己的立场，有些网站甚至使用机器自动排序的办法来组织评论顺序，哪条帖子时间最近或跟帖最多，就被排到前面。除了国家所办的网站，那些商业网站首先要生存，它们是企业而不是政治组织，所以，它们不想因为自己的立场而给自身带来风险。大多数网站在登载新闻评论时都特别指出那些评论不代表其网站的立场。他们大多数时候不是宣示立场，而是回避立场，他们欲图吸引尽可能多的网民，而不是排斥那些不同立场的网民，所以，他们往往是不预设立场，把网站作为一个平台，让各种不同立场的网民都在这里表达他们各不相同的观点。如果他们因为观点不同而发生争执，对于网站来说就更有意义了，因为那样就可以把更多的网民吸引到这里来辩论或观战。眼球就是利益，如果立场的宣示会损害其利益，那就不要立场也罢。

在传统媒体中，核心竞争力是其内容的独创性和对受众的需求的满足程度，谁拥有了独家报道、独家评论并满足了受众的某种需求，谁就会拥有忠实的、稳定的受众群。人们往往片面强调传媒内容的独创性，事实上，仅有独创性是不够的。某一传媒的内容也许独创性很强，但那些内容并非受众所需求的信息，它就很难吸引受众注目。反过来说，有的传媒内容很符合受众的需求，但其独创性不足，与其他传媒的内容相比，同质化程度很高，则不能保证受众一定选择此一媒体获取信息，大量的受众可能被分流到其他媒体那里去了。这样，受众的忠实度和稳定度就会很低。所以，内容的独创性和对受众需求的满足程度是衡量传统媒体核心竞争力的两个重要指标。当然，在第二个指标中，又可以按需求的重要性程度进一步细分，满足重要需求的程度越高，媒体的影响力就越大。媒体的影响力与受众的多寡有一定关系，但更重要的指标是媒体内容对受众的作用力。媒体在社会重要事务中对重要的受众的影响面越大，对受众的态度影响越强，则其影响力越大。社会事务有着重要性差别，有些事务对社会发展影响并不大，媒体即便在这些事务中极大地影响着受众，这些媒体也不会被人特别重视。而那些着眼于社会重要事务的媒体，则通过影响受众最后影响着社会的进程。套用电影界的话来说，就是叫好的不一定叫座，叫座的不一定叫好。受众也是有重要性差别的。有的受众群本身对其他受众群产生的影响较小，媒体即使极大地影响着那一受众群，也无法更多地影响其他群体。而对其他受众群影响较大的群体，他们一旦受到传媒的重要影响，就可以把那些影响再波及其他受众群,从而影响整个社会的进程。媒体对受众的态度影响也是一个重要指标。根据媒体选择理论,受众对媒体内容存在选择性接触、选择性记忆、选择性接受进而选择性行动几个层面,前面两个层面是基础,后面两个层面是结果。媒体的内容如果仅仅是吸引受众接触了或记忆了,而没有使受众接受,传播的效果就非常有限,只有影响到了态度层面,使原来抵触的受众态度改变了,原来已同意的受众态度强化了,才能称得上具有影响力。所以,媒体的影响力大小取决于它在社会重要事务中对重要的受众的影响面和对受众态度影响的力度。传统媒体正是通过内容的独创性和对受众需求的满足程度来加强其影响力,从而在竞争中取胜的。

但对于网络媒体来说,媒体独创性的内容虽然很重要,但它却是不可企及的。如前所述,网络媒体的新闻缺少独创性,就国家的限制来说,这种独创性的缺乏很难改变。网络媒体所主动提供的内容基本上是转帖,转帖决定了网络是个大卖场,而不是有竞争力的产品的生产场所。

照说网络媒体独创性的缺乏会使它相对于传统媒体而言竞争力变弱,然而,网民的数量却在短短的十多年间迅速膨胀,1997 年,中国网民数只有 62 万,但到 2009 年 6 月,中国网民数却已达到了 3.38 亿①,平均每年递增 2 800 万,当然,网民上网并不单纯为了获取信息,在 2009 年的网络应用率排名中,网络音乐、即时通信排在前二,但网络新闻仍高居第三,网络新闻用户数达到 2.34 亿。若说网民数量的膨胀与网络新闻有较大关联度应该是可以成立的。相反,具内容独创性的报纸的订户 2005 年以来却在下降,而且这种下降是世界性的。2006 年,美国报业协会就发现,美国 610 家报纸的发行量下降了 3.1%。② 缺少独创性内容的网络新闻却逼得具有独创性内容的报纸节节败退,原因何在?它究竟满足了受众什么样的需求,使受众被它所吸引?是因为新奇性吗?确实,许多新事物生成之后,都有一个使用的热潮出现。然而,高烧十年不退,热度却越来越强烈,仅用新奇性是难以解释的。网络新闻的核心竞争力之一恰恰是其信息集成性。我们订阅报纸的数量是有限的,正因为有限,所以,我们要挑选那些最值得购买的报纸,因

① 数据来源:互联网信息统计报告,中国互联网络信息中心。

② 数据来源:中新网 2006 年 5 月 10 日报道《调查:美报纸发行量呈下降趋势,网络阅读率上升》,http://www.chinanews.com.cn/news/2006/2006-05-10/8/727485.shtml。

而独家信息多的报纸往往成为我们的首选，那些缺少有效信息的报纸就失去了市场竞争力。但是，在信息社会，我们需要大量的信息，以做出对世界的比较准确的判断，在我们所订阅的报纸中，即便每份报纸都具有独家信息，我们也只能得到很少的独家信息，依靠这极少的独家信息，难以形成对世界的完整准确的判断。这很少的信息还使我们缺少了比较与鉴别，有疑问也难以求证，甚至于难以生成疑问本身。而难以生成疑问，这本身就令人犹豫，令人恐惧，令人拿捏不定。事实上，在传统媒体时代，也仍然有不靠独家信息而生存并生存得很好的媒体，这就是文摘类报纸。但文摘类报纸的致命缺陷在于，它的版面是极其有限的。因为版面有限，所以，它无法容纳较为深入细致的报道，只能简要摘录一些信息，给人以语焉不详的感觉。因为版面有限，所以，它提供的信息面也很窄。基于同样的原因，编辑必须对信息加以认真筛选，这又导致编辑的权力过大，使人怀疑编辑基于某种立场会不会有意屏蔽某些信息而突出另一些信息。比如《参考消息》，作为中国公众获取世界信息的重要渠道，曾经一度非常畅销，但人们从来也没有消除过对它所登载的信息的怀疑。互联网则弥补了这些缺憾。互联网的威力正在于"一网打尽"。它的容量趋于无限大，有多少信息就可以登载多少信息。任何一个网站如果能做到尽可能多地集纳信息，尤其是重要信息，这个网站就会成为人们的首选。当然，这不意味着我们只能做横向网站，不能做垂直网站，而是意味着如果你做垂直网站，也要做到将某一个领域的信息一网打尽。将相关信息尽可能完备地建立超链接，就是取胜之本。

集成而不是独家，是网络新闻的特点，这一特点影响到网络新闻评论，使网络评论不像传统媒体那样讲究对独家报道发表独家评论，以起到旗帜、灵魂和眼睛的作用，而是借助广泛链接把事件真相尽量凸显，让人们在广泛获得信息的基础上做出自己的判断，表达自己的观点，并进而在对各家观点的浏览下进一步修正自己的观点。

二、网络信息的易得性与矛盾性是网络新闻评论的基础

如果仅仅具有信息的集成性，网络还不足以显示其竞争力。要实现网络的竞争力，网络还必须具有信息的易得性，事实上，网络也确实从某种意义上说具有信息的易得性，但是它还带来了信息的矛盾性。

从基本面上看,网络具有信息的强易得性。

首先,网络为人们提供了较为充足的信息源。传统媒体受到时间和版面的局限,不可能提供十分完备的信息,为此,编辑必须为受众进行信息选择,按照新闻价值挑选那些最值得报道的事物进行编辑,使受众在最短的时间内获得最重要的信息。这种信息服务使编辑本身具有了价值。但是,反过来说,编辑所选择的信息就一定是最值得报道的信息吗?编辑对新闻价值的判断带有很强的主观性,编辑认为重要的信息,受众不一定就认为重要,起码一部分受众会有不同的认识,甚至不同的编辑也会有不同的判断。问题更在于,受众对编辑是否按照他所认为的新闻价值去选择信息也大大存疑。作为把关人,编辑有可能出于其他考虑,将一些新闻价值很大的信息有意舍弃掉,而网络时空的无限性使信息提供的空间不受限制,有多少信息就可以提供多少空间,此其一;其二,网络信息的提供者也具有无限性,每一台电脑终端就可能是一个信息的提供者,某一个信息提供者提供的信息可能是有限的,但每个提供者所提供的信息相互补充,就可以使信息的完整性大大加强;其三,信息提供者的无限性也使出于某种目的有意通过把关遮蔽信息或片面报道信息的情况受到抑制;其四,信息提供者的无限性还形成一种信息核实机制,当有某则信息受到某网民质疑时,原信息提供者可以进一步提供相关资料以佐证,其他知情的网民也可以提供相关信息以佐证或进一步质疑,使真实的信息被证实或虚假的信息无所遁形。“周老虎”事件就是一个最典型的例子。当然,不排除另一种可能,就是当有一则真实的信息出现时,会有虚假或造谣的信息出来干扰,使人们对信息的真实性的认定受到影响,以致推迟做出正确判断的时间,甚至在很长的时间里难以做出正确的判断。这里存在虚假和造谣两种可能性,前者是由于人们观察事物的生理或心理局限导致的片面性感知及记忆所致,后者则是为了混淆是非有意为之。我们所说的信息的矛盾性指的就是各种信息之间的相互冲突。信息的冲突并非坏事。如果信息来源只有一个,则这则信息就存在两种可能,或是真实的,或是虚假的,在没有其他信息参照的情况下,我们根本无法判断其真实性。此时,我们往往是以信息来源(包括信息的提供者和发布者)的权威性来作为判断的参考的。就信息的提供者而言,我们判断的依据是他是否是当事人、目击者或他的知情程度;就信息的发布者(媒体)而言,我们判断的依据则是媒体是否有专业的审核机制以保证信息的真实性、此媒体以前的报道的真实性程度如何以及此媒体的权力大小。但是,所有这些参考都无法保证此时的信息就是真实的。如果信息提供者是当事人,则他会有为自己辩护的倾向,如果没有对立当事人作为平衡的信息来源,其信息就会非常可疑。如果信息提供者是目击者,则目击者会受到他的观察角度和心理倾向性的影响,也无法保证信息的真实性。如果信息提供者是个知情程度很高的人,则他可能会提供许多有价值的信息,但也有可能他对事件的介入程度会更高,从而影响其表达的客观性。就媒体而言,它有否专业审核机制和它会否按真实性原则进行审核发布是两回事,CNN 有关拉萨事件的有意造假就很能说明问题。作为一家世界知名的大媒体,它的记者、编辑都应该是具有很高的专业素养的,但恰恰是这种专业素养使他们胆大妄为。它以前的报道真实性程度是比较高的,也正因为这点,使他们造起假来更容易具有欺骗性,如果不是无数网民用铁的事实加以揭露,它的声音将蒙骗世界许多受众。至于媒体权力的大小,似乎不应成为人们判断信息真实性的参考,但事实上,人们往往会将权力大小与可信赖程度在头脑中加以置换,认为高端媒体就比低端媒体更值得信赖。那么,求真的努力如何实现?只有依靠对尽可能多的信息的占有。信息的来源单一,人们就只能权且相信它,而如果信息来源多样,信息占有多样,信息的冲突性较强,人们就不得不发展自己的分析判断能力,从对信息的比较分析中判断事实的真实面貌。人的本性是趋懒的,如果能够不费脑筋获取现成的信息,人们就不会多加思考,但我们无所依赖,此时,我们就必须通过自己的思考来解决问题。冲突性的信息有助于人们思考能力的培养,而对媒体所提供的信息具有独立的分析判断能力,这是现代传媒社会公民所必须具备的基本媒介素养。网络使人们有了较为充足的信息来源,这就为公民的基本媒介素养的养成提供了绝佳的平台。

其次,网络使信息获取变得特别快捷。在传统媒体时代,人们获取信息主要靠报纸、广播、电视、期刊和书籍。报纸必须去购买或订阅,然后才能阅读。不仅如此,我们要获取尽可能多的信息,就必须大量购买报纸,而这在事实上是不可能的。我们一般是有选择地购买上几份报纸,因为每种报纸的定位不同,其内容范围也不同,信息的交叉性和相关性程度有限,我们很少会想到通过不同的报纸信息的比较来寻求真实。我们主要的目的只是知道发生什么事了,而不是为了求证报道得是否真实。如果有两份报纸的定位是相近的,我们只会从中挑选一份来阅读,甚至还要批评另一份报纸报道的同质化,认为同时购买那份报纸是浪费我们的钞票。特别是在中国的媒体环境下,大多数重要新闻各报纸都是以通稿的方式出现,信息完全重叠,根本没有必要参照阅读。所以,报纸阅读获取信息是不方便的,得到的信息量是有限的,人们也没有依靠不同报纸来进行信息整合分析的意愿。广播信息本身倒是具有易得性,特别是在信息时代,几乎所有的诉诸听觉的媒体都集成了广播功能。但是,现在广播的主体信息不是新闻,而是音乐、娱乐、实用信息等内容,即便时间安排很短的新闻栏目,其信息量也极小,所以,它并不是一种获取信息的便捷渠道,人们一般也不会通过广播来获取信息。电视把外界信息连接到家庭中,应该是一种比较方便的获取信息的媒体了,在新闻频道开通以后,人们更是可以大量地从电视中得到重要的信息,这些信息还图文并茂,把你拉回到事件发生的现场。但是,电视中所获取的信息毕竟还是有限的,而且,与报纸阅读一样,我们的目的只是知道发生什么事了,而不是为了求证报道得是否真实,尽管我们可以有几十个、甚至上百个频道进行选择,但我们所得到的新闻信息是同质的,我们不需要分析,只需要接受。能够唤起我们的思考和判断的信息并不易得。至于期刊,我们更不可能订阅很多,虽然期刊信息的深度比报纸要强,但期刊并没有为我们提供比报纸更多的信息,而且它还力图要用某种观念串起信息来,让我们相信事件正像他们所宣称的那样说明了某种观念。图书是一种具有知识的广度与思考的深度的媒介,它们为人们提供了源源不断的思想和知识资源,但我们看书的主要渠道不是购书,而是在图书馆借阅,我们必须跑到图书馆去查找、登记,然后借回家看,如果一种图书的藏书量有限,可能我们会等很长时间,待别人还上了,我们才能借到。我们一次不能借很多,否则要影响图书的流通,那么,就有可能我一本书还上了,再看另一本书时发现有相关性,我们还得再去把那本书借回来。此外,图书信息可保存性强,但时效性则要弱得多,较新的信息很难获取。总之,图书信息是不易得的。

与之相比,网络信息获取就快捷多了。我们只要打开电脑上网,鼠标轻点,就可以进入某网站浏览信息,看见需要的信息标题再轻点,可以浏览其具体内容,看过此信息,又可以通过下面所设置的相关链接进行相关或交叉阅读。如果我们对其所设链接不满意,则可以通过搜索引擎再去搜索更多的相关信息。如果我们对某则信息有疑问,我们还可以通过此信息下所链接的讨论区进入讨论空间,看看别人对此信息的求证和评判,以此作为我们做判断的参考。

除了通过超链接使信息的相关性与互文性得以彰显外,互联网还是一个与现实空间相对应的虚拟空间，一个信息平台，在这里，它以多媒体集成的方式，把各种传统媒体的表达手段一网打尽。我们可以在网上读报纸、听广播、看电视、浏览期刊和阅读书籍。各种媒体信息都汇聚到互联网上来，使我们一台电脑在手，可以别无所求。在传统阅读中，我们只能有选择地购买几份报纸，在网上，我们却可以随意调用各种报纸、浏览各种期刊、阅读各种书籍。网络无国界，各种信息都有不同的来源，因而报道的信息各有侧重，于是，这些信息彼此形成了参照和交叉，有些信息甚至是冲突性的。例如，因为中国媒体和西方一些媒体对西藏事件报道有出入，而网民可以通览这些信息，于是有了求证的冲动，通过便捷的网络查阅，迅速发现了 CNN 新闻图片的移花接木。如果没有网络信息获取的快捷，人们就不容易查到印度警察执法的图片，这种辟谣就很难在第一时间作出了。

当然，信息的易得性和信息的矛盾性对原有的关于信息的定义是一种巨大的挑战。什么是信息？香农有个经典的定义：信息是那些能够减少不确定性的事物。当我们要决定做什么的时候，我们必须基于所掌握的信息。如果没有相关信息，我们就难以做决定。此时，我们如果随意拍脑瓜做了决定，很可能带来的结果是灾难性的。我们曾经处于信息匮乏时代，那时，我们所能获取的信息非常有限，因而处于具有较大的不确定性的状态，依据有限的信息所做出的决定也是充满危险性的。信息时代则使我们处于另一极端：我们一下子面对着汹涌而来的海量信息，对于我们做某事所需要的信息，我们却需要费很大的力才能从信息的大海中找出来。换句话说，那汹涌而来的信息反而影响着我们发现需要的信息，这样那些干扰我们对所需信息的发现的信息反而增大了我们的不确定性。打个比方说，如果我们置身于一个小型资料室，我们会很快发现这里有哪些我们所需要的信息，即使我们没有对资料室的信息进行有效的归类，以至于我们必须一本一本书或期刊地翻，即便这样，它也没有多少，用不了多少时间就可以把我们所需要的信息翻拣出来。但是，如果我们置身于一个大型图书馆，那里的书籍期刊汗牛充栋，我们要一本本地翻，以找出所需信息，时间上就赔不起。当然，在小型资料室，我们所能找到的信息是有限的，在大型图书馆，则可以找到更多的有效信息，以尽可能地减少做事的不确定性。事实上，大型图书馆依靠有效的分类编目，极大地缩小了我们的目标范围，使我们得以用尽可能短的时间获取尽可能多的有效信息。前文说到，互联网就是一个超大型图书馆，在这个超大型图书馆中，我们要从林林总总的信息中找到目标信息就更困难了，即使对这个超大型图书馆进行必要的分类编目，每一类中仍然有无尽的信息供我们选取，所以，发现目标信息反倒变得很不容易了。即便我们费时费力把目标信息都找了来，我们仍然无法极大地减少不确定性，因为我们所找到的信息可能是充满矛盾的。比如说，股市究竟是涨还是跌？有的信息告诉我们股市会涨，有的则告诉我们会跌，还有的告诉我们说股市处于震荡期，会时涨时跌，而所有这些判断都会有一大堆似乎很充足的证据。当你面对这一大堆相互矛盾的信息时，你的不确定性是增加了还是减少了？如果这些信息使你增加了不确定性，它们还能叫信息吗？

香农的定义建立在这样一个前提下：信息都是真实的。因为信息都是真实的，所以，掌握得越完备，情况就越清楚，不确定性就越缩减。现实是，信息不都是真实可靠的，我们只能在对各种不确定的信息的比较中做出判断，所以，信息就不是能减少不确定性的事物，而是能使我们求证真实性的任何事物。要求证真实性，信息量就要大，信息来源就要多，对信息的甄别就必不可少。培根说，知识就是力量，这力量的来源有二：知与识。有知才能识，知道得多才能认识得深，没有便捷的信息获取，我们就不会对信息的不可靠性有充分认识，而没有这种充分认识，我们就不会有深入的分析与判断。

三、网络的互动性为新闻评论的广泛参与提供了条件

网络为网民提供了大量的信息，这些信息来源不同，繁茂芜杂，既使网民开动脑筋，自己去分析、辨别，又激活了网民的思维，使网民有话要说，有疑问要探讨，但如果没有网络所提供的互动性，人们只能在网下与三五好友交流看法，实现有限的沟通。网络打破了传受的界限，使每个人都既是受者，也可以是传者，使传受变成了一种交替行为。如果说传统的大众媒体的功能主要是少数专业的传者向大众进行传播的特权行为，那么，网络则使每个人都变成了潜在的传者。传受的交替使网络实现了由传播向交流的位移。英文“communication”本身就有“传播”与“交流”两种含义，传统的大众传播使后一种含义逐渐弱化，网络则重新强化了后一种含义，使大众间的广泛对话成为可能。从传统的小范围的人际交流的对话到现代的大规模的人际沟通，彻底模糊了人际交流与大众传播的界线，使人际交流不再局限于小范围，大众传播也不再是少数人传播多数人接受的行为，如果说我们可以为网络传播找一个专门的词语，那就是大众人际交流。

因为“大众”与“人际”这两个词的结合，使网络所形成的大众人际交流具有自己鲜明的特点。与传统的人际交流相比，如果说传统的人际交流的交流对象是确定的，那么大众人际交流的对象则是不确定的。在交流时你可能并不知道对方的相关信息，如年龄、职业、性别等，甚至连对方的姓名也只是一个网名，这样，它就排除了现实中所有的那份尊卑界线，使所有的人都重新复归无知之幕（罗尔斯语）后面，众生平等，畅所欲言。如果说传统人际交流的交流范围很小，那么大众人际交流的交流范围则无限扩大。传统的人际交流受到地域因素限制，人们一般只能就近交流，且主要是与熟人交流。这种交流的优点是大家有着共同的交流背景，或者说有着共同语言，交流中同远大于异，是一种互相强化固有认识的交流。因为同大于异，所以，人们在交流中也就很少获得新知，很少能有新的思想的生成。但网络交流则无远弗届，交流者背景相差极大，交流中异远大于同，是一种互相补充和激荡的交流，有时甚至是一种风马牛式的交流，难免让人产生鸡同鸭讲的感觉。但正因为交流的共同语言太少，才又激发了人们寻求相互了解、理解的热情。在相互交流中，人们试图找到可以攻玉的他山之石，于是不时地会有新发现的惊奇与新认识的狂喜。传统的人际交流的交流过程主要是以口头方式进行的，大众人际交流的交流过程则是以多种方式进行的。传统的口头交流方式，其过程很难物化为可保存的成品，一般说过就算，说了就忘，因而就难以逐渐累积思想的成果，使思想的生长缓慢。以多种方式交流的大众人际方式则一般会被保存下来，这就使交流会变得越来越深入，越来越细致，越来越扩展，以累积上升的方式积淀下来，使人类的思想生长速度迅速加快。与传统的大众传播相比，二者虽然都是对象不明确的，但传统的大众传播是与对象缺少互动的，大众人际交流则是以相互交流为前提的。缺少互动，大众传播就带有一定的盲目性，不知信息是否到达信宿，信宿是如何理解的，它只能通过效果测定的方式，从传播的结果来看，是一种把接受过程视为黑箱的理论。大众人际交流则打破了这个黑箱，使人们在互动中了解对方的反应和意见。传统的大众传播是以统一思想为目的的，它不考虑所传播的内容是否合理，而是考虑传播的内容是否产生了效果，是否说服人们接受了，接受者越多就越好。如果产生了预期效果就是成功，未产生预期效果或产生了非预期效果就是失败。大众人际交流并不以统一思想为目的，而是以验证思想和提升认识为目的。因而，如果信息发出者得到了回馈，就是交流的成功，至于是正向回馈还是负向回馈都不影响交流的成功与否。反之,如果信息发出者没有得到回馈,就说明交流不成功,说明要么你的思想太陈旧,引不起人们的思考的兴趣,要么你的思想太深刻,使人们无从理解,无话可说。交流者更愿意得到思想的挑战,而不仅仅是应和。

当然,共识是对话的基础。如果对话双方一点共识都没有,就意味着双方没有共同语言,而没有共同语言就无法沟通,无法沟通,也就谈不上对话了。反过来说,如果双方意见完全一致,没有新信息的交流,对话又失去了动力。网络的互动性正是在双方的共识的基础上互相提供新认知,从而启发新思想的生成,有了新思想与新看法,才有了表达的欲望,有了网上新闻评论的蓬勃发展。

综上所述,我们就会发现,网站实际上是充分发挥了获取信息的便捷性,以提供尽可能多的信息,让网民在了解信息的基础上做出意义判断。因而,虽然网站多数信息都是转帖的,但这种转帖并非没有意义。每一份传统媒体的信息量都是有限的,而网站的超链接是无限的,这种超链接所给予的信息对于网民来说具有极强的易得性。大量信息的获得,激发了网民的思考积极性。网络传播的互动性又使网民得以将自己的意见方便地呈现于互联网上,并形成了不同的意见的相互辩驳。如果网站只提供阅读,它所具有的吸引力是有限的,而赋予了网民以表达的手段,则可极大地吸引网民参与表达,提升其积极性。网民的表达反过来又极大地丰富了网站的内容,使其呈现出无边的开放性。

第三节 网络新闻评论的意义

一、朝言论自由的理想迈进了一步

言论自由作为人类的理想一直伴随着人类历史。中国历史上大禹治水的神话就是对待言论态度的表征。所谓宜疏不宜堵，强调的是不能靠禁言治国，而要靠疏导言论，让思想既得以表达，又在疏导之下趋利避害。深入地分析，这种思想本身是有局限性的。它不是以水本身为本位，而是以统治水的人为本位。从统治者的角度看来，目的是明确的，就是治水，即统治水，而为达成这一目的，不能采取硬的手段去堵，只能采取软的手段去疏。如果以水为本位，则应强调的是水的自由属性，它不应被导向一个统一的路径。言论应该是自由的，不是为统治者服务的，所以，它既不应该被堵，也不应该被疏，不应通过疏导把思想统一于一尊。言论被统治者利用，独尊某术，统治是稳固了，但言论推动社会前进的力量也消失了。但是，历代统治者连疏也做不到，他们都以各种手段实行言禁，以至于“祸从口出”、“逢人且说三分话”等训条成为人们处世的座右铭，言不由衷使中国文化走向世故，使诚信成为中国社会的稀缺之物。思想定于一尊的结果是使民众变得愚昧麻木、保守落后，使中国社会的发展极其缓慢。西方世界则因为中世纪的言论禁锢使那个世纪成为最黑暗的世纪。文艺复兴运动倡导思想解放，使社会迅速进入高速发展阶段。就是在这样的社会情境下，弥尔顿和密尔等人深刻论证了言论自由的重要意义：如果一种思想是真理，那么禁止它发表，我们就失掉了得到真理的机会；如果一种思想是谬误，那么禁止它发表，就失掉了真理通过对谬误的批判而确立自身的机会。总之，一种思想究竟是真理还是谬误，当它未表达之前是无法认定的，真理不是先验的，而是在辩论中得以认识的。启蒙运动的思想家们因思想的解放而提出了对于后世社会进步具有极端重要意义的许多重要思想。美国立国之时，就按照启蒙运动思想家的设计来设计国家制度，并在宪法中特别强调对于言论自由的保护，例外地以否定的方式来进行表达：国会不得制定任何法律以限制言论自由。他们认为，传媒是立法、行政、司法之外的第四权力，它参与了对于权力的有效监督，对于保证民主制度的延续起着极为重要的作用。杰弗逊甚至说，我们宁愿要一个没有政府的报纸，也不要一个没有报纸的政府。但是，报纸虽然在美国被寄予极大的希望，现实的发展却令人尴尬，因为随着自由资本主义向垄断资本主义的变化，报业越来越集中化，人们已经难以借助报纸来进行自由表达，报业巨头同时也成为思想垄断者，弥尔顿所呼吁的出版自由不再能实现言论自由了。同时，广电媒体的出现也没有给人们带来希望，因为广电媒体的介入门槛越来越高，没有雄厚的经济实力就谈不上自由办媒体。正是在这样的形势下，哈钦斯委员会提出了社会责任理论，要求媒体成为社会公器，媒体拥有者要负起让人们得以在其媒体上自由表达的责任。但是，这一理论面临着难以解决的麻烦，即如何能保证媒体拥有者负起这一责任？如果他们不肯负这一责任怎么办？哈钦斯委员会能拿出的办法就是借助政府的力量，由政府进行强制。问题是媒体本身是政府的监督者，如果政府拥有对媒体的强制权，难保政府不会滥用这一权力，此时媒体还敢监督政府吗？而如果媒体变得不敢监督政府，反过来与政府合流，以愚弄公民，又该如何应对呢？况且，从理论上说，政府作为被言论监督者，又怎么会去强制媒体保障言论自由呢？如果说在社会责任理论面世的时代，媒体的集中程度还不是特别高，并且不同媒体分权的制度还可以在一定程度上使言论具有多元性，那么，随着20世纪90年代以后在传媒的跨国竞争中再一次掀起传媒兼并浪潮，传媒能否负起责任来已经成为一个特别尖锐的问题，而此时政府不但没有限制传媒的兼并，反而给这些兼并开了绿灯。人们普遍担心希特勒德国那种政府与传媒合流控制国家从而带来世界性灾难的情形似乎要再次出现。但是，这一情形并没有出现，因为互联网形成了良好的补偿机制。互联网的介入门槛极低，每个人想要有所表达，都可以自己建立一个网站，即使没有能力建立网站，也可以在网上开个博客，如果连博客也开不出，还可以在BBS中进行表达。事实上，互联网上已经有许多网站在挑战着主流媒体的报道和评论。在这种情势下，主流媒体不管愿意与否，都得努力塑造一个对公民言论负责的形象，否则就有可能被公民所抛弃。人气意味着营利，没有一家媒体敢于向公众宣战。在媒体大兼并的时代，公民的言论自由权利不是缩小了，而是变得更大了。如果说在自由资本主义时代，每个人都可以办报，那么，真正办报的人并不是特别多，毕竟它要耗去人们许多精力、财力，而且很不方便。至于说在报上发表言论的人，也是一个小数目。但是，互联网为人们提供了极为便捷的表达渠道，开个博客几分钟就行了，有话时就在博客上说说，没有话就不说了，有空时就在博客上经营经营，没有空就让它荒在那里。无数网络传播手段联合起来，成为传统媒体强有力的竞争者。本来进入媒介帝国主义时代，人类的言论自由的理想会受到极大的挑战，但峰回路转、柳暗花明，互联网又为这一理想开辟了新的道路。传统媒体竞争的结果是走向集中化，但互联网竞争的结果却是主流之外不断有越来越多的非主流渠道诞生，这些渠道投资甚少，且多不求营利，所以，永远不担心会被主流媒体所挤兑。在互联网上，对言论加以垄断的危险，起码现在还看不出来。

二、有利于建立国际传播新秩序

西方现代以来所建立的优势，很大程度上就是传播的优势。因为这种传播的优势，造成了国际信息流动的极端不平衡。就总的流向来说，是从发达国家尤其是美国向发展中国家流动；就势能来说，发达国家的声音特别强大，影响力很大，而发展中国家的声音则隐而不彰，被淹没于强大的声音中。在这样的格局中，发展中国家的诉求在国际社会中往往被忽略。

互联网的出现为改变这种不平衡状态提供了新的可能。互联网本身就是一种解构等级的媒体。传统媒体的门槛很高，它需要大量的资金、技术、设备与人才投入。发达国家为传播其理念，在世界许多地方建立了媒介基站，面对那些传媒大鳄，发展中国家很难抵御。但建立网站对资金的要求却并不高。不仅如此，互联网络还是一种没有国界的媒介，无论你在世界的哪个角落，只要连通互联网，网上的信息就立即可以看到。这就为发展中国家在世界上发出自己的声音提供了巨大可能性。西藏“3·14”事件发生时，西方许多高端媒体都做了虚假不实、张冠李戴的报道，如果这一事件放在互联网媒体出现之前，中国要在世界上做出辩白是非常难的。但是，那么多世界级大媒体最终却被一个北京学生所建立的 ANTI－CNN 网站所打败，不得不老老实实地做出更正和检讨。就是这样一个似乎不起眼的网站，一段时间之内却在世界上声名大噪，成为一个有影响力的媒体。经历了这一事件，后来当中国新疆发生暴乱时，世界各大媒体一下子变得老实了许多。所以，加强互联网建设，把发展中国家的声音尽可能多地放上网络，让世界倾听，这是改变国际传播秩序的非常重要的手段。

目前，中国的网络主流媒介大都有了外语版，这样就可以把中国的声音传递给非中文国家，使网络真正成为对外传播的新渠道。曾有人似是而非地说，现在互联网上的英语内容占95%，要加强汉语内容的百分比，这样才能改变世界传播不平衡的势头，有效地抵抗文化帝国主义的侵略。其实这是一句昏话。对于许多不懂外语的中国人来说，外语所承载的信息根本无法影响我国国民，无形中语言是一道天然的抵抗屏障。真正令人担心的倒是国外有关我国的过多的不公正的信息以中文出现。反过来，中国要让世界真正了解你，就必须以英语等世界性语言来传达。我们能做的，是建立更多的用英语和其他能让外国人听懂的语言表达中国声音的网站，让中国内容，而不是简单的汉语内容在互联网上占有较高的百分比。

三、有利于中国公民社会的成长

公民是个法律概念，指具有一个国家的国籍，享有该国宪法和法律所赋予的权利并承担相应义务的人。公民意味着他是这个国家的主人，国家归所有该国的公民所有，而政府是根据公民所订立的契约受雇管理国家的组织。当公民赋权于政府后，公民一方面可以获得政府所提供的服务，另一方面也存在因政府滥用权力使自身的利益受损的可能。西方先哲早就论证过，权力导致腐败，绝对的权力导致绝对的腐败，因而，公权力必须受到监督，使之在合理的范围内使用。西方民主国家长期以来的实践就是探索如何把统治者关在笼子里的实践。公民概念是一个现代概念，在中国古代，国家权力不是公民契约的让渡，而是强权的结果，是靠武力征服得来，所以，国家归皇帝所有，普天之下，莫非王土，生活在王土上的人都是皇帝的子民，是老百姓，是被皇权所奴役的人。人们能希求的不是自己的权利，而是自己能否安稳地受奴役。皇权不是从其与公民的契约中获得统治合理性，而是建立在一种家国同构的理念之上，把国看做是一个家，皇帝是由上天任命的这个家的家长，皇帝之所以能坐江山，正是因为上天的意志。于是，皇帝变成了家长，百姓成为子民。君臣与父子的隐喻关系特别具有欺骗性，使残暴的专制统治蒙上了一层亲子关系的面纱，任何反对皇权的斗争都像子女反抗父母一样不得人心。这种理念在漫长的专制社会中逐渐沉淀为人们的一种潜意识，使公民意识的生长失去土壤。随着近代中国国门的开放，公民理念开始传入我国，但这种理念在旧有的国家理念所形成的文化氛围中很难扎根。

互联网的出现，为公民理念的生长提供了新的可能。在这里，人们终于可以接触到各种新的理念，一些先觉者也通过对诸多新闻事件的评论将公民理念具体化，使它以一种可触摸的方式为人们所理解。有人说，互联网文化本质上是一种草根文化，“草根”这个概念并不是很贴切，因为它仍然是一种等级概念，就像统治者/老百姓、皇帝/子民、干部/群众等概念一样，草根对应的是建立在草根之上的那些花果。这样的概念与水舟的比附很像。但草根概念也有它的合理性，它意味着人们意识到了自己作为“根本”的本源性。如果我们把草根置换为公民，概念就比较准确了。互联网文化本质上是一种公民文化。它不承认等级，认为每个人作为公民都是平等的，都有平等的权利，这种权利是天赋的，不容许被任何他人或组织剥夺。以2003年出现的孙志刚事件为标志，中国人的公民意识终于开始觉醒，有的人把这一年命名为公民权利年，这是很有历史眼光的。继孙志刚事件之后，“非典”事件、妞妞事件、华南虎事件、厦门事件、打酱油事件、躲猫猫事件、石首事件、邓玉娇事件等公民维权与揭丑事件不断发生，这些事件都表现为公民对公权力使用的怀疑和质询，表现为维护弱势群体的利益不被强势权力所侵犯。公民作为一个觉醒了的、对自身权利倍加珍惜、对公权力的滥用充满警惕的群体，在互联网上找到了自己的表达渠道和表达方式。公民主权在互联网上觉醒、在互联网上发展、在互联网上实践并在互联网上得到具体的落实。

第四节 网络新闻评论的功能分化

目前，我国的各家网站对新闻评论的编辑思路基本上是“内容为王”思维，即充分发挥网站的数据库功能，争取把所有的新闻评论“一网打尽”，让人们一网在手，别无所求。这样做确实为读者带来了极大的方便，也使人们能在多种观点的超市中自由选择，不致因某网站观点的单一性而被误导。但事实上，不同类型的网站根据自己的宗旨在收集新闻评论时还是有所选择的，因为这种选择，使各类型的网站功能有所分化。

网络新闻评论应该做到和而不同，形成一种良好的生态格局。

现在，我国的网络新闻评论已经有了功能分化的苗头，经过自觉的培育，有望形成功能分别的三大块。这三大块分别是：政府媒介评论、非政府媒介评论和网络论坛跟帖评论。在传统媒体时代，媒介中的声音主要是党和政府的声音，虽然我们也提媒介是人民的喉舌，但人民的声音在媒介上非常微弱，格局很不合理。网络时代,各种声音正在从统一的声音中分化出来,逐渐形成以政府媒介为主所传递的党和政府的声音、以非政府媒介为主所传递的“公共知识分子”的声音和以网络论坛跟帖为主所传递的社会各阶层的声音(强调“为主”是因为这三方面的声音并非绝然出现在某一类媒介中)三者共存的更加合理的媒介新格局。没有不同,就没有对话,所以,只有功能分化后,才能真正实现各种不同声音的对话,在对话中走活新闻评论这盘棋。

一、党和政府的媒介评论

(一)政府媒介存在的理由

中国作为发展中国家,“发展是硬道理”,大众传播也被作为促进国家发展的一种手段。发展传播学认为,媒介必须把国家的发展目标(经济的、社会的、文化的和政治的)放在最重要的位置上,必须追求国家文化和信息的自主。但是,由于发达国家与发展中国家在信息传播中的地位的不平等,导致发达国家在传播中的主导性与发展中国家的依附性。发达国家对发展中国家的报道极少,且多为负面信息。这些没有正面信息加以平衡的负面信息造成了发展中国家在世界上的形象被贬损的局面。当这些信息被返销到发展中国家后,又可能影响国民对国家的认同感,导致内乱和破坏国家的发展进程。为此,许多发展中国家过去实行的是御敌于国门之外的办法。但是,这种办法的弊端也是显而易见的:它在御敌的同时也把正常的国际信息交流破坏了,形成一种文化上的闭关锁国。现在,这种局面已经大为改观,但无疑仍处于“观念转轨”过程中。

对于国内来说,政府媒介还对组织人民为国家发展齐心协力奋斗起着重要作用。

为集中国家财力在世界上发出自己的声音,为唤醒国民的国家意识、促进国家的整合,创造有利于国家发展的气候,需要有一个强大的政府媒介系统作为一支国家队发挥作用,从而改变国际传播的旧有格局,建立“国际传播和信息新秩序”。

但是,国家发展的方向是实现国家的现代化,走向民主。媒介参与国家发展,主要是塑造国民的“现代性人格”。如果国家的声音一家独大,其他声音全部被过滤，使意见的自由市场被破坏，又适足于走向它的反面。因此，在建立“国际传播和信息新秩序”的同时，也要改革国内传播旧格局，建立“国内传播和信息新秩序”。网络传播在这一过程中起着至关重要的作用。

（二）政府媒介发展的新机遇

作为发展中国家，党和政府的声音在维护国家的政治独立和文化经济的发展中起着重要的作用。网络传播的无国界化一方面使信息封锁困难重重，使发展中国家旧有的对付世界传播不平衡格局的手段不灵了，民族政治和文化的自主发展受到巨大威胁，另一方面，危机既是危险，又是机遇，互联网的传播成本总的来说比传统媒体的传播成本要小得多，发展中国家通过加强互联网上的宣传，可以更加有效地在世界上发出自己的声音。

从国内来说，网络的众声喧哗使过去许多被掩盖起来的矛盾表面化，使各种意见都公开化了。它使过去只有一种声音的宣教化做法失灵，使“主流媒介”的声音效果大大减弱。另一方面，“主流媒介”通过上网又获得扩展其声音的传播面和加强其声音的影响力的效果。

江泽民同志在2001年1月10日召开的全国宣传部长会议上的讲话中指出：“要高度重视互联网的舆论宣传，总的方针是积极发展，充分运用，加强管理，趋利避害，发挥优势，主动出击，不断增强网上宣传的影响力和战斗力，使之成为思想政治工作的新阵地，对外宣传的新渠道。”①这正是他对政府媒介发展的新机遇的恰当表述。

（三）让传统传媒新闻评论插上网络的翅膀

我们在这里使用的网络新闻评论这一概念是一个宽泛的概念，即指所有在网络中传播的新闻评论作品。传统新闻媒体新闻评论通过上网传播，可以突破媒介的地域限制，让全世界的网民都能调阅或收听收看。1996年到1998年，中国的新闻媒体出现上网热，很快，这些媒体因其专业化、时效强和内容的丰富性、可信性而迅速成为网站主流。1997年1月1日，《人民日报》网站正式开通，到2000年，政府所办新闻媒体已经全部上网，报纸、广

① 江泽民：《论三个代表》，中央文献出版社2001年版，第128页。

播、电视都有自己的网站，而且在当年 1 月 15 日的中国优秀网站评选中大都名列前茅。

传统新闻媒介的新闻评论在网上呈现为以下两种状态：

一种状态是保留原媒体特点。报纸是将原版样扫描上网，供人调阅。例如，《人民日报》、《文汇报》等在网上都可读到原版样。各种传统媒体原有的特点在这种传播状态下都基本保留了。不过，人们使用起来却因为网络的属性而有所不同。

第二种状态是将传统媒体内容网络化。《人民日报》的内容就既有原版式的，也有把每篇评论抽出整合到网站的“观点”频道中的。如果人们只想阅读评论，直接进入“观点”频道就好了。此时，每一篇评论都成了全部超文本中的一个，一面链接着有关的新闻，一面链接着其他评论。评论被分层化，评论目录区有了自己的版面语言。

传统媒体内容上网，使网络的数据库功能得到有效利用。

（四）构筑网络主流媒体

仅仅是将传统媒体新闻评论上网，还只是把网络作为传播传统媒体内容的工具。传统媒体内容不能充分发挥网络的优势。网络的时空无限性给更多内容的传播提供了空间。许多由传统新闻媒体延伸的网站都逐渐适应网络的特点，发展了网络原创性内容。这些内容现在已经远远大于传统媒体所提供的内容。网络原创性评论有这样一些特点：(1) 时效性最强；(2) 字数长短不限；(3) 篇目多少自由。这些特点使网络为政府的声音能够更准确、全面、及时地传播提供了重要的平台。

（五）各级政府自办的网站上的评论

实施政府上网工程后，我国各级政府及政府的各部门都纷纷自办网站。这些自办网站形成网上政府，一方面它可以介绍本级政府的组成、运作方式，公告政府的决定，通报政府的各种信息，使政府信息透明化、公开化，方便公民查阅政府文件，实现与政府的便捷沟通，另一方面政府也可以借网站澄清一些事实，表达政府的观点。此外，它还可以方便公众对政府的措施表达意见，使决策民主化、监督日常化。

二、非政府网站的新闻评论

非政府网站包括营利性质的网站即商业网站，也包括非营利性质的网站（含博客等特殊形态）。

（一）新闻评论频道对于商业网站的意义

新闻内容是人们非常关注的内容，它可以为商业网站带来巨大的点击量，从而创造无尽的财富，为此，许多商业网站，尤其是一些比较著名的商业网站都把新闻作为其重要的板块。但是，商业网站缺乏专业的新闻人才，也缺少专门的新闻采集渠道，所登载的新闻在真实性、准确性和合法性上都难以保证，造成大量的假新闻的出现。当然，专业新闻人才的缺乏、专门的新闻采集渠道的阙如都不是问题的根本，因为随着各高校新闻人才培养力度的加强、培养质量的提高，这些问题都可以得到解决。问题的关键是商业网站若有了新闻采写权，国家对新闻的控制就会变得很难。到2000年11月，国务院新闻办公室与信息产业部联合颁布《互联网站从事登载新闻业务管理的暂行规定》，认定非新闻单位网站中，只有综合网站才可以经批准登载新闻，并且只能登载与之签过协议的境内新闻单位的新闻，不能自行采写新闻。这就意味着商业网站中只有综合网站才能转载新闻，而且要向提供新闻的新闻单位支付一笔不菲的费用。转载新闻不过是将新闻单位及其网站所发布的信息进行了二次传播而已。二次传播意味着那些新闻的新闻价值已经弱化了，而且各个网站纷纷转载的结果是每个网站所能获得的眼球指数迅速下降。可见，登载新闻已经不是商业网站的长处，它所能带来的利益也极其有限了。2005年9月25日，国务院新闻办公室与信息产业部又联合发布《互联网新闻信息管理规定》，进一步重申了原来的规定，并加上了不得歪曲原新闻信息内容的规范。在这之前，商业网站还试图通过对新闻的重新编辑使之转化为自己的产品，但重新编辑就有可能歪曲原新闻信息内容，因而这条路也已变得很窄。

商业网站不能自行采写新闻，难以形成独家优势，但它却可以登载原创性新闻评论。就是说，如果商业网站还想在新闻这块领地淘金，加强新闻评论频道无疑是最佳选择。当然，新闻评论也属于广义的新闻范畴，事实上，国务院新闻办公室与信息产业部联合发布的《互联网新闻信息管理规定》中所规定的新闻也是包括了新闻评论的。就是说,严格地来看,商业网站也没有新闻评论写作权。但是,商业网站在打新闻概念的擦边球,在广义与狭义上做文章,当政府要求严的时候就写出评论先投其他有采写权的媒体发表,自己再转载回来,人称洗白,即像犯罪分子洗钱一样,把不合法的钱洗成合法的。此外,在商业网站的论坛中表达意见,《规定》似乎难以限制,这样,商业网站就拥有了更多发表在论坛中的原创性评论。必要的时候,网站还可以以掘客的形式把论坛中的精华评论放到首页的论坛精华类栏目中来。所以,在商业网站中,网站自己设评论员的是极少数,多数情况下都是依靠网友在论坛中发评论,然后把这些评论放到显眼的位置,以增强新闻评论给网站带来的竞争力,显现网站的特色。

(二)商业网站新闻评论的核心竞争力

新闻网站担负的是主流意识形态的再生产的任务,目的是要加强政府在互联网上的声音,主动出击,使互联网成为思想政治工作的新阵地,对外宣传的新渠道。因而,新闻网站的评论是以配合政府在一个时期内的宣传任务为写稿和选稿的基本标准。它也有大量的网友评论和跟帖,但这种网友评论和跟帖是被纳入宣传工作的传播和反馈的整个环节中的,与宣传者的关系是党和政府与其群众的关系。

商业网站新闻评论应该如何定位呢?

网易"易言堂"版主石敢当阐述其宗旨说:

"易言堂","一言堂"是也,在这里,各位朋友可以在我国宪法确认的"言论自由"的保障下尽情发表阁下的独到见解,畅论你的一家之言。

纵观人类几千年的文明史,尤其是近几百年的社会发展史,人类摆脱野蛮走向文明的过程靠的是无数个具有独立思想的智慧者的思想交流和观点碰撞所产生的推动力,一些被当时社会视为异端的见解最终被社会发展的进程证明为真理。

求实务实,是民族和国家崛起的根本。在此敬请各位朋友本着为民族兴旺、为国家富强,为世界各族人民的和平和繁荣的这个不可推卸的责任,说出你的真知灼见来。

来到论坛的都是成熟的人,能够为自己的言行负责的人,什么该做什么不该做想来不用我多说了吧，希望来到这里的朋友都乐意把这里当做自己的另一个家。①

所谓"具有独立思想的智慧者"，可把他们理解为知识分子。知识分子是新思想和新知识的生产者，是智慧的研发器。知识分子所生产的知识和思想，不断刷新着人们对社会的认识，为社会的变革提供着精神力量，使社会越来越开放、越来越文明。非政府网站应当是介于政府和私人领域之间的一块公共空间，是新思想发芽和生长的空间。知识分子应就社会公共事件和问题，运用自己的知识进行分析，做出有一定理论见地的判断，不断进行思想创新，从而使这些理论和知识为政府和公众所认识、理解和掌握，并运用于社会的改良中。"网易部落"的"公民生活"栏的说明文字就是"公民，自表达始。表达，然后公民"。它要"致力于尽可能地为公民意识的培养、自由与宽容精神的树立、讨论理性与交往理性的养成等等作出自己的贡献"。商业网站通过贩卖知识分子所提供的这些智慧，既可以形成良好的媒介文化，改变商业网站低俗、浅薄的面目，树立自身的良好形象，同时也可以获得丰厚的利润。

（三）非营利网站新闻评论

非营利网站由于没有营利诉求，所以，相对而言，可以站在更加公正、客观的立场上发言，明朝的大学问家吕坤说："置身于是非之外，然后可以折是非之中；置身于利害之外，然后可以观利害之变。""大其心容天下之物，虚其心受天下之善，平其心论天下之事，潜其心论天下之理，定其心应天下之变。"②站在社会边缘发言，做社会的良心，本来就是知识分子所选择的位置。在这个位置上，人们并不认为自己的思想就是真理，但同时也不承认在思想碰撞之前就会有现成的真理，而是认为真理是在讨论中显现自身的。为此，就必须为所有的理性思考留出空间。凯迪网络就以"客观、公正、理性、宽容"为其宗旨。出于大公之心，它表现了最大的宽容品格，只要理性地参与社会公共事务讨论，不违背中华人民共和国的有关法律，就可以畅所

① 石敢当：《欢迎您来到"易言堂"》，http://bbs.talk.163.com/talkease/1197,0,50,0,40,114.html? userid=。

② 吕坤：《呻吟语》，转引自邵华泽：《同研究生谈新闻评论》，人民日报出版社1999年4月版，第225-226页。

欲言。这无疑是对政府视角下的新闻评论的有益补充。

(四)非政府网站评论的特点

1. 不代表媒体观点

非政府网站只是为各种观点的表达提供了一个平台,而不是网站自己直接表达,所以,网站中的所有观点只是作者的观点。这一点与新闻网站是不同的。新闻网站的评论既有代表网站立场和观点的评论,也有不代表其立场和观点的评论,二者被严格区分。这样做,一方面可以避免受众把网友的观点误读为媒体自身的观点,从而造成人们认识的混乱,另一方面还可以在国际国内的一些争端中表明,民间是怎样认识的。非政府网站则表明自己仅仅是一个观点销售商或展示者,而不是观点制造商。

2. 意见的自由度大

在新闻网站的论坛中,编辑审稿虽然比传统媒体要宽松,但仍然以媒体的宣传要求为基准。非政府网站新闻评论上帖时却要求非常简单,"易言堂"只是要求"在我国宪法确认的'言论自由'的保障下尽情发表"。

对发来的帖子,现在大多由网管和版主先加以审核,没有重要的问题再上网。对于那些滥用自由,在网上骂人、搞破坏的,情节严重的,删除其 ID。这无疑为网络公共空间的生长提供了最大的保障。

3. 可以使用网名发帖

网络传播不是匿名传播。匿名是不署名,比如匿名信,就是未署名的信。匿名信不要求答复,你想答复也无从答复,但网络传播是互动的,你用了网名发言,别人就可以与你互动。

使用网名是为了在发言时保护自己。网名俗称马甲,从这个名字就可以知道,它具有防身作用。人性是有弱点的,人的社会关系又是复杂的,从现实情况来看,马甲为自由表达提供了必要的防护。凯迪网络社区论坛的口号是:以自己的马甲为荣,那是独立自由状态下的如意选择。

我国现在实行网络实名制,但实名制实际上指的是实名登记制,而不是实名发言制,因而,它并未改变网络交流网名化的格局。

过去个人网页很普遍,但后来大多数网站都不再免费提供个人网页空间,所以,现在个人网页已经很少,取而代之,商业网站为网民提供了博客空间,如网易的论坛中,有一部分就是博客方式。博客方式一方面为个人提供了集中发言的阵地,另一方面每个博客的负责人类似于一个论坛栏目的版主,要自己为自己的言论及别人的跟帖负责。

三、论坛跟帖评论

新浪网总编辑陈彤在第四届中国网络媒体论坛上的讲话说:“网络媒体应该担负起‘发民声、达民情’责任。网络媒体要让普通人的声音能够被社会听到并得到关注,要秉承公正性、合理性、建设性的原则,推动社会主义民主和经济建设的进程。”①民声、民情主要是通过论坛跟帖体现出来的。

(一)如何认识跟帖评论

跟帖评论是评谈式评论。过去,人们认为新闻评论既要评,又要论,但互联网上,人们往往只是评点一句半句,就某个网民个人来说,他只评不论,于是,有人认为这打破了评论既要评又要论的格局,说明新闻评论可以只评不论,有的人则认为只评不论就不是新闻评论,其实这是把两种评论形态弄混了。一种评论形态是像传统报纸上的评论那样,以成文的方式写出来的,这种评论是一种独白的方式。独白使作者有时间慢慢地去考虑,以严密的逻辑把自己的思路完整准确地表达出来。广播电视评论已经引入了评谈的方式,大家面对一个话题在一起讨论,讨论中你一言我一语,每个人的话都比较简短,但这些讨论作为一个整体,却又是有着思路的流动和变换的。这种方式不像独白式那样逻辑严密,它在讨论中充满着质疑与辩论,众声喧哗。在网络跟帖评论中,发表主帖者只是提供了一个讨论的话题,主帖类似于传统的评论,但又比传统的评论要自由一些。主帖在一定程度上框范着讨论的方向,又为讨论提供了多条路径,使讨论不再是一种线性的方式,而是一种像地图那样的向诸多方向展开的过程。版主也不具有广播电视主持人的特点,他只是一个讨论的监控者。每一个跟帖者的发言似乎很零碎,似乎是只评不论,但它正如网络的超文本概念一样,每一条发言都是超文本中的一个锚点,链接向其他文本,与其他发言者的话缠绕在一起。由独白到对

① 陈彤:《在主流意识形态主导下完成网络媒体“发民声、达民情”责任》,中国互联网新闻中心,http://www.investchina.com.cn/market/mtlt/410395.htm。

谈,以独白引对谈和多人交流,把人们的讨论链接起来,形成一个整体,这类似于接龙小说,整个接起来才是一篇完整的小说。评谈是网络跟帖评论的一大特点。它说明,网络评论并非只评不论,而是一种集体创作过程,是变评论为评谈了。

独白有独白的优势,多人交流有多人交流的好处。俗话说,"一人说话全有理,两人说话见高低","谷多出好米,人多出正理","鼓不敲不响,理不辩不明",真理是在辩论中显现自身的。

(二)跟帖评论与"发民声"

人们总爱说网络降低了门槛,给了广大网民以发表言论的自由。但是,有了这种自由是一回事,能否写出文章来是另一回事。大多数网民的理论水平、认识水平和文字表达水平都是有限的,如果要网民必须以成文的方式表达,那无异于堵住了他们的口。在生活中我们常见到人们在一起议论,跟帖方式就是这种议论的网络化,所以,论坛跟帖和聊天室聊天使广大网民真正拥有了发言的可能,因而,论坛跟帖是网民参与社会生活的极为重要的手段。通过跟帖以及在跟帖中的辩论,网民得以提升自己对社会的认识,提升自己作为一个公民的水准。有的论者因为网络跟帖理性水平差,就大加指责,甚至发出网络跟帖质量有待提高之类的呆论,这是没有必要的。我们不可能去指导每个跟帖者如何创作评论,如何提升评论的理论水平。毕竟,那是网民自己教育自己的一个空间,你从中吸收合理成分就行了。如果你不喜欢,可以不介入。如果你有责任心,也可以介入加以引导,但你不能以一个专业的评论者的要求去衡量他们。事实上,他们在讨论中,也会不时有精辟的思想火花。指责他们,要他们提升层次,就是剥夺他们的发言权。

(三)如何认识"板砖"与"灌水"

网民的文化水平和修养水平参差不齐,因而他们表达意见的方式也就各有不同。有的人会比较文雅,有的人则情绪化色彩很强。一些网民上网发言不仅仅是表达意见,还有发泄的动机,也有的因为不善于讲道理,在辩不过别人时,情急之下,蛮不讲理地大骂,这与网下的争论情形是类似的。"网上没人知道你是一条狗",这也使许多本来在网下彬彬有礼的人,一上网便失去了自我约束,把在现实中的压抑在网上尽情释放。还有一种情况,就是原来在网下碍于面子，或因惧怕受到报复，对于不正常现象不敢发表批评，在网上则可以借马甲的保护大胆地说出来。这些原因导致在发帖中的表现就是“板砖”，不同意某人的观点，就在网上虚拟化地把他痛殴一顿。

对于最后一种情况，我们当然要鼓励，对于前面几种情况，第一，要学会容忍，不能要求每个人都是谦谦君子；第二，要创造一种良好的理性商讨的氛围，使人们进入这种环境后能够对自己的不良举止有所顾忌；第三，对那些发言不礼貌者用可以接受的方式提出善意的批评，使他们意识到自己的问题；第四，在事先审核的论坛中，版主可以对不雅的表达做点修改，或不予发表，以提请发帖者注意。对事后审核的论坛，版主可以提出批评，严重的给以封 ID 等惩罚。一旦形成了一种良好的理性讨论的风尚，就可以在一定程度上做到自由但不出格，随心所欲不逾矩。

至于“灌水”问题，大可不必指责。每个人水平不同，有的人发表的意见很深刻，有的人提不出深入的见解来，或者提出的见解很可笑，但是，张嘴参与了就是值得鼓励的。人民网划分出“深水区”和“浅水区”的做法也是值得借鉴的。西祠胡同等则在事后将已发表的帖子进行挑选，把有一定水平的帖子放到精华区供读者浏览，这也不失为一种好方法。它既保证了每个发言者的权利，也保证了读帖者能在有限的时间读到质量较高的帖子，人气就有了保障。将论坛栏目细分，使不同兴趣、不同知识水准的人各取所需，也是一种好办法。兴趣相同者在一起的共同话语很多，讨论也会更专业。

（四）各种评论的对话

网上的各种评论并非相互隔绝，而是呈现为一种互渗与融通的格局。

第一，成文评论可以设置回馈链接，使之变成一种 BBS 中的评论对象或主帖。

在传统的报纸中，也设有读者来信栏，但读者来信多是反映问题，其功能类似于政府部门的信访办，即便有一些读者来信是对某则评论的回应，但由于版面限制和媒体导向的制约，能够登在报纸上的很少，形不成一种广泛的回应。网上的成文评论则可以即时得到广泛回应，并且回应信息之间也可能形成良好的互动，使人们相互学习和启发，达成对某一社会现象的共识，提升对那一社会现象的认识层次。

第二,各网站还可以就某个话题邀请嘉宾与网民展开对话,使电视节目中的大众媒介嘉宾访谈变成网民与嘉宾的直接对话。

网上嘉宾访谈比电视嘉宾访谈具有优越性。一是网民可以不必再由主持人和现场观众为自己"代议",直接表达自己的意见;二是背景、修养、视角、知识面和利益各不相同的网民在提问和交流中可以形成一种头脑风暴,相互启发、相互激荡,使问题讨论的广度和深度大大加强;三是言论场的改变使人们得以畅所欲言,无所顾忌。

网上嘉宾访谈具有信息的不对等性。作为嘉宾的专家大致有这样一些来源:一是部门领导,他们熟悉党和政府的方针政策,有较高的政治觉悟;二是专业研究人士,如某个专业研究领域的专家、学者、教授,他们长期研究某个领域的问题,对问题的看法往往具有独到的见解,有权威性、理论性;三是职业资深人士,如体育报道记者、经济报道记者等;四是实践活动的亲历者、重要经验的创造者。[①] 作为信息拥有者的少数嘉宾与作为信息匮乏者的多数网民,二者之间必然形成一种权威与非权威的关系,但这不意味着信息的流动只是一种方向的流动。网上嘉宾访谈中,双方都是平等的信息交换者,交换的结果是"双赢"。

需要指出的是,有些传媒把关人意识到网络把关与引导的困难,把网上嘉宾访谈当作重新夺回把关人位置的手段,这是传统媒体思维惯性的表现。

网络媒体与传统媒体相比,一大特点是它的互动性和平等性。传统媒体时代,媒体是个意见的专卖店,它把某一种声音在媒体上无限放大,压抑其他声音的表达,借沉默的螺旋效应来制造社会舆论。网络时代打破了这种格局。意见专卖店被喧嚣的意见自由市场所包围。在网上,人们接触到的意见品种不再只有一种了。对多种意见的接触,使民智越来越发达,不管你是什么人,不管你有什么背景,你说话必须"给个理由先",必须以平等的态度与网民交流,必须能够有效地回应网民的质疑。单向灌输式传播变成了多向交流式互动。英文 communication 译为汉语,本来就有"传播"与"互动"两个意思,传统媒体时代立足传播,绝少互动,而网络时代,清晰区分的"传播者"与"接受者"身份逐渐让位于"传播者/接受者"共存于同一交流过程,共存于每个交流者身上的格局。

在这种格局中,传媒思维也应该由传统媒体时代的把关与引导思维向

---

① 金梦玉:《网络新闻实务》,北京广播学院出版社 2001 年版,第 273 页。

网络时代的交流与互动思维进化。

但是，在传统媒介思维模式框框下，一些传播者仍想借助嘉宾的明星和意见领袖效应夺回传播霸权。在这种思维格局下，网民的意见都是错误的，起码是有问题的，只有传播者掌握着真理。过分的自信使传播者站在高台上，把网民当作台下的观众，像一个牧师一样向他们布道。在这种不平等的心态下，交流是不可能实现的。

所以，嘉宾访谈要树立的是平等交流的心态，是在交流中让真理引导人们，而不是让某一种意见去统率人们。

传媒市场就是这样，越是想控制人们的头脑，就越是无人喝采，导致控制力越差，越被边缘化。

第三，论坛跟帖评论的评论对象、问题选择有相当一部分都是来自大众媒介。

第四，论坛跟帖评论反过来又常常为大众媒介评论设置议题。

最为典型的是，2004 年 10 月，先由网民不断地就“妞妞事件”发表意见，后来，大众媒介开始关注“妞妞事件”，并发表了一系列的评论，从而形成大众媒介和大众媒介，纸质大众媒介与网络大众媒介，网络大众媒介与 BBS 及博客各种媒介间的议程设置。

现在，各种媒介之间的议题互设已经形成了这样一种规律：首先，在 BBS 中有网民提供某一新闻线索或提出某种怀疑，然后由大众媒介派记者去展开调查，调查结果公布后在网上的 BBS 引起热烈讨论，然后网上 BBS 的讨论又迅速蔓延到大众媒介，从而在议题互设中形成强大的社会舆论。这样的规律是有其道理的。网民没有专门的新闻素养，也没有采集信息的各种手段，因而只能根据自己亲历或听说的信息来提供线索，而这一线索究竟可信度有多高，其他网民很难判定，这就需要专业的新闻机构去调查采访。对于专业的新闻机构来说，在空前强大的媒体竞争中，他们迫切需要有价值的新闻线索，网络中的议论正好成为他们的有效资源。专业新闻机构经过一定的程序、使用一定的手段采集来的信息总是有较高的可信度的，提供值得信赖的信息正是专业新闻机构的本职。然而，在网民没有对那一则新闻形成议程前，专业新闻机构的评论受关注程度是有限的，而当网民已经对此形成议程后，专业新闻机构及时介入就可以获得较高的关注度。二者互相取长补短，形成最佳的搭配。

第五节

个案分析

近年网络事件不断，研究者多关注国际性事件或对公民生命财产构成威胁的事件，而一些涉及新闻与公民表达的事件则受关注较少。事实上，这类事件更多、更日常，也更为网民所关注。借助网络所有的搜索功能，再加上各个网友在现实中的不懈努力，人们对关涉公民的许多事件都纷纷做出分析，提出质疑，然后加以求证，使那些事件水落石出，显现出令人瞠目的真相。这一新的现象，后来被人概括为“人肉搜索”。但是，人们提到人肉搜索，往往以“虐猫事件”等道德事件为起点，事实上，较早的人肉搜索发生于2004年的“妞妞事件”探求过程中。我们不妨以此事件的报道评论为个案展开学术分析。此事件已过去若干年，更便于做出冷静、理智的分析。

一、目的

(1) 党的十六届四中全会于2004年9月19日通过了《中共中央关于加强党的执政能力建设的决定》(以下简称《决定》)，《决定》提出要“加强对权力运行的制约和监督，保证人民赋予的权力用来为人民谋利益”，“积极开展舆论监督”。那么，传媒如何切实地起到监督作用？如何理顺机制，使党对传媒的领导能够更好地发挥舆论监督的作用，以保证党的机体的健康，保证党与人民的血肉联系？“妞妞事件”的报道评论或许能给我们提供一些经验。

(2)《决定》提出要“高度重视互联网等新型传媒对社会舆论的影响”，“形成网上正面舆论的强势”，但互联网因准入门槛降低，被人们从理论上认为信息可信度低，评论理性不足。事实情况究竟如何？如果是这样，如何应对？

(3)《决定》提出要“尊重和保障人权,保证人民依法享有广泛的权利和自由”,如何保障人民的知情权和言论自由?网络突破了信息封锁,但网络中也充斥着有害信息,如何既对有害信息加以控制,又保障正常信息的传播自由?

二、统计对象的选取和方法的确定

统计对象:中国选举与治理网“妞妞事件”专题。方法:内容分析。

笔者对“妞妞事件”报道评论的统计,首先遇到的麻烦就是信息的不当控制。“妞妞事件”发生后,网上许多信息都因某种权力的干预而不断被删除,致使统计对象很难搜集。有些信息通过 google 等搜索引擎查到了路径,却打不开网页。更有甚者,那些打不开的网页一被点击,搜索引擎就自动认为你搜索了不当信息,从而加以封堵,使你查找新搜索页时显示连接不上。除此之外,网上信息处于不断变动之中,且信息条很多,也使有效信息的筛选困难重重。幸运的是,中国选举与治理网站在热门话题栏中专门做了一个“深圳妞妞事件”信息专题,这个专题把纸媒体中的相关信息和网上的信息搜集在一起,在网上信息中,又主要搜集主帖信息,适当搜集跟帖信息,这就为统计分析提供了极大的方便。

此专题中所搜集的有效文章共计 144 篇,有些重复的文章,在统计中将重复部分进行了剔除。重复的文章点击率不同,取其中点击率高的一篇。有些文章在一个大标题下又集纳了数篇文章,笔者将它们单列出来,进行统计。这些文章因被集纳在一起,所以,点击率只能按大标题的点击率统计。还有的文章标题之下其实是论坛中的跟帖的汇总,这些跟帖多形不成文章规模,因而,没有放在篇目统计中。有 4 篇文章开了天窗,无法统计。这 4 篇分别是:《〈深圳晚报〉:关于远离网络毒品,做文明网民的倡议书》、《〈深圳晚报〉和海天出版社一起抗击网络“谣言”是巧合吗?》、《深圳市委副书记李意珍女儿坐拥 800 万 都是显摆惹的祸》、《〈时差七小时〉女主角的父亲正面回应媒体监督》。经过筛选,最后选中 114 个有效样本。

三、分类指标的确定及有关情况说明

分类指标确定为这样 11 项:发表日期、转载日期、发表媒体、媒体的介质、媒体的性质、是境内媒体还是境外媒体、作者是否署名、文章表现出的态度、文体、点击率、是否党报。

1. 发表日期

发表日期的确定便于我们考察事件发展过程，寻找事件发展规律，确定文章发表的特定时间对文章内容的影响及文章之间的影响关系，确定舆论的演变规律。

网上信息转帖的机会较多，每一次转帖过程中，都可能因为转帖者的疏忽而标错日期或不标日期，甚至不标原出处，致使信息搜集过程中错把转帖日期当作初次发表日期。为此，笔者花大力气对每一篇文章都在网上进行搜索，发表于纸媒的则查找有关报刊，以发现最初发表日期，订正错误。正如前文所说，由于相当一些网上的文章在网上别的地方都找不到了，所以，笔者就只能以中国选举与治理网所提供的日期为准，如果此网站的记录有误，对相关方面的考察就不能做到特别准确。

2. 转载日期

转载日期指的是文章被中国选举与治理网收录的日期。中国选举与治理网收录“妞妞事件”专题从 2004 年 11 月 6 日开始。2004 年 11 月 5 日，“妞妞事件”的讨论已经进入最高峰，这是此网站设立专题的理由所在。我们后面对于点击率的统计是对转载之后的点击率的统计，所以，转载日期就成为一个重要指标。

3. 发表媒体

不同的媒体性质不同、介质不同、地域不同，因而方针不同、立场有别，这是考察时需要考虑的。反过来说，明确发表媒体，也便于考察阅读者对于各种媒体的认知度、信任度、喜爱度。

对发表媒体的确认相对而言要容易一些，但也存在麻烦。有时文章取自转帖处，而被转帖时又未注明原出处，经判断原出处肯定不是中国选举与治理网的，署名不详，若没有路径可查，就只能当作是中国选举与治理网首发。

4. 介质

因为专集中所收录的都是形诸文字的东西，因而可以把广播电视排除，即便有些文章原来由广播电视播出，但作为文字形态的文章却是发在纸媒或网媒中，因而，为了比较的方便，笔者只把它分为纸媒和网媒。再者，从研究目的来说，纸媒与网媒的分类可以有效地分析纸媒与网媒各自的特点及二者相互合作所形成的媒介总体作用。

这一分类所带来的麻烦是,网媒与纸媒并不是截然分开的。有的网站本身就是纸媒在网上的延伸,如《人民日报》之于人民网。往往一篇文章既在纸媒上发了,又在网媒上登了。对于内地的媒体,若出现这种情况,以纸媒为先,除非有日期明确可以判定网络先登了,因为这类情况下,纸媒总是占优势,大多情况下都是纸媒的文章被其网站再利用;对于境外的媒体,则优先考虑互联网,因为虽然它们也大多是网媒转载它所由延伸的纸媒的文章,但中国读者大多不易读到境外的纸媒文章,只能通过互联网阅读。

5. 性质

对媒体的性质,可以按不同的标准进行分类。考虑到有许多媒体并不是以新闻为主,所以,以是否登载新闻为主来区别性质。不过,不以登载新闻为主的媒体又有行业媒体、娱乐媒体、专业媒体、学术媒体等从不同的分类角度命名的媒体,在网络上还有民间媒体、商业媒体与官方媒体等,它们的性质差别很大。但为了节省力量,也考虑到对我们的考察目的更加贴近的是相关于新闻的方面,所以,这里把它简单区分为新闻媒体与非新闻媒体。新闻媒体相对而言其报道和评论要更加专业化一些,它们与非新闻媒体的报道和评论相比较会有什么结果,这是我们更关心的。

6. 境内外

境内和境外的媒体体制不同,因而,对新闻的敏感点、对新闻报道和评论的目的都有不同追求,人们一方面可以从境外媒体的报道中反观境内媒体是否及时披露了真相,另一方面也可以从境外媒体的评论中发现第三只眼睛。二者既形成信息与观点的互补,有时也形成一种冲突。

本研究把中国大陆上的媒体都看做境内媒体,而中国大陆之外的媒体都看做境外媒体。

7. 是否署名

署名的文章我们可以知道是否是一个人写了多篇,从而弄清是否是一个人的观点,不署名的文章则不易看出来。当然,一个人也可以采用多个名字,这种情况无论纸媒还是网媒都存在。但纸媒上的笔名是可以较容易地发现其背后的真实作者的,而网媒上的网名则成为一个马甲,难以与真实的人相联系。也正因此,网名下的新闻可信度要打折扣,不过网名下的评论则往往大胆直言,没有后顾之忧。

8. 态度

态度项是为了测量对此事件的倾向性。

对于评论来说，态度测量较为容易，因为作者的态度是明确的，或批评，或辩护。

对于报道来说，态度测量较为麻烦。报道一般要求取中立态度，本统计也把大部分报道统计为中立态度，但有许多报道虽是以客观面目出现，用意却很清楚，因而，个别用意特别清楚的报道笔者也审慎地把它们归入有态度倾向的一类。比如，有的报道标题就是《市委副书记李意珍的事还没完》，这就明显是对李意珍取批评态度，表达了追究他的愿望。有一些报道，显然也有倾向，但这种倾向是通过对事实的选择来体现的，所以，最后还是被归入了中立态度一类。比如，2004 年 12 月 1 日，深圳市委书记黄丽满在全市党风廉政建设责任制领导小组会议上的讲话，有的记者只报道了她对腐败者的警告，而有的记者则重点放在她指责“有个别人热衷于传播小道消息，流言蜚语，甚至无中生有，恶意中伤”之类的表述上。

9. 文体

为了研究报道和评论之间的互动以及报道和评论在不同的媒体上所占的份额，再加上专集中的文章主要是这两类，所以，这里只区分两种文体。有个别文章离这两类文体远一些，此时，笔者只好看它与这两类文体中的哪类更近。

不同的文体有不同的要求，通过文体选项，笔者还想考察一下人们发表意见的方式，是否有所顾虑等。

10. 点击率

点击率可以反映出哪些时间段，哪些文章更受人们注意，从而为进一步分析提供材料。比如，可以从中分析人心所思，人心所向等。

这里的点击率不是文章发表后的点击率，因为这种材料在网上难以找到。这里的点击率是指文章被收入专集后的点击率。在“妞妞事件”专题中，编辑专门设置了一个自动计数器，用来统计文章点击率。值得提及的是，由于文章达 144 篇之多，所以，编辑不可能把目录在一个页面上全部展现出来，因而分了 6 个页码，从第 1 页到第 6 页按降序排列，越往后文章日期越早，这样，页码越靠前，被点击的机率就越大，这点是需要我们注意的。

还有一点要说明的是，专题中有的标题之下实际上是文章汇集，而当笔者把其中的文章单独列出来后，点击率就只能按大标题下的点击率来统计。

11. 是否党的媒体（党报及党报的网站）

笔者还想考察一下党的媒体对于"妞妞事件"的报道情况。李意珍是党员，党的媒体对他的监督可以算得上是党内监督。党的媒体的作为，是考察党内监督情况的重要依据。此外，笔者还想考察一下党的媒体和其他媒体相比较会有一些什么结果，考察一下党的媒体的公信力量。

严格说来，境内不存在非党媒体。媒体是党的喉舌，境内媒体都要受党的直接领导。但相对而言，境内媒体有更直接的党的媒体（以下简称党媒），有党媒延伸出去的媒体，比如，《新华日报》是党媒，而《新华日报》又延伸出了《现代快报》、《扬子晚报》等，这些媒体相对而言市场性质更强一些，因而，在这里，笔者只把更直接的党媒作为考察对象。

四、统计结果分析

专题中的文章以10月28日的一封家长的信（据《亚洲时报在线》报道，此信最初贴出的日期是10月26日）为界分为两部分。第一部分是在这之前媒体对妞妞的书和电影的宣传报道。

从2002年8月5日起，媒体对妞妞的宣传报道一直不断，直到2004年10月22日，共搜集了9篇文章。这9篇文章覆盖了从中央党报《人民日报》到省党报《南方日报》再到市党报《深圳特区报》及其子报《深圳晚报》；从大陆到台湾（新浪台湾）；从纸媒到网媒；从党报到教育报；从成人媒体到儿童媒体（雏鹰网）；从社会到大学（《深圳大学报》）等各个角落。实际上，10月30日，中央电视台"面对面"栏目还专访了妞妞。至此，有关妞妞的报道已经覆盖了各种媒体。

如果没有后面深圳五部委联合发文让学生买票包场去看妞妞根据自己的小说《长翅膀的绵羊》改编并主演的电影《时差七小时》，人们至多把它看做一场有声有色的炒作。但那封家长的信在网上贴出后，再联系前面的炒作，网民们就不能不愤怒了。

1. 文章数量统计

11月至12月两个月关于"妞妞事件"的文章发表数量统计见图1-1：

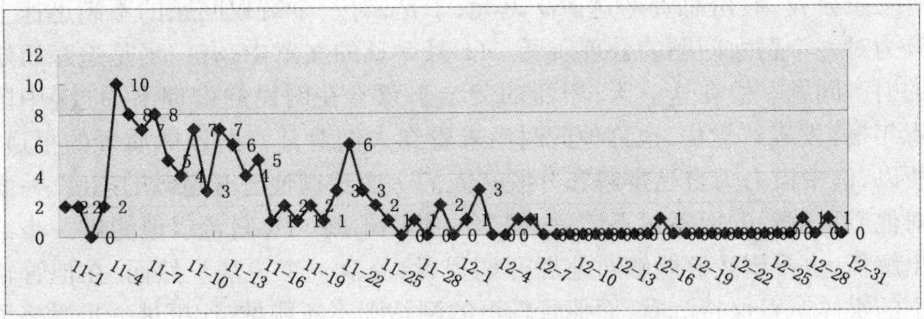

图 1-1　11—12 月关于妞妞事件的文章数量

从图 1-1 可以看出,11 月初至 12 月初是文章发表的高峰期。其中,11 月 5 日由前一天的 2 篇骤增至 10 篇,后慢慢回落,到 12 日已经降为 3 篇,但 13 日又激增至 7 篇,17 日这股热浪才降了下来,至 23 日又增至 6 篇,至 12 月 4 日趋于平静。

笔者曾想,文章数量的多少是否与上班还是休闲有关?查看升降图,5 日、6 日、7 日三天分别是周五到周日,可以考虑周五晚人们有了闲暇,因而上网发帖,这天的网上帖子占一半,另一半是纸媒文章,周六纸媒文章只有 1 篇,网媒文章达 7 篇,周日纸媒文章 2 篇,网媒文章 5 篇,似乎印证了笔者的设想。周一纸媒文章 3 篇,网媒文章 5 篇,没有下降,可以理解为到周一人们聚在一起反而相互议论此事,上帖量因而仍然没有下降。但是,19、20、21 日三天又是周五到周日,上帖量反而只有零星的一两篇,倒是 11 日是个周四,上帖量反而达到 5 篇之多,纸媒报道只有 2 篇。因而,我们可以排除文章升降与休闲时间的相关性。

值得附带提一下的是,这一检查,倒是发现休闲时间与新闻发布有一定的相关性:大凡比较敏感的消息都是在周五被报道。李意珍的致歉信是周五报道的,深圳市委对李意珍事件的调查处理意见也是在周五被报道的,李意珍参加深圳市宣传思想工作专题会议还是在周五被报道的,李意珍任文博会总指挥的报道时间则是周六。或许周四是例会时间,因而报道会出现在周五左右。

既然文章的升降与休闲时间没有太大的相关性,我们只好从事件本身的发展来寻找相关性。起初人们只是对妞妞在权力笼罩下的特权表示不满,但后来影片宣传中号称花费 2 100 万,使记者注意到后面的经济问题。11 月 4 日,《北京青年报》率先报道:影片女主角妞妞作为一个学生居然拥有三家公司，股份总资产达769万元，于是，对一个特权问题的不满迅速上升为对一个腐败问题的合理质疑。11月5日的文章中，有一半是追踪妞妞的财产问题。恰在这一天，妞妞的父亲李意珍在网民的催促下通过《中国青年报》发表致歉信，也许他此时尚未看到人们对其女财产的质疑的报道，所以，信中极力为自己辩解和开脱。人们一面赞扬他公开道歉的态度，一面对他避重就轻的回答很不满意，网上的批评不断。人们希望他能进一步给出解释，也希望政府能够对他展开调查，给公众一个说法。然而，在他管辖下的媒体一直保持沉默，而他管辖下的网站则不断删帖，这更进一步激怒了公众，使公众把注意力投在了外地媒体和网站及国外的网站，有的文章建议他先把职位辞掉，免得影响下属发言，影响政府调查。12月8日，深圳市人大法制委开会对若干法规进行讨论修改，其中包括《深圳市预防职务犯罪条例》草案。这一草案在全国率先推出，更提高了公众对于李意珍事件处理的期望值。然而，12日，深圳市委的调查处理意见公布，但这个意见一样在为李意珍开脱，意见书中没有考虑到的是，当为李意珍家属的公司财产做解释时，说三家公司中有两家是空壳转让，而空壳转让是要承担法律责任的。于是，媒体议论热度再次上升，13日又成为一个小高潮。到23日，新的调查材料又陆续公布，但话题仍然是围绕着干部的权力寻租及家属的腐败展开，不过，经过多天的讨论，人们逐渐由对某一个官员的追踪调查，进入了更深层次的思考，希望以此事件为契机，着手新的制度建设。然而，深圳市委并没有新的处理意见出台，倒是陆续有报道指李意珍不但没被认真处理，还常常参加各种会议，不时被委以重任，如文博会总指挥等。

2004年，数件引发公众关注的事件都像“妞妞事件”一样，以无回应的方式结了尾，或者说没有了结尾。这大概是政府的“冷处理”思维在起作用。新闻必须提供新信息，报道在于告知真相，评论在于表达意见。当真相已经明了，意见也已表达清楚后，在没有新信息时，媒体的报道评论热度就会降温。但降温不意味着人们就会忘记，因为悬念必然引起期待，悬念越大，期待会越强烈而持久。期待若得不到满足，就可能化做一种破坏性力量。图1-2的点击率统计说明的正是这个问题。

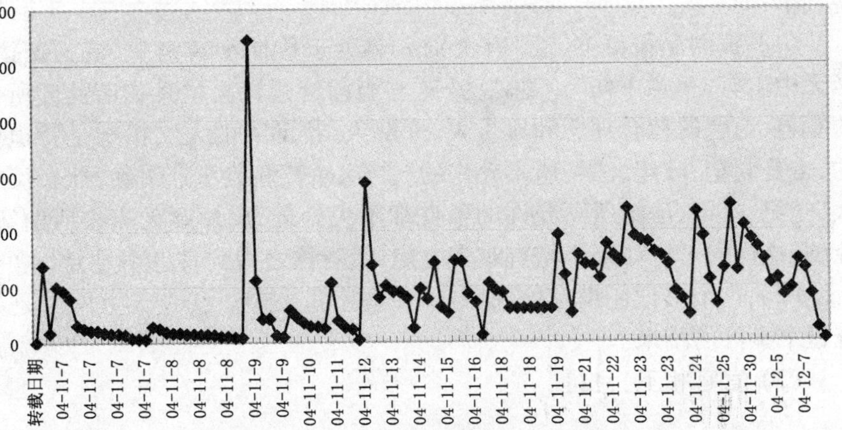

图 1-2　11—12 月文章点击率变化

从图 1-2 中可以看出，除了个别特例，越是发表在后面的文章点击率越高。这不排除受到网站目录排列的影响，因为越早的内容越要翻到后面的页码才能看到，而第一页的内容总是最新的。但是，你若想看早期的内容，可以直接输入页码进入那一页，这说明人们特别关心的是事件的最新进展，也说明越到后来关心的人越多。到 11 月 21 日，事件已经基本清楚，道理也都议论明白了，但点击率却在这之后一直居高不下，一直到 12 月 17 日，点击率仍然维持在 424 点上，这只有一种可能，就是人们在期盼最后的处理结果。李意珍事件越是久拖不决，政府越是反而不断地对李委以重任，发展下去就越是骑虎难下，有关部门连台阶都没有了。11 月 5 日，深圳论坛上，在肖余恨的《妞妞事件：窗户纸一定要捅破》一文下面，仅仅有 5 个跟帖，内容分别是：

法制社会？

李大高官的仕途看来差不多了……

人治社会？不对，有法律呀，法治社会？也不对，当官的遵守的没几个呀，有权能使鬼推磨社会！！！？恭喜你，答对了了了！！！

我个人觉得，会去拍这个片子，而且还用这种方法做宣传，实在是日子过的太无聊了。找事！

有钱人啊，吃了事没有饭干了啊！！（原文如此，非笔者笔误）

而到了 2005 年元月上旬，在中国选举与治理网转载的《市委副书记李意珍的事还没完，中国出现跨年度网络交锋》一文下面，人们说话就老实不

客气了:

(1)黄丽满很可笑,说“有个别人热衷于传播小道消息、流言蜚语,甚至无中生有、恶意中伤”。她认为“这与当前构建社会主义和谐社会所倡导的宽容、谅解的社会理念和尊重人、理解人、帮助人的人文精神是背道而驰的,也是党纪、政纪、法纪所不允许的”。但对于事实基本明确,社会反响极大,党纪、政纪、法纪所不允许的事件却不去处理,反而要大家去所谓宽容、谅解,这样的书记如果不是有难言之隐,我看称之为狗官也不过分。

(2)这个书记还没有处理啊?!真是让我失望。我今天上网就是为了查这个事件的结果。

(3)官官相卫!!!!!

……

接下来,就不是李意珍一个人的问题,而是政府处理李意珍事件的有关官员也被推到到群众法庭的被告席上了。对群众意见不理不睬的结果,是将极大地伤及党的形象和政府的威信。

那么,在这次妞妞事件的报道和评论中,党媒的威信怎样?通过点击率,也可以看出一点迹象来,见表1-1。

表1-1 点击率排前20名的文章所刊载的媒体

转载日期	媒体名称	境内外	态度	文体	点击率	是否党报
2004-11-9	联合早报网	境外	批评	评论	2723	否
2004-11-12	不详	境内	辩护	评论	1437	否
2004-11-26	亚洲时报在线	境外	中立	报道	1227	否
2004-11-23	中国新闻周刊	境内	中立	报道	1194	否
2004-11-24	亚州时报在线	境外	中立	报道	1167	否
2004-11-29	博客论坛	境内	批评	评论	1041	否
2004-11-19	黑马乐园	境内	批评	报道	960	否
2004-11-23	中国选举与治理网	境内	批评	评论	950	否
2004-11-24	中国选举与治理网	境内	批评	评论	943	否
2004-11-30	新浪网	境内	中立	报道	921	否
2004-11-23	人民日报	境内	批评	评论	910	是

续表

转载日期	媒体名称	境内外	态度	文体	点击率	是否党报
2004-11-23	联合早报网	境外	中立	报道	896	否
2004-11-22	不详	境内	批评	评论	875	否
2004-11-30	大洋网	境内	批评	评论	847	否
2004-11-23	山西新闻网	境内	中立	报道	804	是
2004-11-21	VOA 网	境外	中立	报道	779	否
2004-11-22	中国选举与治理网	境内	批评	评论	774	否
2004-11-23	中国选举与治理网	境内	批评	评论	771	否
2004-12-2	深圳商报	境内	中立	报道	737	否
2004-12-7	中国选举与治理网	境内	批评	评论	731	否

从表 1-1 中,我们可以清楚地看出来,《人民日报》在网民点击率中排在第 11 位,说明《人民日报》经过这些年的改革,在受众心目中已经树立起了自己的一定的威信,不过,人们点击的动机可能更是为了判断党和政府的态度和事件未来的结果。这篇高点击率的文章于 11 月 23 日被转载,此时正是网民们焦灼地等待政府的处理结果的时候。根据人们的经验,《人民日报》的信息在判断党和政府的态度和事件的处理结果的可能性上最具有权威性,从中可以看出党和政府的动向来,所以,当他们看到有一篇评论出现,尤其看到这篇评论还是批评性评论,并且看到这篇标题为《妞妞父亲有机会创造历史》的评论明确要求李意珍辞职时,就看到了事件可能得到满意处理的曙光,因而奔走相告。

但是,当其他媒体纷纷派记者调查核实有关事实时,《人民日报》却始终没有动作,因而,有关事实信息的了解和认识,人们只能从别的媒体上获得。

从表 1-1 中可以看出来,人们在了解事实和认识评价事实时,最信任的媒体是国外的媒体。《联合早报网》所登载的评论《李意珍你认错只是第一步——八问李书记》照说早在 11 月 9 日就被转载了,后面面对新信息,人们不方便去查看它,但它居然还夺得 2 723 点的最高点击率;《亚洲时报在线》的报道晚至 11 月 26 日才转载,但却夺得 1 227 点的报道最高点击率。这两篇文章一篇出现得很早,一篇出现得较晚,却都是点击率最高的,这说明点击率与转载时间相关性也是比较弱的。其次，为什么人们最信任国外的媒体？理由可能是，我们国内的媒体言论自由程度还是不够大，揭示真相的力度还是不够强。当我们以社会稳定等理由拒绝揭示真相时，人们就把目光转向国外去了。而国外的报道由于其记者对中国不熟悉，或者由于他们的某种偏见，使报道与事实产生距离。更可怕的是，某些国外媒体往往以客观报道的方式来暗示某种状态，这比直接的言论要危险得多，因为言论的力量在于其逻辑，如果某些言论不讲道理或讲歪理，人们就会弃之不看，但某种不负责任的报道却很容易造成社会的动乱。《亚洲时报在线》的报道题目是《妞妞母亲赖新平神秘背景：其父是老红军》。此时，正是人们对于李意珍事件为什么久拖不决心生狐疑之时，这样的报道很容易使人想到他们之所以无法无天，全是因为赖新平的父亲。政府冷处理的结果，是使老红军的品质遭人怀疑，而这种怀疑又很容易被当作国际上的阶级斗争的新动向看待，使我们对此事件的看法出现大偏差。我们的媒体不及时报道真相，又失去了言说真相的力量。两相比较，还是我们的媒体及时告知事实真相更有利于社会稳定。

境内媒体点击率最高的评论是一篇为妞妞辩护的评论《妞妞事件背后的网民仇富心理》。这篇评论能被点击 1 437 次，说明现在的网民并不是那种任人煽动的人，他们会多方听取意见，来做出自己的判断，而不是碰到与自己不一致的意见就看也不看，破口大骂。专题中收入的辩护性文章共有 6 篇，在全部文章中只占 5%，但许多网民看了这些辩护性文章后，都能从中发现自己的不足，并写评论对其他网民提出改进的要求。比如，前期有人曾气愤地把妞妞二字拆开来，骂她“女丑女丑”，说“见过丑的，没见过这么丑的，见过傻的，没见过这么傻的，见过又丑又傻的，没见过这么又丑又傻的”。后来网民们就接受辩护性评论者的意见，不再对妞妞进行人身攻击了。这说明在一个观点可以公开碰撞讨论的环境中，有利于培养一个人对于他人意见的宽容性，培养一个人的独立判断能力。

辩护性文章中评论占 5 篇，仅及所有评论的 11%，全为网络媒体，其中境外媒体占 3 篇，全为同一个人所为，4 篇为网名，一篇匿名。（见表 1-2）

表 1-2　辩护性评论有关信息

原发日期	媒体名称	介质	境内外	作者	文体
2004－11－9	不详	网络媒体	境内	不详	评论
2004－11－15	深圳新闻网	网络媒体	境内	春风吹皱脸	评论
2004－11－14	博讯网	网络媒体	境外	老笨牛	评论
2004－11－6	博讯网	网络媒体	境外	老笨牛	评论
2004－11－2	博讯网	网络媒体	境外	老笨牛	评论

这说明在网上发表意见时，意见持有者的外在压力有所减轻，加之作者不署名或仅署网名，使其发表意见的外在威胁力量更加降低，因而，沉默的螺旋的问题在网络言论中需要重新思考。至于此类文章多发于境外媒体，原因可能有这样几种：一是境外媒体的自由度更大，不至于随意被删帖，二是发表时的压力更小，也不排除第三种原因，即有人有意唱双簧，来引起争论。理由是，这 3 篇境外文章全部发表于事件进展的关键时刻：第一篇是关于深圳市五部委推荐妞妞电影事件，第二篇是李意珍刚刚表态后，第三篇是深圳市委作出初步结论后。

还有一点值得考虑的是，虽然中国互联网信息中心发表的第 14 次统计报告表明，18 至 24 岁的网民占了全体网民的 36.8%，高中和中专生占了全体网民的 30.6%，这似乎是个不成熟的网民群体，但能在网上发表评论文章的，应该有一定的思想和理论积累，有一定的语言表达素养和分析问题的能力。我们无从得到发表评论者的年龄和文化水平的数据，但可以推测，他们应该主要是大学本科已经毕业的人群，即年龄应该在 25 岁以上。这部分人在思想上应该是比较成熟的，他们是网民中的意见领袖，对年轻网民的思想和态度具有极大的影响力。他们的理性精神影响着年轻一代，使之趋于理性和冷静。在所有 78 篇网媒上的评论中，有一篇评论引用了网民跟帖中骂妞妞丑和傻的攻击性语言，但文章作者本人并没有骂，只有一篇文章从标题上看用词较过，就是《刘仪伟巧妙设套，层层剥开妞妞画皮》（“画皮”云云，确不太合适）。其他评论文章都是以理服人的文章，占所有网络文章的 99%。

网民的年龄和文化状况统计见表 1-3、1-4：

表 1-3　网民的年龄结构

18 岁以下	18 - 24 岁	25 - 30 岁	31 - 35 岁	36 - 40 岁	41 - 50 岁	51 - 60 岁	60 岁以上
17.3%	36.8%	16.4%	11.5%	7.3%	6.7%	3.3%	0.7%

表 1-4　网民的文化状况

高中(中专)以下	高中(中专)	大专	本科	硕士	博士
12.6%	30.6%	26.0%	28.2%	2.1%	0.5%

表 1-3、1-4 均来自中国互联网信息中心发表的第 14 次统计报告。

境内媒体评论中值得注意的是发表在博客论坛上，署名阿赛尔的评论《叹息牛玉儒——老牛没有妞妞牛》。这篇评论在所有评论中排名第 2。它说明，第一，人们还是相信共产党的，第二，人们期望共产党的干部应该是像牛玉儒那样的廉洁奉公、立党为公、勤政为民的好干部。

境内媒体点击率最高的报道载于 2004 年 11 月 23 日的《中国新闻周刊》。这篇文章署名胡玲，题目为《妞妞留学背景调查：四个月造就哥大硕士?》。全部报道中有 9 篇居于点击排名前 20 位，而其中作为纸媒或纸媒及广播媒体的延伸的专业新闻网站的报道占 7 篇，达 78%，它似乎表明，在事实信息上，人们更愿意相信纸媒体或作为纸媒、广播媒体延伸的专业新闻网站的报道。新浪网可以算作半个专业新闻网站，这样，非新闻网站的报道点击率排名前 20 的就剩下了 1 篇。普通网民没有专业的报道素养，也缺乏收集新闻事实的途径，更难以判断网上新闻的真实性。但是，有趣的是，《中国新闻周刊》的许多报道都是在网上已经有了来自个人途径的报道和质疑后，专门派记者去核实信息和根据网民的质疑去寻找信息的结果。这倒是提示我们，网络论坛的信息可以作为纸媒报道及专业新闻网站报道的线索或为其报道线索提供思路。通过专业新闻媒体的报道可以对网络中的某些信息进行核查，从而揭露事实真相，消除谣言。因而，对于新闻报道，纸媒及专业新闻网站可以与网媒中的论坛形成很好的合作关系，以使真相得以迅速揭示。在真实性问题上，专业性的新闻媒体具有很强的把关作用。

境内媒体点击排名第 2 的报道竟然是《刘仪伟巧妙设套，层层剥开妞妞画皮》，这使笔者感到有点意外。细想一下，这可能与主流媒体的普遍表现有关。在事件发生前，主流媒体充斥着对于妞妞的炒作，甚至中央电视台的"面对面"还在一定程度上参与了这种炒作，而在事件发生后，主流媒体反倒大多失语，网民在失望之余，看到有关刘仪伟的报道，就很热心地加以点击。其实刘仪伟的节目本身就带有一点解构的味道，倒不一定是他真想要揭露妞妞。网民的失望还和主流媒体加强网络监管的宣传有关。事实上，有关加强网络监管的行动早在2003年10月就已开始着手，但是，在网络言论监督不断被删帖的特定状态下，网络监管的有关报道就被人们误读为李意珍头上的"伞"的很大的证据，引起人们的许多无端猜测。这是李意珍事件得不到及时的令人满意的处理给网络监管行动所带来的又一个麻烦。

五、结论

（1）要坚持党管媒体，但不能把党管媒体变成由某个领导说了算。应该依法管理，使媒体在不违犯法律的前提下，拥有揭示事实真相和评说社会事务的权利，这样才能保证媒体不致于成为个别腐败官员手中的工具，使他们在触及自身利益时剥夺媒体监督的权利，才能切实保证人民通过舆论展开监督活动，使腐败官员暴露在舆论的阳光之下，从而保证党的机体的健康，保证党与人民的血肉联系。

（2）专业新闻媒体，尤其是主流媒体应积极应对网民普遍关注的信息，及时介入，核实有关信息并发出正义的声音，使事实真相得以显露，谣言遁于无形，从而使廉洁自律的干部得到舆论的保护，贪污腐败的官员受到法律的惩处。这样做既可以提升主流媒体的公信力，体现主流媒体的政治意识、大局意识和责任意识，又可以使网络的负面影响被减到最小，正面影响被扩至最大。网络与纸媒体协作，可以使舆论监督无处不在，腐败官员难以藏身；专业新闻媒体信息不畅，网络小道消息就会四处流传，境内媒体失语，境外媒体就成为人们的主要选择。

（3）建立政府对传媒监督的有效回应机制，使被暴露出来的问题能够得到及时、合理而有效的解决，从而把社会危机解决在萌芽状态，既保护了人民实施监督的积极性，又使执政党永远立于不败之地；实行驼鸟政策，对不该炒作的新闻大加炒作，该回应的质询却进行冷处理，就透支了公民的信任；而不仅不回应质询，反而逆公众舆论而行之，则将公众推向了对立面，其危险性怎么估计都不过分。

（4）要对有害信息进行审慎的鉴定，明确哪些信息是有害信息，不能将有害信息鉴定人为化、随意化,把人类可以共享的互联网重新变成封闭的空间。无端的封堵,会使公民因为反感而反过来对境内媒体愈益不信任。我们的党是追求真理的党,而真理是永远驳不倒的,真理也只有在与谬误的论争中发展自己。因而,第一,应该实行信息开放主义,只有信息开放了,我们才能真正了解真相,第二,实行观点自由主义,只有在不同观点的交锋中才能显现真理。信息开放和观点自由才能使公民变得越来越聪明和理性,而聪明和理性的国民是中国实现伟大的民族复兴的基础。

第二章
网络新闻评论主体论

第一节 网络新闻评论主体界定

一、"网络新闻评论"与"主体"

研究网络新闻评论主体,首先要廓清"网络新闻评论"和"主体"这两个关键词的内涵。

网络新闻评论,在最宽泛意义上与"网络言论"意义相当,指网络媒介传递的具评论性质的言语。概而言之,网络提供两类资源:网络新闻和网络新闻评论。狭义的网络新闻评论,仅指网络新闻媒体和门户网站设立的新闻评论频道或栏目。本文"网络新闻评论"指广义的网络言论,它是借助文字、图片、动漫、声频、视频等形式,针对新闻事件、社会热点、法规政策等表达评论者的所思、所想、所感。围绕"主体"有多种定义,本文采用马克思在《政治经济学批判导言》中就"主体"的经典表述。马克思指出,主体是人,客体是物,这二者形成统一体,即认识主体在实践中认识到他所指向的对象,主体与客体是在实践中统一的,主体具有自觉性、创造性与能动性。

二、"网络新闻评论主体"与"新闻评论工作者"的关系

网络新闻评论主体,即网络言论的创作主体,包括个人主体和法人(人格)主体。个人主体的新闻评论,指评论创作者是某个人,这个人既拥有独立、自由发表自己对新闻的见解的权利,同时也就必须单独承担该评论所引发的一切(好或坏的,甚至是法律的)后果和责任。法人(人格)主体的新闻评论,其评论创作者虽是某一个人或几个人,但他们只是某个集团、组织或机构的"代言人",因而写作者不存在"文责自负"的问题,主要责任由"被代

言者”承担。

在我国传统媒介时代，新闻评论主体大多是法人（人格）主体，只有极少数是个人主体。这种法人（人格）主体自身不会说话，它必然会借助“代言人”去发言，这类“代言人”被称为“新闻评论工作者”。新闻评论工作者的“代言”身份，可能给他（她）本人带来某种紧张或压力，特别是在“代言人”与自身观点相异时表现得更明显。长期以来，我国新闻界对新闻评论工作者的“思想政治修养”都相当重视，被列于“新闻业务水平”之前，这有助于“代言”工作的顺利完成。新闻评论工作者的“主体性”在追求个人化的评论风格中得到实现。

新媒介时代，传统新闻评论工作者可通过多种方式在网络上进行新闻评论。其一，他们在传统媒体上的“代言”评论通过网络传播。其二，他们担任某网站的“特约评论员”。其三，建立个人博客（播客）。其四，以普通网民的身份在论坛、社区等大众讨论平台上发表意见。在前两种方式中，新闻评论工作者仍是“代言”身份。后两种方式中，新闻评论工作者作为独立的评论主体自由发表意见，有时他们甚至会隐匿真名使用“网名”，与“新闻评论工作者”这一社会身份保持距离。

第二节 网络新闻评论创作者的分类

一、网络新闻评论创作者（以下简称网评创作者）的分类

新闻评论创作者和创作主体不同。创作者是新闻评论文章的撰稿人、执笔者，创作者不一定是创作主体，他（她）或他（她）们的新闻评论工作可能只是传达创作主体的精神意志。创作者在用自己的笔传达自己的意见时，实现创作者和创作主体的重合。传统新闻评论工作者是新闻评论的创

作者，却不是创作主体。个人主体的网络新闻评论，其创作者和创作主体相同；人格主体的网络新闻评论，其创作者与创作主体不同。

根据评论权威性和话语权的不同，网评创作者一般分为四类：特约评论员、专家学者、网友、网民。目前不少网站评论类栏目的分类根据这个标准。如人民网设有“人民时评”、“学者新论”、“网友说话”、“强国论坛”等版块来容纳不同的评论创作者；东方网“东方时评”、“东方专家论坛”、“上海社科论坛”、“网友热评”、“东方社区”等栏目也是针对各异的评论创作者创建的。总体而言，这四类创作者的称谓与传统“新闻评论工作者”这一称号有较大差别，它们不具有后者作为一种社会身份的固定性、明确性与约束性。某人被一个网站邀请担任“特约评论员”，他（她）仍可同时以“专家学者”、“网友”、“网民”的身份在网络上发表言论。网站和评论创作者（不管何种类别）之间的关系更类似于一种较宽松的契约关系，网站为评论创作者提供发言的平台，评论创作者的言论必须受到一定的限制。一般来说，特约评论员和网站的关系最密切，他（她）们的评论有时像“命题作文”，由网站根据当前热点新闻或事先策划好的方案邀约评论员进行评论。网民和网站的关系最松散，网民穿行在各个网站间，或阅读某则新闻报道后点击“发表评论”说几句，或在某个论坛“发帖”、“跟帖”、“灌水”。专家学者、网友和网站的关系可表述为“合则来，不合则分”，二者处于彼此选择的状态。

二、特约评论员

特约评论员是网站新闻评论频道（栏目）实力的体现。任何已形成系统新闻评论理念并具有影响力的言论频道，都注重培育特约评论员来建立原创评论栏目，以便展示和表达本频道（栏目）的立场。由于各网站经营目标、资源配置、实力等方面的差异，目前仅以国家级、省级新闻网站和大型商业门户网站为主的部分网站，拥有独立的特约评论员队伍。网站特约评论员的来源大致有三种：传统媒体的新闻评论工作者，某些领域的专家学者，民间业余评论创作者。不同网站通常根据自身情况会偏重其中的一种或两种。

人民网是《人民日报》建设的以新闻为主的大型网上信息发布平台，其特约评论员主要来自人民日报系内部，该网也有来自民间的业余评论创作者，如马龙生在某广告公司从事广告策划，蒋萌是北京杂文学会会员。东方网是由文汇新民联合报业集团、解放日报报业集团、劳动报社、青年报社等联合组建的有新闻特色的大型综合性网站，其特约评论员主要来自上海各家报社，也有学术界专家，如上海社会科学院经济研究所副所长沈开艳。新浪网根据评论主题将评论员分为“时事评论员”、“财经评论员”、“体育评论员”、“文娱评论员”，他们的来源也大体符合上文所提及的三大种类，“时事评论员”以新闻评论工作者和专家学者居多，“财经评论员”多为专家学者，“体育评论员”中业余评论创作者不少，“文娱评论员”中专家学者和业余评论创作者“平分秋色”。

三、专家学者型网评创作者

随着现代社会的高速发展和职业分工细化，“专家学者”类网络评论创作者应运而生。传统社会里，专家学者可能终其一生在高校、科研机构从事学术工作，却很少考虑如何传播、应用这些“知识”。现代型学者，尤其是以成为“公共知识分子”为信仰的学者们，不仅在专业上发挥自己的才干，更以极大的社会责任心关注置身的时代。民众的普遍“追捧”，是“专家学者”评论得以“遍地开花”的重要原因。民主社会中公众被赋予更多决策权或建议权，小到处理个人经济事务，大到制定国家政策法规；与此相对的却是人们在专业化教育体制下日益狭窄的知识面；听取专家意见是解决二者矛盾的必然选择。

专家学者的评论以其客观、公正、科学、理性与批判性受到人们的认可与推崇。他们或聚集在专业评论网站周围形成团队优势，或在新闻网站、门户网站的评论栏目上发布最新成果与独特专业见解，展示个人学术风采。剑虹评论网是目前国内影响较大较重要的评论网站，它由“青年学者李剑虹注资”，十二名学者组成的泽中工作室负责维护，“和十余家国家学术单位建立了稳定的合作关系，特邀科研院所、高等院校的专家学者为本站顾问”，“致力成为最具影响力的中国最强思想、社会、文化、学术评论网站”，“尊重并努力满足读者的精神诉求……帮助读者不断更新理念，开阔视野，适应变化”①。学术中国网，“由专家学者主持，鼓励学人参与，致力于继承与发扬近年来中国学术性网站的优秀传统，汇集有价值的人文与社会科学

① 引自剑虹学术网“关于我们”。

的研究资源,为中国学者提供学术交流的空间”①。剑虹评论网与学术中国网,呈现出中国专家评论网站的两种编辑宗旨和路向:学术服务社会与学术交流互长。目前,与剑虹评论网持相似思路的网站还不多,和学术中国网取相同路径的还包括中国法学网、法学评论网、当代文化研究、思与文等。当然,在这些网站中发表的文章并非都是新闻评论类的,有的文章介于新闻评论与学术论文之间,有的则纯粹是学术论文。

新闻网站、门户网站中专家学者的评论,具有更为热切的服务社会、指导民众的旨趣。搜狐网“左右间财经评论”、“搜狐汽车评论”栏目,分别为“经济学人”和“汽车评论员”提供了专门的评论平台。“左右间财经评论”的宣传语为:“左,或右。左右间。不骑墙,不中庸,做一个寻找光明的观察家”;“搜狐汽车评论”提出“高度决定影响力,深度决定思想力,广度决定传播力”。它们都表述了精英知识分子的学术自信和社会抱负。东方网“东方评论”设立“东方专家论坛”和“上海社科论坛”,为“专家系”、“社科系”评论员建立了发表言论的讲坛,这些专家学者都来自上海本埠的学术科研类机构,他们的评论既放眼全球与全国,更立足于上海当地,故而形成了独特的视角与风格。和讯网“和讯评论”建立了自己的“和讯专家库”,立志“打造中国最具影响力的财经评论”。

四、网友

“网友”,顾名思义,可解释为“以网络为友”、“网络媒体之友”。这两种释义揭示出“网友”两大特点:一、对网络传播方式的依赖;二、与网络媒体的共生关系。“网友”来源于“网民”,他们或由于工作关系得以与网络亲密接触,在更多情况下他们把休闲时光都用来与电脑相对。《检察日报》发表《王威:十年辛苦写时评》,文中描述的正是“网友”的真实生活写照:“他几乎每天凌晨4点左右起床,打开电脑,上网浏览新闻……晚上下班一回家,他又趴到网上……平均每天都要在电脑前坐上八九个小时,常常累得腰酸背痛。”②“网友”又不同于普通“网民”,他们具有敏锐的新闻感受力和较强的文字表达能力,他们不像“网民”恣肆挥洒情绪,而是偏爱理性节制的

① 引自学术中国网“稿约”说明。

② 详细内容参见 www.jcrb.com/nl/jcrb1491/ca658624.htm。

评论方式，他们富于建设性的评论获得网站编辑的尊敬，从而与网络新闻媒体建立起稳定、和谐的互动关系。光明网“光明观察”在“致网友”中说：“过去，是你们的洞察力和说服力，成就了‘光明观察’的影响力！今天，全新改版的‘光明观察’正等待着你们继续支持与呵护！”网友与网站彼此的依恃共存由此可见一斑。

特约评论员和专家学者的结构特征，决定了他们是网评创作者队伍里较稳定力量，相对而言其增长空间也就受到制约。“网友”成为这支网评创作队伍中的生力军、中坚力量。从目前网站发展总体状况来看，“网友”与“特约评论员”的合流与并轨已是大势所趋。2007 年 8 月“光明观察”改版，将原来“评论”、“网友”等版块进行整合以迎接各方作者（即更多“网友”）的热情参与。国际在线网“管窥天下”、新华网“新华网评”、红网“红辣椒评论”等众多网站也特设“作者专栏”、“网友专栏”、“网友文集”等吸引招集“网友”。

五、网民

网民指聚集在网络“社区”、“论坛”、“聊天室”等场所的众多民众。他们一般不是评论话题的发起者或组织者，也不具备控制话题的能力，却可自由表达个人意见，就新闻话题作出独立评判。网络的开放性、易接近性等特点，为所有“网民”提供了同等的表述个人观点的场所。但由于知识结构、表达能力及个人性格等方面的差异，绝大多数“网民”的评论重“评判”而轻“论证”。

第三节 网络新闻评论创作者的素质

从长远来看，网络新闻评论质的整体提升和量的普遍增加都取决于“网评创作者”素质的高低。传统媒介时代，中国共产党、中国政府及媒介自身皆十分重视新闻评论工作者的素质建设。新闻评论工作者作为新闻工作者中的一部分,是思想战线的排头兵,他们的思想、观点、立场,通过大众传播媒介,影响着整个社会的舆论,制约着公众的群体意识流向。新闻评论工作者被要求具备的素质主要包括如下几个方面:(1)思想政治过硬。新闻评论工作者要用马克思主义理论武装思想,坚持正确的舆论导向。(2)精通新闻业务,力求博闻强识。(3)熟悉方针政策、树立法律观念、培养社会责任感。

由于创作者创作目的、知识结构、社会阶层等的分野,当前网评创作者与传统时代新闻评论工作者相较,存在素质较差的问题。网友马九器在《丑陋的时评界》(2006 年 11 月红网发表)中批评,"为人民币写作"、"抄袭剽窃"、"八股时评"等是评论界的普遍弊病,而网络新闻评论界更是其中的"重病区"。毋庸置疑,网络评论界的弊端决不能仅仅归罪于"网评创作者"的素质问题。实际上,正如新闻学术界理论工作者所预示的,"网评创作者"来源的多样将促进一个"公民写作时代"的到来。但是,作为影响网络评论水平的一个活跃、易变的重要因素——网评创作者,如何提高其素质已成为亟待解决的问题。

一、特约评论员、专家学者的素质

"特约评论员"、"专家学者",在数量上仅占据"网评创作者"较少比例。大部分"特约评论员"属于传统时代的"新闻评论工作者","专家学者"是相关专业领域的学术权威,拥有高等学历,总体而言,他们的素质具有一定保障。当然,"特约评论员"、"专家学者"也存在不少问题:"越位审判"、"有偿评论"等现象说明某些人法律意识、职业精神、社会责任心淡薄;他们不敢正面批评暴露本行政区域、本行业的弊病;有些"专家学者"虽然精于专业,语言表达能力却仍需加强。

二、网民素质

提高"网民"素质是个非常复杂的系统工程,涉及面广且需要时间。据 2009 年 1 月中国互联网信息中心(CNNIC)发布的《第 23 次中国互联网络发展状况统计报告》,本次统计定义"网民"为"半年内使用过互联网的 6 周岁及以上中国公民"。调查显示中国内地网民总人数达 2.98 亿,网民年龄结构中"10—19 岁"占 35.2%,"20—29 岁"占 31.5%,"30—39 岁"占 17.6%,年轻网民居多;网民学历结构中"高中/中专"占 39.4%,"大学本科"占12.2%,"大专"占13.9%,"初中"占28.0%。从历史变化情况来看,高学历网民的比例在逐步下降,学历较低人群正逐步增多。面对网民低龄化、低学历化的现状,培养网民素质必将是全社会共同关心、协作努力的长期任务。

三、网友素质调查及对策

"网友"评论在传播范围、媒介转载率、流布速度、大众接受程度等方面都有其特殊优势,"网友"素质高低是影响"网评创作者"整体素质的关键因素。"特约评论员"、"专家学者"素质具可控性,"网民"素质有专业调查研究机构进行定期跟踪调查,相较之下,针对"网友"素质情况的结构性调查研究仍告阙如。只有首先掌握"网友"总体素质情况,提高素质的工作才有所依据且获得成效。这里选择红网"红辣椒评论"频道"评论作者文集"中"网友"作为调查对象;人民网"观点"频道"网友说话"栏目"网友文集",新华网"新华网评"栏目"专栏作者",东方网"东方评论"频道"网友文集",这三个网站"网友"作为平行比较对象;通过这项调查勾勒出"网友"的整体轮廓。

红网"红辣椒评论"被评为第十七届中国新闻奖"中国新闻名专栏",是唯一入选的网络新闻专栏。国务院新闻办公室网络局新闻处处长侯召迅以"辣评、快评、敢评、会评、好评"五个特点来评价该栏目。据该栏目编辑杨国炜介绍,"自 2003 年改版扩容至今……共收到投稿 13 万多篇,发表了原创评论文章 3 万余篇……拥有 800 多位固定的评论作者群。是目前全国所有新闻网站中发表评论文章数量最多、转载率最高的原创评论基地之一"。① 红网"红辣椒评论"具有数量众多且稳定的"网友"队伍,他们为在该栏目发稿五篇以上的"网友"设立了个人文集,文集中附有"网友"个人资料。

"网友"调查包括如下几个项目:(1)"网友"重合率。(见表 2-1)一直以来人们对"网友"的"一稿多投"、"评论文章高产"等问题多有诟病,为了解这类问题的严重性,特设该调查项目。(2)"网友"年龄段。(见表 2-2)

① 杨国炜:《红网"红辣椒评论"荣获第十七届中国新闻奖一等奖》,网址:www.hn.rednet.cn./c/2007/08/28/1304215.htm。

设“四十年代及以上”、“五十年代”、“六十年代”、“七十年代”、“八十年代”五个年龄段，调查“网友”年龄状况。（3）“网友”学历。（见表2-3）设“硕士以上”、“硕士（及在读）”、“本科（及在读）”、“大专”、“大专以下”五类，调查“网友”学历情况。（4）“网友”专业方向。（见表2-4）分为“新闻、传播、广告类”、“中文、汉语言、文学（创作）、文艺类”、“法律、法学类”、“经济（管理）、金融、贸易类”及“其他”五类，调查“网友”专业方向。（5）“网友”工作岗位。（见表2-5）设“媒体及相关行业”、“各级国家、政府机构”、“教师”、“高校学生”、“企业”、“高校、研究所、电教馆”、“商业银行、信用社”、“部队”、“工厂”、“其他”九类，调查“网友”职业分布。调查时间为2007年9月1日18时。

表2-1 “网友”重合率

网站名称	网友人数	特别网友人数	百分率	说明
红　网	464	325	70.0%	（1）6人同时作为四个网站网友，37人同时作为三个网站网友，104人同时作为两个网站网友。（2）红网和新华网网友重合人数计119人，分别占其总网友数的25.6%和41.9%。
新华网	284	157	55.3%	
东方网	60	6	10.0%	
人民网	35	11	31.4%	

（注：正如上表“说明”中显示，部分网友同时在多个网站发表评论文章，“特别网友”指仅在某一网站上发表评论文章的网评作者；百分率指特别网友占网友总人数的百分比率。）

表2-2 “网友”年龄段

年龄段	人数	百分率	说明
六十年代	33	31.7%	（1）具有效“年龄段”资料人数计104人次。（2）资料中表述为“30多岁”计入“七十年代”；“40多岁”计入“六十年代”；“已退休”计入“四十年代及以上”。
七十年代	31	29.8%	
八十年代	22	21.2%	
四十年代及以上	12	11.5%	
五十年代	6	5.8%	
合计	104人		

表 2-3 “网友”学历

学 历	人 数	百 分 率	说 明
大学(及在读)	86	74.8%	(1) 具有效“学历”资料人数计115人次。
硕士(及在读)	21	18.3%	
大专	8	6.9%	
硕士以上	0		
大专以下	0		
合 计	115人		

表 2-4 “网友”专业方向

专 业 方 向	人 数	百 分 率	说 明
新闻、传播、广告类	28	38.9%	(1) 具有效“专业方向”资料人数计72人。(2) 对于拥有两种不同专业背景的“网评作者”,分别在相关“专业方向”分类中加以统计,故而会出现各“专业方向”人数总和大于资料人数的现象。(3) 百分率计算中,仍以资料人数72人作为基数。
中文、汉语言、文学(创作)、文艺类	22	30.6%	
法律、法学类	12	16.7%	
经济(管理)、金融、贸易类	6	8.3%	
其 他	16	22.2%	

表 2-5 “网友”工作岗位

工 作 岗 位	人 数	百 分 率	说 明
媒体及相关行业	93	31.9%	(1) 具有效“工作岗位资料”人数计292人,退休人员一概不纳入该统计。(2)“媒体及相关行业”包括各类报社、期刊杂志社、广播电台、电视台、网站、出版社。(3)“教师”包括小学、中学、大学及职业技术学校类教师。(4)“高校”指在高校里从事行政事务性工作,而不授课。
各级国家、政府机构	72	24.7%	
教 师	43	14.7%	
高校学生	36	12.3%	
企 业	17	5.8%	
高校、研究所、电教馆	10	3.4%	
商业银行、信用社	6	2.1%	
部 队	5	1.7%	
工 厂	4	1.4%	
其 他	6	2.0%	
合 计	292人		

通过调查数据,“网友”的大致生存状态得以显现。“网友”重合率调查中,以拥有“特别网友”百分率最高的红网(70.0%)来说,也有近1/3的“网友”同时向其他网站投稿。“网友”人数较多的红网和新华网,有119人同为两网的“网友”,分别占两网总网友数的25.6%和41.9%,约1/4和1/2。“网友”与各网络媒体建立合作关系本也无可厚非,但如此数量众多的“网友”重合,会造成各网络评论栏目主题、风格、观点的雷同。本文仅选取四个网站加以比较,相信类似现象绝不仅限于这几个网站,也不只限于网络媒体。本调查里,根据红网“网友”介绍,自称发表千篇新闻评论类作品的22人,称写作百篇新闻评论类作品的30人,而且他们大都是兼顾报纸、网络两种媒体。媒体间激烈的竞争,使媒体即使深知“网友重合”的严重弊端,却又欲罢不能。当然,媒体也在通过各种途径将负面影响降到最低:红网以极大的包容性去接纳新鲜“网友”;东方网为上海社科界精英提供言论平台;人民网依恃特约评论员的权威性,从而建立起富有特色的评论栏目,以弥补“网友”评论的不足。

“六十年代”、“七十年代”、“八十年代”“网友”构成“三足鼎立”的格局,尤其令人惊喜的是“八十年代”“网友”对新闻评论的“加盟”。“八十年代生人”曾被描绘成“物质的一代”——“想控制物质,反被物质控制”,“中国垮掉的一代”;某知名门户网站甚至设立了“八十年代生人:自私、丑陋的新新人类”的专题。为数不少的“八十年代”“网友”对新闻评论的关注,说明日益成为我国社会主义现代化建设中坚力量的这个群体,并不如他们自己和长辈们所说的那样以自我为中心、缺乏责任感。他们胸怀世界,体察民情,热望于社会的发展与进步,并愿意为这个目标出谋划策,以贡献个人的菲薄之力。正如一位“八十年代”“网友”张吟丰自我表白的,“喜欢鲁迅的话:青年们先可以将中国变成一个有声的中国,大胆地说话,勇敢地进行,忘掉一切利害,推开了古人,将自己的真心话发表出来……让我们用真心在这片属于你我的天地中奋斗不息吧!”“四十年代及以上”“网友”人数(占11.5%)是“五十年代”“网友”人数(占5.8%)的两倍,也是正常现象。“五十年代”“网友”年龄都在五十多岁,这个年龄段的人家庭工作压力都较大,而精力却又呈下降趋势,利用业余时间去关心时事发表评论就显得力不从心。“四十年代及以上”“网友”大多处于退休或半退休状态,这时就会有更多的时间来跟踪国内外新闻,并愿意把自己对社会的理解以文字传送给更多的人。

"网友"学历皆为大专及以上,属于较高文化水平。需要说明的是,本调查中未出现大专以下学历,可能并不代表没有"网友"学历低于大专,这类人也许选择对学历情况沉默。阅读新闻、独特阐释、理性建议,这些都需要评论者具有相当知识素养,故而"网友"学历偏高也正是"题中应有之义"。"网友"中"本科学历"占绝大多数(74.8%),"硕士学历"也能占不小的份额(18.3%),这是本调查项目里的一大亮点。

"网友"专业方向聚集在如下四大类:新闻、传播、广告类(38.9%);中文、汉语言、文学(创作)、文艺类(30.6%);法律、法学类(16.7%);经济(管理)、金融、贸易类(8.3%)。有"新闻、传播、广告"专业背景的"网友",成为"网评作者"也算"学以致用"、"专业对口"。"中文、汉语言等"专业方向的"网友",从事新闻评论往往源于他们对文字的爱好,他们尝试涉猎各种文体文类,"新闻评论"与"杂文"的相似性使他们寻找到通向"新闻评论"的捷径,所以不难发现他们中的一些人是各级"作家协会"、"杂文学会"的会员。"网友"许朝明说,"写,是一种生活状态";"网友"李华元自称"是一名文学爱好者";"网友"李季平认为"文章千古在,仕途过眼云"。在他们的眼中,"新闻评论"是追求文学梦想、完善人生价值的一种方式。"网友"具有"法律等类"、"经济等类"专业背景,使他们发表的专业评论更具说服力。"网友"段俊是经济学学士,哲学硕士,他"希望能理解社会,传播理性",他代表了部分拥有专业背景的"网友"的心声。除四大类知识背景外,"网友"的专业构成还包括"政治、行政、公共管理"、"医学"、"生物"、"计算机"、"历史"等。"网友"宽泛的知识结构,有利于从各个不同专业角度深入讨论社会上形形色色的新闻现象。

"网友"从事的工作主要集中在:媒体及相关行业、各级国家政府机构、教师和高校学生四大类。一个有趣的现象是:除退休人员外,共有 292 名"网友"就自己的工作状态做出表述,而表明年龄(104 人次)、学历(115 人次)、专业(72 人次)等情况的人数则相对较少。这说明"工作"、"职业"是"网友"(甚或"网民"、中国人)界定人群、身份的重要标志。超过半数"网友"职业是"媒体及相关行业"和"各级国家政府机关"。媒介业内人士对新闻评论的兴趣不能仅解释为职业习惯,他们与媒体特约评论员存在差别。最特别的例子是,一些特约评论员以普通"网友"身份,采用"实名"或"网名"发表新闻评论,他们平时代表本媒体立场发言,在这里却能抒发个人情怀。"网友"彭联联现为某报编辑,他认为写评论"是道义";现任《长江日报》评论员的"网友"廖保平说,"写作的目的是寻找真理真情,探索人的多种可能性";编辑记者李益民"网友"的人生格言是"作一个为人民利益歌唱的人"。国家政府机构人员对新闻评论的热衷,使我们了解到这些过去所谓的"官僚"并没有囿限在程式性工作中,他们的思想也是相当活跃的。湖南某市审计局李新华"网友","不媚上,不络下……最佩服有思想,仗义敢言不惧权势之人";现就职税务部门的"网友"梁守泰则"热衷于为底层百姓鼓与呼"。教师"网友"也是"网评作者"的中坚力量,其中以中学(中专、技校)教师居多,小学及大学教师也有,甚至还有硕导、博导加入"网友"队伍。中学教师"网友"廖志明说,"读书,写作是我的人生乐趣";武汉某学校教师叶祝颐"网友"的人生格言是"说真话,做真事";任职浙江杭州市某镇中心小学的"网友"金宇飞希望"铁肩担道义,妙手著文章"……道出了教师们新闻评论写作的不同观念。不少高校在读学生也喜欢新闻评论写作。他们的写作动机也是各有不同:有的新闻系学生把写作看成专业实践;有的是出于关心时政和民生,关注弱势群体和社会正义;有的自我调侃为"愤青"。不管怎样,他们正通过写作,激发思想火花,重建社会常识,这是值得更多的学生引以为榜样的。企业、银行、高校、工厂、部队等地方也有热爱新闻评论写作的"网友",充分表明任何地方都有思考着的灵魂,这是民主进步社会所最需要的。

通过调查,"网友"素质的一些问题得以突显。(1)"网友"重合。这其实是一个老问题了,可迄今仍找不到解决的"良方"。客观而言,"网友"重合是"网友"和网络评论创作的"供求"严重失衡状况下,网络媒体不得不接受的权宜之计。"网友"选择"一稿多投"固然不足推许,却有其合理之处。虽然人们多把批评矛头指向"一稿多投"背后的金钱动机,可也要尊重"网友"渴盼创作成果获得媒体、大众广泛承认的正常欲求,毕竟网络评论创作过程是充满艰辛的"思想风暴"。还要考虑的是新闻评论本身强时效性的特点对投稿的影响。新闻评论不像专业论文那样,此刊物三个月不用还可转投另一刊物,它是此媒体一天不用就可能作废。对于网友来说,能拿到多少稿酬也许不是他们最看重的,因为网络发表的稿酬总的来说实在微不足道,有些网站甚至不付稿酬,重要的是他们的意见需要被即时传播出去。因此,"网友"重合现象也许需要给予的是宽容与理解。在美国,即使在传统媒体报纸中也有评论辛迪加组织,加入该组织的写作者,他们的作品被合法地用于多家报纸。(2)"网友"知识结构、学术背景、工作经历有着明显偏向,人文社科类、本科学历、媒介业与公务员是“网友”的主流。与“网民”相较,“网友”年龄偏大,学历偏高,这可以解释“网友”评论何以较“网民”评论更理性、更富逻辑性。看来“公民写作时代”的真正到来尚需时日,当前要吸纳多种知识背景、工作经验的“网民”加入到新闻评论写作中来,这样才能防止“近亲繁殖”和“思想衰竭”。(3)女性“网友”数量低。调查中未将女性“网友”单列一项进行研究,因为特别声明自己“女性”身份的“网友”很少,而从名字大略可知是女性“网友”的也很少。这与统计当时发布的《第20次中国互联网络发展状况统计报告》中显示的“网民中女性比重上升到历史新高点45.1%”形成鲜明对照。固定工作和繁重家务占用了女性绝大多数时间,而传统社会责任分工与女性天然的兴趣点都影响着女性从事网评创作的热情。随着女性“网民”比重渐大,女性自信心的提高,传统社会分工的“消融”,我们期待女性“网友”比重逐渐增高。

第四节 网络新闻评论主体存在的三种形态

不同于传统新闻评论的一元媒介法人主体,网络新闻评论主体可划分为三种存在形态:单个(个人或法人)主体、小众主体、大众主体。单个(个人或法人)主体,即指评论主体是单个个人或具有独立法人资格的网站。随着中国公民社会进程的加快,民众素质的普遍提高,网络技术的突飞猛进,共同为个人网络新闻评论的产生提供了坚实的基础。传统时代的媒介法人新闻评论一般以两种方式延伸到网络上。一种是传统媒介的网络版,如《人民日报》网络版、《新京报》网络版等,这种方式只需将传统媒体上的新闻评论悉数搬到网上便可。另一种是网络新闻媒体,这是传统媒体为增强在网络世界的影响力而设立的网站,如东方网、南方网、红网等,这类网络媒体通过开辟评论频道、栏目的方式来传达网站的声音。在新媒介时代,网络新闻评论的法人主体不只媒介法人一种,统而言之,凡申请获准域名并依法营运的网站，就自然获得新闻评论的法人主体资格。商业门户网站、非营利公益网站等都是网络新闻评论的重要法人主体。多样的法人主体拓宽和延伸了网络的评论空间，有利于全面、平衡、和谐的对话机制的生成。

一、单个主体存在形态

个人网络新闻评论最纯粹的形式可在博客（播客）中找到。博主（播主）在自己的博客（播客）中是绝对的主人，他们拥有评论的绝对“话语权”。虽然网友也可点击“发表评论”发言，但那只能是陪衬性的、无足轻重的议论。网友不可能与博主（播主）处于同等的主体地位，他们只是博客（播客）里的匆匆过客和看客。博主（播主）与传统媒体评论工作者有着很大的不同，简单而言，是个人化、业余化与组织化、职业化的区别。博主（播主）具有强烈的主体意识，博客（播客）是他们“个人的园地”，是他们抒写私人感受的场所。正如一位博主写道，“我的博客是写给我自己和我的知己，写给知己是写给更深刻的自己”①。

博主（播主）可粗略分为“名人”（精英）和“草根”（平民、普通百姓）两大类别。从目前来看，名人（精英）博客（播客）更易受广大网民的追捧。以新浪博客频道为例，截至2007年7月1日的博客总流量排名前十位中仅两位出身“草根”（他们其实已经是“网络名人”），其余则是影视、文化、房产、体育等方面的“名人”，美女导演徐静蕾位列排行榜榜首，青春写手韩寒排在第二位。名人开博（播），对于名人自身和商业网站都大有益处，是一种“双赢”。随着名人博（播）客访问量呈指数级的攀升，名人的知名度大幅度提高；同时，网站的无形资产也得以增值并最终转化为利润。虽然名人博（播）客为博（播）客带来了“强曝光度”，但草根博（播）客却是博（播）客蓬勃发展的真正源泉。草根博（播）客唤醒、激发出普通民众对言说主体身份的欲求，使博（播）客成为网络言论中最具革命性、激进性的全新表达形式。

作为个人评论主体的博（播）主，必须面对错综纷繁的矛盾，反应在他们的评论中就呈现为意义的“错位”、“延宕”与“裂缝”。同一新闻事件，不同博（播）主截然相反的论述；就某一社会现象，同一博（播）主在不同时间、背景下自相矛盾的解释；当博（播）主游走在传统媒体与网络博（播）客之

① 巴俊宇新浪博客，“我的博客一个真实的自我”，网址：blog. sina. com. cn/bajunyu。

间，评论姿态、语气、风格的差异；甚至于同一博（播）主在不同网站拥有的数个博（播）客之间也各有评论的侧重点。通过揭示这些评论间的“紧张”与“缝隙”，不仅能更全面地了解个人评论主体，也使受众对评论事件有更深入的思考和体悟。这里以传统媒体评论工作者开设博（播）客为例，他们在大众媒体上的公开评论与私人博（播）客的言论之间的异同就很有意味。著名体育评论员李承鹏在对博客文章分类时写道，“生活随笔，这是我的个人态度；文化娱乐，这是我的风花雪月；中国足球，这是我的课堂作业；国际足球，这是我的课外作业……”。对于李承鹏来说，担任《足球报》足球评论员工作仅仅是“课堂作业”，博客才是他的“个人态度”①。中央电视台新闻频道编辑部的郑根岭老师，在博客中声明“发表不了也不能不写，还是想一吐为快，权当是给自己的思想做个记录”②，这段文字隐隐透露出郑老师在试图维持“公开发表”与“思想记录”间的平衡。

个人新闻评论日益走进“寻常百姓家”，而法人（尤其是媒介法人）新闻评论的显著功能出现受到削弱的“症候”。不可否认，近年来各式网站的评论类频道（栏目）“遍地开花”，在这种表象繁荣后面遮蔽了网站自身立场的“缺席”。网站往往过分热衷于海量信息的汇集，网络编辑满足于整理来自各式媒体的新闻评论，根本没有时间、能力和精力去思考和锻造网站本身的立场、观点。前些时候，不少网站在新闻评论的后面跟上“仅代表作者个人观点，不代表网站的观点和立场”之类的申明，这种做法当然有其合理性，可以帮助网站避免一些不必要的麻烦，但也从一个侧面揭示出某些网站严重缺乏起码的社会责任感。因为网站法人主体的“不在场”，新闻评论的重任被一味地推给专家学者、网民网友。必须指出，从网站自身发展来看，培育出原创、独家的新闻评论是从无数同质网站中脱颖而出的有力武器；从建构和谐网络新闻评论生态而言，法人主体新闻评论的健康发展是整个网络言论系统良性发展的充要条件。可喜的是，一些具影响力的主流网络新闻媒体，没有放弃引导社会舆论的责任，勇于“铁肩担道义”。他们精心打造本网站立场、观点的频道和专栏，坚持理性、建设性的新闻评论标准，在“众声喧哗”中发出了自己的声音。素有“网上第一评”之称的人民网“人民时评”栏目，真正地做到了“围绕舆论关注的焦点、百姓关心的热点发表评论，

① 李承鹏新浪博客，网址：blog. sina. com. cn/lichengpeng。

② 郑根岭搜狐博客，2007 年 5 月 21 日日志，网址：zhenggenling. blog. sohu. com。

评述权威、有力，语言明快、犀利，具有极强的冲击力和感染力”。“人民时评”栏目的成功也说明了在“意见的集市”中人们需要权威声音的介入。新华网“新华网评”的“原创评论”，东方网“东方评论”的“东方时评”，南方网“南方时评”的“原创评论”等，它们的新闻评论皆可归属于媒介法人主体类型。这些网络新闻媒体以独特的声音对社会发言，他们的勇气、理性和责任心赢得了网民的信任，“权威”也由此产生。当然，其他网络媒体网站法人主体的“不在场”，有着官方政策的制约。国务院新闻办和信息产业部于2005年9月25日联合发布的《互联网新闻信息服务管理规定》中，把新闻信息服务法人规定为“中央新闻单位，省、自治区、直辖市直属新闻单位，以及省、自治区人民政府所在地的市直属新闻单位”①。除此之外的网络媒体都被剥夺了新闻采写包括新闻评论的权利，使它们无法表达媒体本身的立场。

二、小众和大众主体存在形态

网络评论主体的第二类是小众主体，第三类是大众主体。无论是小众或大众评论者，其群体中的个人评论者都拥有平等的发言机会，成为一个单独的评论主体。大众、小众评论者的概念界定基本依照新闻传播学中对“小众”、“大众”的通常划分。小众的“成员之间通常保持着面识关系，拥有共同的目标或价值，并且在时间上具有一定稳定性”②；大众是“社会成员失去了统一的行为参照系，变成了孤立的、分散的、均质的、原子式的存在……是一种新的未组织化的社会群体”③。网络小众评论者指一人以上的评论者，出于某种共同的目标、兴趣或知识背景等，组成一个相对自足、封闭的“小众”评论圈，圈内成员的数量相对稳定，新加入成员必须具备一定的准入资格。网络大众评论者彼此间互不相识，某个论题使他们聚集起来发表意见，讨论过程中评论者可随意进出该论题，讨论结束后“大众”评论成员就自行散开。这种大众评论群体因评论话题而生，也因话题结束而消亡。由于长期专注于某类话题，小众评论者往往成为了这方面的专家和权威人

① 该法规条文见 http://www.cnnic.cn/html/Dir/2005/09/27/3184.htm。
② 郭庆光：《传播学教程》，中国人民大学出版社1999年11月第1版，第168页。
③ 郭庆光：《传播学教程》，中国人民大学出版社1999年11月第1版，第168页。

士，能够“言他人所不能言”。某些专业性强的评论话题，对评论者的素质提出了极高的要求，只有经过多年学术训练的精英人士才有资格发言。小众评论者对评论话题的熟悉保证了评论的质量，有利于论题的深入探讨。大众评论者发表评论只是一种情绪化的表达。他们或没有对论题进行认真思考，或因能力有限制约了他们的评论水平，故而大多讨论只能停留在浅层次、表面上。网络的匿名性又为他们的随意发言提供了便利。因此，大众评论容易出现“灌水化”、“板砖化”等现象。大众评论者自由地穿梭于各类评论话题中，“我评故我在”是他们的生存状态。

网络论坛、社区、聊天室及 MSN、QQ、OICQ 等聊天工具使小众、大众新闻评论成为可能。以新浪网“新浪圈子”频道为例，该频道汇集了名目繁多的“小众”评论圈，目前划为“博客圈”、“游戏公会”、“粉丝圈”、“好友圈”四大类，每类又下设若干子目，子目下又有分子目，如此类推把“小众”评论圈越分越细。搜狐网“说吧”与此相似，也是“小众”发表评论的场地。一些专业类评论网站，如法学评论网、剑虹评论网、史学评论网、中国商业评论网等，活跃在这些网站上的评论者一般都接受过严格的专业训练，有着丰沛的学术涵养，所以这类网站理所当然地成为聚集某类“同人志士”的“小众”评论圈。人民网强国社区和强国论坛、新浪论坛、搜狐社区、天涯社区、西祠胡同等则为大众新闻评论提供了巨大的虚拟平台。

小众、大众新闻评论文本是一种超评论文本。原则上讲，单个评论者的评论文本是不完整和部分的，所有评论者评论文本共同构成的庞大系统文本才是具备完全意义的超文本评论。实际操作时，在整个超文本评论系统中单个评论之间、单个评论与超文本评论总体间的相互依存状态有着程度上的差异：在某些依存度低的评论中，某些单个评论具有较强的独立性、完整性；在某些依存度高的评论中，单个评论若失去评论系统建构的语境和场域，就彻底丧失评论文本的特性和功能。为更好地说明上述特征，特举例如下：新浪网“新浪论坛”2007 年 5 月 22 日 20 时 7 分 55 秒，主题论坛发起者（“版主”、“斑竹”）诗人巴俊宇，有感于“16 岁贫困少女超市偷面包遭辱，留遗书自尽”的新闻，在论坛上贴出了“卖火柴的小女孩与偷面包的小女孩在天堂里会面……”的评论。从当日 20 时 17 分 22 秒的第一个“跟帖”，至 6 月 7 日 10 时 44 分 41 秒的最后一个“回帖”，前后共计有 173 人次的网友做出评论。从传统新闻评论的标准而言，有些网友的发言根本不能称为评论。如网友“阿普 aaa”的评论不着一字，仅仅是数十个“！”；网友“鼻青脸肿美少妇”的评论只有四个字“无言，难过”；网友“踏浪从容”的评论是“看过后浑身冰凉……”。这些评论如果脱离了整体的评论系统，其单独的文本意义或不具备或造成歧义，所以它们只有作为超文本评论的一个部分才能发挥其作用。有些网友的评论可算做一篇完整的短评、简评或杂文，如网友“拔刀相助 2008”的评论，他通过列举周围人们的不幸遭遇，指出还有“比这个偷面包的女孩子还更苦的生灵”，并试图找到诸多不幸的根源；网友“medea77”提出质疑“有手有脚，又不是残疾，不能自食其力吗？不读书就不知道该要做什么吗？没钱吃饭就要偷吗？被骂了两句就要死吗？”；这些评论的观点新鲜尖锐、犀利深刻、发人深思。虽然这些评论的独立性较强，但只要稍作辨析就会发现，只有置于整个超文本评论中，才能更准确、丰富、全面地理解这些评论的含义，也才能真正认识到每个评论的意义所在。

目前传统媒体的新闻评论也在向多种评论主体形态转变。现代传播观念的广泛接受，稳健的媒体机制改革，自由活跃的民间言论氛围，新媒体对传统媒体生存空间造成的挤压等原因，共同催生了传统媒体的这种变迁。“时评”文体“卷土重来”（1904 年《时报》时评栏目，是时评文体的滥殇），是近年报纸新闻评论变革中一个具有里程碑意义的现象，从侧面反映出报业界正以积极的姿态迎接新传媒时代的到来。新一拨时评浪潮的始作俑者们——报纸“时评”栏目编辑敏锐地感觉到“靠报社自己的评论员打天下不行，靠少数写家也不行，不赶趟，需要大量来自读者的，也就是非专业写手的评论”①。传统媒体的危机意识和对多主体新闻评论的自觉追求由此可见一斑。“时评”普遍被看做一种“大众写作”、“公民写作”，实质上就是一种个人新闻评论，它改变了过去报纸中法人新闻评论一统天下的格局，是报纸新闻评论向多主体形态嬗变过程中的较关键的一次变革。当前越来越多的传统媒体正有意识地向多元评论主体形态转变。以《人民日报》为例，既在“社论”、“评论员文章”、“人民论坛”等栏目中坚持了该报社作为主流媒体的正面舆论立场，又为个人、小众、大众评论主体提供了较大的言说平台。“快评”、“感言”、“声音”、“文论天地”等栏目成功的基础是富有个性魅力、敢于独立思考的个人评论主体；“人民网网友留言板”栏目则大致建构起一个大众评论场。

传统媒体与新媒介的良性竞争与互动有利于多种主体新闻评论生态的

---

① 林嘉、梁伟：《从〈冰点时评〉看时评写作特色》，《新闻记者》2003 年第 11 期。

建构。网络媒体与传统媒体在彼此的竞争中认清了各自的优势，传统媒体和网络媒体的相互启发与激励共同拓展了新闻评论的疆域，在评论主体、文体、风格等方面重新定义了新闻评论的概念。目前的多元主体新闻评论场域的形成是传统媒体与新媒体的合力效应。仍以"时评"为例，"时评"的复兴报纸媒体功不可没，但它的真正辉煌却是在网络媒介上。初期网络新闻评论的处境一度相当尴尬：评论稿源严重不足；评论即时性、可读性、日常性差，难以发挥网络技术的优越性。"时评"与网络的联姻为网络评论引入了全新的视界，也使该文体的潜能得以淋漓尽致地展示。中国人民大学的马少华老师就认为网络时评"更普遍、更充分、更真实……扩大了时评的社会影响"①。网络时评栏目，如人民网"人民时评"、东方网"东方时评"、红网"红辣椒评论"、南方网"南方时评"等，已经在网民中建起良好的口碑。

一个技术先进、功能全面的网站，其新闻评论应该包含以上所有三种主体形态。具体到每个网站，又要根据自身资金、技术、人员等条件确定某种主体形态新闻评论形成"核心竞争力"。实际上，目前国内一些大型门户网站、网络媒体网站既兼顾三种主体形态新闻评论，又都各有侧重点，由此打造出不少知名网络频道、栏目。如人民网既有"强国论坛"和"强国社区"，又有"人民时评"；新浪网有"新浪论坛"；红网有"红辣椒评论"……

网络新闻评论主体三种形态的划分为网络言论研究提供了一个全新视角。然而，理想中的标准一旦遭遇实际，就不可避免会出现某些问题与偏差。个别网络言论主体根本不能用三种形态中的任何一个来界定，或只能置身于三种形态之间的模糊地带。另外，先进的网络技术使网络新闻评论中三种主体形态并存成为可能。比如，在个人博（播）客中强化网友"发表评论"的功能，就可能成为大众主体的新闻评论；在个人博（播）客间建立"博客圈"链接，就成了一种小众新闻评论。网络新闻评论与传统媒体新闻评论的互竞互动，又必将增加新闻评论主体形态的变数。这些无疑都会影响到评论主体形态划分的有效性和实用性。

---

① 马少华的博客，2007 年 1 月 9 日日志，《就时评问题答〈新周刊〉采访》，网址：msh01. blog. sohu. com。

第五节 媒介表达与知识分子祛魅

网络新闻评论中的主体之一是专家学者,即狭义的知识分子群体。这个群体的表达因为拥有专业知识作为基础,所以,其影响力也更大。越出其专业领域进行公共表达的知识分子,被人称之为"公共知识分子",但恰是这个称谓最容易使人盲目崇拜,所以,这里有必要作出分析。

一、知识分子的本质是基于怀疑精神的大胆探求

余英时先生在他的《士与中国文化》一书的引言里说:"今天西方人常常称知识分子为'社会的良心',认为他们是人类的基本价值(如理性、自由、公平等)的维护者。知识分子一方面根据这些基本价值来批判社会上一切不合理的现象,另一方面则努力推动这些价值的充分实现。这里所用的'知识分子'一词在西方是具有特殊涵义的,并不是泛指一切有'知识'的人。这种特殊涵义的'知识分子'首先也必须是以某一种知识技能为专业的人;他可以是教师、新闻工作者、律师、艺术家、文学家、工程师、科学家或任何其他行业的脑力劳动者。但是如果他的全部兴趣始终限于职业范围之内,那么他仍然没有具备'知识分子'的充足条件。根据西方学术界的一般理解,所谓'知识分子',除了献身于专业工作以外,同时还必须深切地关怀着国家、社会以至世界上一切有关公共利害之事,而且这种关怀又必须是超越于个人(包括个人所属的小团体)的私利之上的。所以有人指出,'知识分子'事实上具有一种宗教承当的精神。"①

这段话被讨论知识分子角色的论文广泛引用,已经到了足以造成概念

① 余英时:《士与中国文化》,上海人民出版社2003年版,引言第2页。

混乱的地步。第一,我们必须意识到,知识分子概念在这里是在群体意义上使用的。就是说,单独看某一个知识分子的言说,我们找不到一个标准来衡量他是不是社会的良心,也难以认定他就是在维护人类的基本价值,至于说他的关怀是否超越了个人私利,就更是无法确定。事实上,我们根本无法设想,处于现实利益关系之中的知识分子会有一个超越于个人私利之上的表达的位置。第二,这里对知识分子的定义与其说是一种客观的定义,不如说是诉诸知识者的自审与追求,即"我是知识分子群体中的一员,我应该站在社会公益的立场上说话","我说的话要对得起良心"。自我要求与现实是两回事。第三,这是个缩小了的知识分子概念,如果给它加上限定,使其准确,那么应该称之为公共知识分子(虽然这个称谓似是而非),即雅各比在《最后的知识分子》一书中所表达的意思①。这一概念把所有那些从事知识和思想生产活动,却不直接涉及公共事务的知识分子都给排除在视野之外。实际上,作为全称,知识分子应该是所有的"格物致知"者。"到了现代社会,知识分子的职能与教士职能发生了分离,将修身齐家的道德职能还给了教士,将治国平天下的政治职能还给了政治,唯一留给知识分子的,就是一个知识性的格物致知。"②所谓格物致知,就是基于怀疑精神的大胆探求,这是一个知识分子的本质所在。失去了这一本质规定性,即使一个知识分子成为"媒介常客",也难以保证他就具有了公共精神。雅各比是看到了知识分子学院化所导致的公共文化生活的贫乏问题,因而特别提出公共知识分子这一概念。如果我们切断其语境,把所有不直接涉及公共事务的知识分子都看做非知识分子,无疑是偷换概念。事实上,较多介入公共事务的知识分子主要是文史哲领域的知识分子,而从事理工专业的知识分子很难、也没必要过多介入公共事务,因为,第一,他的专业离社会公共事务比较远,第二,他的专业与社会的隔离程度更大,知音都在专业同行那里。如果他过多介入了,就是不务正业。批评他们不介入,就可能重新掉入"文革"中的"只低头拉车,不抬头看路"的话语模式。即使是文史哲领域的知识分子,也不是所有的人都必须介入公共事务。第一,只有他所从事的专业正好与社会公众的需求相关时,他才有充分的发言权;第二,介入不介入是他的自由,不介入公众讨论,并不影响他的专业成就。人们可以随时凭需要或高兴就介

① 参见雅各比著,洪洁译:《最后的知识分子》,江苏人民出版社 2002 年 10 月版。

② 许纪霖、祝勇编:《知识分子应该干什么?》,时事出版社 1999 年版,第 400 页。

入公共事务表达，不需要或不高兴了就退出公共事务表达。事实上，根本没有纯属个人的知识分子或仅仅是公共的知识分子，即便有，公共知识分子也并不比其他知识分子更优秀，把他们独独看做知识分子就更是一种僭越。此外，知识分子介入公共事务，还需要传媒给予他介入的空间。当这种空间不存在时，他就只能独善其身，而难以通过这一空间兼济天下。不论是独善其身（不介入），还是兼济天下（介入），都无碍于知识分子这一称谓。

笔者之所以在定义上绕舌，是为了方便说明这样几个问题：一是知识分子的专业建构构成他在大众媒体上发言的知识资本，为他带来发言的合法性，但专业研究与媒体表达不是一回事。二是媒体表达是一种自由言说，专业建构并不能保证知识分子的发言一定是真理。三是没有一种纯粹出于公共利益的言说，话语一定是权力的象征，并且知识本身就是一个权力的构成物。四是要把对知识分子的媒介话语的警惕作为公众的一种媒介素养来培养。要敞开媒介的话语空间，让公众习惯于怀疑权威、放弃盲目接受定论的懒惰性，让讨论与不确定性置换对知识分子的迷信。

二、值得警惕的是专家身份所带来的权威性对于公众的思想统治

陈力丹曾这样抱怨："我参加中央电视台的专家访谈节目，策划人事先早已确定了节目的基调，我基本依据写好的步骤和要点说话，几乎不可能使用学术性语言，20分钟的时间也不可能谈出多大深度。还有电视台的记者采访，回答只能是简单的几句话，那些话绝对是常识，用不着由教授出面来讲，只是为了增加权威性。教授在这里变成了一种电视台的工具性符号。"①专家因为拥有专业知识而具有了发言的合法性，但大众媒体又限制了他以专业知识解释社会现象的可能性，使他很大程度上只具有身份的权威性这一外在的意义了。作为"工具性符号"，他只要具有专家身份就行了，专业知识倒不重要了，这就可能导致产生这样几重危险性：一是因为媒介时空的限制，专家只讲了结论，难以讲清理由，而公众却只把这一结论当做真理接受了，意识不到专家的意见只是一家之言，而且这一家之言是有前提的；二是专家的言论受到媒体追求的制约，有时言不由衷，或者是被媒体断章取义，从而对公众产生误导；三是专家因为力量主要花在某一专业领域

① 李明伟、陈力丹：《教授走进电视直播间的学理追问》，《当代传播》2004年第2期。

的探究上，一旦走出专业领域，他的认识可能连常人也不如（当然，知识具有一定的共通性，在非专业领域知识分子也可能发出真知灼见），但在专家身份的光晕下，人们会对其所有的言论都产生敬畏；四是因为公众难以接受专业性很强的表述，爱寻找现成的答案，使专家由根据公众的共同知识前提来表达逐渐滑向以共同知识、“固有的思想”为内容的表达。事实上，现在已经出现了大量百事通的“媒体知识分子”。一方面是雅各比感叹上世纪20年代出生的知识分子成了最后的知识分子，呼唤知识分子对于公共生活的介入；另一方面是布尔迪厄批判知识分子进入传媒成为“快思手”，用“固有的思想”去解释每一个社会现象，丧失学术自主性，甚至与传媒“互搭梯子”。知识分子以专业知识介入媒介表达，不一定会提供正确的意见，而知识分子以共识介入媒介表达，又可能说出一大堆正确（事实上也不一定正确）的废话。

知识分子表达了并不一定正确的言论倒不见得就很危险。真正的危险是专家身份所带来的权威性对于公众的思想统治。学科与科学是两回事，本来知识分子的位置是质疑者和思考者，这一群体是不承认定论的，他们也从不认为自己就掌握了真理，只承认自己是个真理的探求者，认为自己的认识是可以讨论的，但他们一进入传媒，就被赋予了宣示真理的使者的身份，而公众由于相关知识的缺乏，也特别容易轻信知识分子的言说，把这种言说当成真理去接受。比如，很长一段时间里，对中国的经济改革路向，人们主要是遵从厉以宁、吴敬链和张维迎等经济学家的分析，认定他们的思路的真理性，但后来郎咸平等经济学家又开始在媒体上质疑他们的思路。如果只有一种声音，人们可能会认为这是专家的声音，是真理，但有了两种相互冲突的声音之后，人们就不得不思考：如果说知识分子是宣示真理的使者，那他们双方就都应是这一使者，但真理只有一个，要么在这一派人手里，要么在另一派人手里，要么他们各自拥有一部分真理，极有可能的是他们双方都不拥有真理，结论只能是：他们并不是宣示真理的使者。如果说知识分子是社会的良心，他们就都应是社会的良心，但郎咸平说对方是站在某种利益立场上、代表某个阶层说话的，言下之意他是站在利益受损者立场上说话的，这也不能不让人警惕：他们有没有人是站在社会良心的立场上说话？两派经济学家的争论传递了这样的信息：并没有一个专家是真理的化身。他们的观点都是可争议的。专家受媒体制约所说的言不由衷的话就更值得怀疑。

三、"学术共识"进一步强化了公众对知识分子的迷信

有论者提出知识分子在媒介上发言应该传播学术共识。比如有人就于丹现象这样说:"那么,正确的路子在哪里呢?笔者认为,就是应该传播正确的内容,也就是《论语》研究中的学术共识,这是一种微妙的区别性的定位。我们知道,学术争论自古很多,学术上自由争鸣的传统之所以必要,是因为学术的进步需要一个自由的空间,才有利思想的进步和真理的获得。但是,向大众展示学术争鸣的内容,无益于真理的获得和明晰,却很容易引发思想混乱和恐慌。所以,大众传播媒介传播的应该是学术共识。""学术共识基本保证了内容的可靠真实,体现了权威性……。"①

可是问题是,什么是学术共识?学术共识就是正确的吗?学术共识的内容是否还存在争议?

顾名思义,学术共识应该是学术界共同持有的认识。然而,知识分子就是怀疑者和探求者,有什么领域是不需要怀疑和探求的吗?历史上许多新的思想就是在对学术共识的怀疑中产生的。地心说曾经是学术共识,但正是在对它的怀疑中出现了日心说,后来日心说逐渐被人们认可,成为学术共识;随着探索的进一步深入,日心说也暴露出它的局限性。所以,所谓的学术共识只是在某一个历史时期在人们的认识所能达到的程度上被学术界较多认可的认识。学术共识并不一定就是正确的认识。黑格尔有句名言:熟知并非真知。学术共识只是学术界的熟知。从来没有一种认识是为学术界全体认可的认识,所有的共识都是不断地在经受着挑战的。传播学术共识无法保证内容的可靠真实,它所保证的只是学术界"固有的思想",甚至有可能是社会的常识。当知识分子传播的是学术共识时,或许还有点科普的味道,而当传播的是社会常识时,则没有了任何知识含量。传播"固有的思想"正是布尔迪厄极力反对的,因为它有违知识分子的追求,丧失了知识分子之为知识分子的怀疑精神。传播"固有的思想"体现不出知识分子的权威性,如果说公众确实把那些"固有的思想"当权威了,那恰恰是前文所提到的知识分子身份的权威性在起作用。这样的结果对社会是极为有害的,

① 孙江波:《于丹〈论语〉心得现象的媒介分析》,http://www.cddc.net/shownews.asp? newsid=10953。

因为它进一步强化了公众对知识分子的迷信，从而使公众不假思索地接受那些“固有的思想”，使“固有的思想”束缚了公众的头脑。

可见，无论是知识分子在大众媒体上表达其专业认识还是学术共识，当这种声音没有任何杂音存在时，公众对其身份的迷信都会与知识分子的追求适得其反。

四、对知识分子的神化遮蔽了知识话语背后的权力

更为重要的是，正如福柯所揭示的，话语是权力的象征，知识本身就是一个权力的构成物。一旦所谓“知识分子是社会的良心”、“知识分子是站在公共立场上发言的”这样的命题被公众所接受，就会遮蔽话语背后的权力，使人们丧失对知识后面的权力因素的警惕性。也许某些知识分子会有作为社会的良心的自觉，会努力站到公共立场上发言，但这并不能保证他的言说就一定不偏不倚，何况有许多知识分子实际上是某些利益集团的一部分。知识分子不是生活在真空中，如果是，他根本就没有资格来说话，因为生活在真空中的知识分子根本不可能了解社会公共利益是什么。正因为他生活在现实中，他才有了对现实言说的可能；但也正因为他生活在现实中，他就成为现实利益冲突纠结的一个纽结，他的现实立场始终在影响着他的知识建构、左右着他的利益表达。他既不是代表着社会的良心，也不代表着某个阶级或阶层，他所表达的就是那个作为现实利益冲突纽结的他自己。换句话说，知识分子的表达就是需要质疑的表达。如果他的表达不值得质疑，就违反了知识分子作为一个质疑者的立场，抹去了知识分子存在的本质规定性。他的表达需要质疑，就意味着他只是一个真理的探求者，而不是真理的拥有者。同是在大众媒体上表达的知识分子，他们历来就被分为左派和右派。他们没有一派不宣称自己是站在公共利益的立场上，但如果说他们真正代表的是公共利益，这里就必然出现逻辑矛盾。两派不可能同时代表公共利益，他们或者有一派代表公共利益，或者两派都不代表公共利益，或者两派都在一定程度上代表公共利益，我们只能选择后者。如果一个知识分子自以为是站在社会公益的立场上说话，他就会失去对自己的话语的警惕性，不愿意去听取别人的意见，固执地坚持己见。而如果公众误把某个知识分子的意见当做代表公众利益的意见，则会像一个追星族一样盲目而狂热地追随这种意见。知识分子能否站在“社会的良心”的立场上说话并

不重要，重要的是各种不同利益诉求是否都能在媒体上加以表达，公众是否意识到知识分子们都表达了哪些诉求，人们在尊重各种利益诉求的基础上是否实现彼此的理解、谅解和合作，找寻一条尽可能满足各种正当诉求的妥协之路，从而在结果上维护社会的良心。

五、要敞开媒介话语空间，把对知识分子的媒介话语的警惕作为公众的一种媒介素养来培养

既然这样，公众对于知识分子身份的迷信就是社会走向理性的敌人。必须要把对知识分子的媒介话语的警惕作为公众的一种媒介素养来培养。

"媒体素养就是人们面对媒介各种信息时的选择能力（ability to select）、理解能力（ability to understand）、质疑能力（ability to question）、评估能力（ability to evaluate）、创造和制作能力（ability to create and produce），以及思辨的反应能力（ability to respond thoughtfully）。"①在这里，质疑能力是核心。如果一个媒介接触者对媒介内容全部照单接收，他就是最缺乏媒介素养者。要具备质疑能力，首先就必须解构权威，拒绝盲目轻信。公众如何才能提高媒介素养？不是要开个学习班对公众进行媒介素养教育，而是要通过改善媒介传播内容来实现。第一，媒介上不能只有一种声音。如果只有一种声音，也就谈不上公众的选择能力的培养了，因为他别无选择。有人说传播学已经超越了魔弹论，事实上不是传播学认识超越了魔弹论，而是现代传媒的兼容并包使魔弹失去了魔力。在公众无从接触不同内容的情况下，魔弹的杀伤力仍然是怎么估计都不过分的。只有一种专业性表达时，它的杀伤力是巨大的；只有所谓学术共识表达，它的杀伤力更大。因为一种专业性表达还可能与公众已有的认知不和谐，从而引发公众的思考，而学术共识则与公众已有的认识基本一致，公众本来就偏好选择那些与自己已有认识相一致的信息，在无从选择的条件下，他们就一次次地强化着自己的常识。所以，解决这一问题的根本出路就是把学术上的自由争鸣告知公众，让公众在争鸣中产生头脑风暴，做出自己的选择。有了争鸣的空间，公众才不会轻信某个知识分子的言说，把这种言说当做权威的、无可置疑的真理加以接受；有了争鸣的空间，公众才能调动自己的头脑去思考，从而逐渐理解各派

---

① Sills & Strategies for Media Education by Elizabeth Thoman from Center of Media Literacy of USA, 1999.

的主张，并在理解之后拥有质疑能力和评估能力；公众的思维被激活了，才能谈得上创造和制作能力以及思辨反应能力。

回到对大众传媒上展示学术争鸣的内容的质疑。有的论者说它“无益于真理的获得和明晰，却很容易引发思想混乱和恐慌”。这一判断是大成问题的。真理本来就不是那么明晰的。如果真理非常明晰，也就不需要人们皓首穷究了。我们曾经把领袖的话当做真理，那时世界黑白分明，人们没有任何思想混乱和恐慌，但它带来的是一场巨大的灾难。上世纪 70 年代末，学术争鸣出现在报刊上，人们的思想经受了一次大荡涤，事实证明，实践是检验真理的唯一标准，经过那场大讨论，社会变得理性了。所以，思想混乱不是坏事，只有它能够培养公民的理性思维能力。要敞开媒介的话语空间，让公众习惯于怀疑权威、放弃盲目接受定论的懒惰性，让讨论与不确定性置换对知识分子的迷信。

如果说报纸和广播电视因为版面或时间的限制使媒介话语空间变得很逼仄，那么，网络则为媒介话语空间的敞开带来了可能性。一是知识分子可以在网络上不受他人限制，说自己的话；二是他可以把自己的观点及根据加以充分表达，使人们不但知晓他的结论，而且能弄懂他得出结论的过程，从而避免理解的偏差，并可以因此而对他的过程和结论加以审查与质疑；三是在网络上知识分子的身份光环暗淡了，人们把关注的重心移向他的探索过程，关心的不再是鸡，而是蛋了。人们并不在意他是不是公共知识分子，只把他当做公民；四是知识分子的网络表达都与其他人的表达处于超文本碰撞中，面临着其他人的质询，公众的媒介素养因而得以迅速提升。时评的勃兴与网络言论的宽松、自由、平等对公民意识的激发有很大关系。可以说，网络表达与接受就是一种祛魅的过程，它对于知识分子的媒介自省具有重大意义。

与公共知识分子表达这个似是而非的概念相比，笔者更愿意接受“公民表达”的概念。知识分子是公民中的一分子，与其他公民不同之处在于，知识分子是专司思想和知识生产的公民。知识分子不是一个拥有社会的良心的群体，他们至多可以以此自勉。他们可能为公众提供更多的自由思想的资源，起到启发公众思考的作用，但知识分子若因此而拥有霸权，垄断知识和真理，抑制社会的怀疑精神，则是一种典型的自我异化，并会因此带来社会的异化。

第六节 匿名状态下的主体身份

一、主体身份的隐匿

在传统媒体中,评论主体的身份是明确的,作者可能是代表某一集团发言,也可能是表达自己的意见。传统的报纸评论中,人们甚至据此来划分评论的文体。社论代表报社的意见,所以,它不署名,直接表明是某报的意见。由于中国的媒体被规定为党的喉舌,所以,报社的意见就是此报所属的党委的意见;评论员文章多少代表着个人的意见,尤其是署名评论员文章,但就整体而言,它仍然是报社和报社所属的党委的意见的体现;短评和编者按则以编辑意见的名义发表,作为体制内的创作,虽然所采取的基本立场仍然是报社的立场,但起码在名义上趋向了个人,因为短评和编者按所评的内容相对于社论和评论员文章来说敏感性减弱、重要性降低,如何拿捏,报社领导层并不需要考虑太多,编辑获得了一定的自主权;记者述评由记者根据报社的宣传方针和自己的采访所获得的事实来展开思考,自主权相对而言更大一些;专栏评论则大多数情况下不是作为报社领导分配的工作,而是报社工作者的课外作业,作者在报社的大政方针和某一时期的宣传要求的指导下,自己选择新闻进行评说,自我的主体性进一步增强。20 世纪 90 年代后,报纸新闻评论向公众有限度地开放,选择那些与报社舆论目标相一致或至少不冲突的媒体外评论发表,这些评论就更加个人化。在报纸新闻评论文体分类中,各种文体的地位和价值是不平等的。从社论到专栏再到外来时评,是一个由组织声音向个人声音过渡的过程,而作为党的喉舌决定了组织的声音被看做是最重要、最权威的声音,个人的声音被看做是相对而言最不重要的声音,所以,从社论到专栏再到外来时评又是一个权威性逐级递减的过程。社论被看做是报纸的灵魂,在中国作为喉舌媒体代表的是党的声音,因而要求作者具备极强的马克思主义理论水平,善于高屋建瓴地提出问题,按照党的立场分析问题,明确表明党的态度,以清晰地引导社会舆论的走向,所以,社论的作者要么是媒体精心挑选出来的专职评论员,要么就直接是相关领导。这样,主体的身份是非常明确的。社论和不署名的评论员文章虽然都不署写作者的名字,或者署的是某个集体的名字,如任仲平、何振华,但它们并非是匿名写作,而是以组织的名义写作,至于那些署名的体制内评论也是清楚地表明它们是代表组织和组织中的个人。外来时评也是要明确地署名的。当然,一个名字并不能说明太多的问题,事实上在网上的所谓匿名评论也是有署名的,只不过署的不是作者在现实生活中所用的名字(报纸上的外来时评也可能署的不是现实生活中所常用的名字,而是一个笔名,但那个笔名与现实生活中的名字有一定的对应性,人们可以较容易地查出某个名字是谁的笔名),而是一个难以确定此人真实身份的网名,一个昵称。每个人在现实生活中都处于一定的社会关系中,他的年龄、性别、职业、收入状况、亲属关系、教育水平等都影响着他发言的态度与倾向,人们只有对诸方面都有所了解,才能判断出此作者为什么持某种态度和意见,并由此判断他的意见的可接受程度与值得警惕的方面。在西方一些报纸中,外来的评论中往往透露出作者更多的背景信息,特别是其职业信息,但在我国的报纸中,则仅有一个名字。当然,因为在党报上能发出声音的公民毕竟有限,人们可以从其他渠道了解到此人的相关社会关系状况,或者人们在阅读评论之前已经对那个人有所了解。他的评论能在党报上发表,也说明他的观点是与党的认识一致的,因而,人们也没有必要考虑更多;不像西方一些媒体,主要是作为公共空间存在,上面各种冲突性观点纷然杂陈,需要对作者做出更多的背景了解。

互联网上的发言既有实名表达,也有匿名表达。实名表达其实与传统媒体上的主体表达基本一致。对于在现实中具有较高知名度的人来说,当他在网上实名表达时,会因为网下的知名度而增加在网上的受关注度。因为他的相关背景已经为人所了解,所以,人们可以以此为基础来判断发言者的主体性。而对于在现实中不具有知名度的人来说,当他在网上实名表达时,会相对增强发言时的自我责任感,显示对自己的言论负责的态度。当然,在网上参与评论的人数众多,许多人即使实名表达,因为他在传统媒体中没有比较高的知名度,所以,人们除了那个名字,对他的相关背景知之甚少，很难判断他为何采取某种立场，他所采取的立场与他的出身、职业、教养等之间有什么关系。一个人在现实生活中的名字一般是他出生时由父母等亲属给他起的，这个名字可能仅仅是一个确定他的身份的符号，如小宝、小夏等，也可能不仅是个称谓符号，而且透露着亲人对他的期望，如财旺、栋梁等。不管是一个什么符号，都透露着此人的亲属的相关信息。比如给孩子起名为财旺的，基本可以判断他是农村人、比较穷，给孩子起名为国庆的，可以判断此人对国家有较强的认同感。名字作为符号，其所包含的意义可能对一个人具有询唤作用，使这个人潜移默化地被询唤为其亲属所期望的人。但归根到底，这个名字所能透露的信息非常有限，且主要是其亲属的信息。此人网上实名表达时，人们也可以判断此人可能是一个襟怀坦白的人，无所畏惧的人，非常认同自己的名字的人，特别想出名的人等，但这些对于判断一个人在评论中为什么表达某种观点的问题仍然难以提供有效的信息。作者也可能对亲属所起的名字并不满意，或出于其他目的而为自己起一个笔名，以显示自己的意愿、倾向、追求等，但从中所能透露的作者的信息仍然很少。不过，不管如何，这个名字相对而言，具有一定的恒定性，也体现着自己与社会的某种相对稳定的联系。

在互联网上的匿名表达则充满陷阱。因为人们能够看到的只是作者的一个昵称，而昵称所能透露的信息太少，而且昵称很容易把人们引向歧途。比如说，一个人用的昵称可能显得非常年轻，但此人却是一个老人；可能显得很男性化，但此人却是一个女性；可能显得很没文化，但此人却学养很深。就是说，有的作者不但不想透露更多的信息，而且还努力掩藏真实信息，让人根本无从判断，甚至受误导而做出错误判断。

二、主体身份隐匿与言论的主体性

网上的实名发言有这样几种情况：一种情况是此人的意见符合网下生活中的主流观点，他即使上网也不会改变自己的看法，没必要隐匿自己的真实姓名。第二种情况是此人的意见不符合网下生活中的主流观点，甚至可能比较敏感，在传统媒体上很难发表，但他对自己的观点存在强烈自信，不顾一切地想要表达。他并不想掩盖自己的身份，只求有一个发表的机会。网络表达的相对宽容就使他迫不及待地以实名发言了。第三种情况是此人将自己在传统媒体上的组织代言人的角色搬到了网上。这时就有可能存在作为组织代言人的角色和个人主体的冲突。当作为组织代言人的角色和作为个人主体的角色不发生冲突时,他会既实名代表组织发言,也实名代表自己发言,当然,也不排除他以匿名的方式发言。而当两种角色冲突时,他会在履行职业行为表达时使用真名,而在代表自我发言时使用网名,分裂为两个"我"。

网上匿名发言存在这样几种情况:一种情况是发言者可能在现实中是知名度比较高的人,但他不想为声名所累,不想在网上还把自己罩在名人的光环中让人膜拜,只想与别人进行一种罩在无知之幕下的平等和坦率的交流,以观察在去掉名人光环时别人怎样评判他的观点。第二种情况是发言者在现实中是知名度比较高的人,因而讲话非常谨慎,不敢越雷池一步,而有些话又非常想说,因而到网上抹去自己的相关信息来表达。第三种情况是,发言者的某些言论在网下比较敏感,不敢发表,在网上也有所顾忌,担心受到惩罚,因而以网名来保护自己,使人们"空山不见人,但闻人语响"。他只要表达自己的真实想法,并不想让人知道持这种想法的人是谁,不想对自己的思想拥有版权。毕竟,类似李银河那样在网上实名支持"换妻"行为或像范美忠那样在网上实名表达自己在地震中的思想的人是极少数。范美忠因为大胆裸露另类思想而在网上网下受到大量攻击,甚至丢了职业,它进一步暗示其他网友,另类思想最好还是匿名发表,别给自己惹麻烦。

这样,就出现了主体身份与主体性的矛盾。就是说,一些人之所以在网上隐匿自己的身份,恰恰是为了自由地张扬自己的主体性。对他们来说,在现实中的那个身份只是一种扮演,他可以演出职业需要他扮演的主体角色,也可以演出主流社会要求他扮演的主体角色,但在面具之下真正的主体其实是另一个。这个真正的主体只有到了网上,以匿名的方式才敢显露。网名对于实名来说是"假"、是"虚",但网名下的思想却是"真"、是"实"。或者说,在现实中他徒具主体的身份,在网上他才具有主体的灵魂。毕竟在中国当下的现实环境下,政治和社会的宽容度都是有限的,尽管人们可以把"我可能不同意你的意见,但我坚决捍卫你发言的权利"之类的名言挂在嘴上,却难以落实在行动中。即便你是匿名在网上表达某种另类的政治观点,有关机构都可以借助网络技术把你挖出来,放入黑名单,使你在现实中受到种种监控和限制,甚至这种监控和限制你自己都浑然不觉;在另类道德观点上,你在网上匿名表达,则可能会被"网络道德民兵"进行令你惊心动魄的"人肉搜索",若采取实名表达,该遭受怎样的政治和社会压力呢?

正是因为言论自由的困境，才使网络实名制政策不断受到抵制。人们渴望进行真诚的表达，渴望听到真诚的倾诉，渴望通过头脑风暴来提升自己的认知水平，渴望我们的社会在新的认知的基础上不断获得进步，而这一切在中国当下的语境下虽然并不那么有效，有时甚至带来社会管理的许多问题，但总算有点效果的保障就是非实名制。

三、主体身份的隐匿的欺骗性

然而，还是有些学者呼吁实行实名制。这种呼吁理性地看来仍不乏理由。

正如上文所说，每个人都是一定社会关系的总和，他在这种社会关系中的位置决定了他的思想倾向和利益诉求。如果在现实社会中，我们能够听到各种社会位置上的主体的真诚的利益诉求，我们就会设身处地地去思考，所有的这些利益诉求都有哪些合理性，各种利益诉求间的矛盾如何解决或调和，然后尝试以一种商谈伦理观念来处理这些诉求，使整个社会"和而不同"，实现多赢。但这种设想在现实空间中很难实现，人们只好把这一理想诉诸于网络，希冀在网上可以各抒己见，取长补短，实现各个阶层的相互理解和谅解，从而促成现实社会的公正与和谐。理论上说，在网上我们只需要看发言者的观点是否有价值，是否有道理，但事实上情形并没有那么简单。因为我们不知道发言者是谁，就很难判断其发言动机，从而对其发言的价值也难以估定。某些别有用心的人可能会利用主体身份的隐匿性特点进行舆论诱导，从而影响人们的正确判断。各个组织、各个集团为了自身的利益，都会想各种办法创造有利于自己的社会舆论，这本来是正常的，只要这些组织或集团亮明身份，理性地论证自己的利益的合理性，从而获得公民的认可，就是正当的。而胡搅蛮缠甚至霸道地强词夺理则会破坏他们在公众中的形象，最终伤及他们的利益的实现。但是，当这些组织以匿名方式出现在网络上时，他们没有败坏形象之虞，可以采取各种下三滥的手段而不被发现。比如经济上，三鹿奶粉发生食品安全问题之后，三鹿企业一方面雇用公关公司设计媒体"公关"，用金钱买通百度，使有关的事实和评论在搜索中被屏蔽，让人们看不到负面信息，另一方面又大量制造关于三鹿奶粉值得信任的舆论，因为网民不知发言人为谁，也就难以对三鹿企业及其所雇公关公司保持警惕。再如政治上，曾有报道说互联网中文论坛上有外国敌对势力专门雇用的网络写手在大量制造破坏我国政府形象,挑动内乱的信息,但这篇报道遭到很大质疑,原因是它拿不出有力的证据。其实从常理来讲,敌对势力会用传统的方式雇用特务搞破坏,就肯定会用互联网来做同样的事情,所以,网上有受雇网络写手就不难推出,但问题是,在网上发言使用的是网名,而网名可以自由使用,一个人先用某个网名发帖,再不断地改换“马甲”跟帖,一般网民如何准确地判断出这些马甲都是谁,是不是同一个人?因为同一个人的不同的“马甲”不断跟帖,还易给人造成某种舆论拥护者很多、是强势意见的错觉。而对于对他们不利的言论,他们则不断地换“马甲”跟帖反对,甚至采取刷屏的方式来破坏那一言论的传播进程,淡化那一意见的影响力。诸如此类的下三滥的手段究竟是谁在使用?是一些真正的持不同意见者的意气行为,还是特务的破坏行为?那些写作者究竟是在表达自己的意见,还是受雇于某组织,专门为其做枪手?在匿名的状态下要拿出有力的证据非常困难,而无端的怀疑又容易伤及无辜,反过来自己动手破坏了自己期望的自由的言论环境,搞得相互猜疑,人人自危。

总之,网络新闻评论的主体比现实中更显复杂。现实中以实名表达的观点可能并非某个人的真实意志,而在网上以匿名(网名)表达的意见恰恰代表着那个人的真实意志,体现着真正的主体性。但网上匿名表达的某个人也有可能是出于某种意图,专门诱导人们形成某种舆论或造成某种意见是多数人意见的假象,以此来欺骗网民。如果此人在现实中以实名表达,因为人们知晓其身份,会对他所代表的利益群体产生警惕,对他发言的动机做出判断,从而避免受其欺骗,但若此人在网上以匿名方式表达,人们则容易丧失这种警惕,因为无法判断其发言动机而把他的表达当做一般的个人表达,从而被其欺骗。有些网络推手会利用网络特性而不遗余力地鼓噪,煽风点火,使网民丧失基本的理性判断力,从而造成网上一些非理性的群体性事件,对此,必须高度警惕。

3 第三章 国内网络新闻评论结构语言研究

第一节 网评结构语言研究的思路

目前，网络新闻评论专门的结构语言研究较少，与此研究相近的论述则主要从两个角度入手。一是语言学者从语言学角度对网络语言所作的概述，代表是2001年于根元主编的《网络语言概说》、2002年刘海燕《网络语言》研究，这些研究是在网络发展初期，对网络新兴的语言形式，尤其是对BBS上网民语言特点所作的研究；二是新闻传播研究学者从传播学角度对此方面的研究，这些研究也鲜有对网络新闻评论结构语言的研究，其内容分为三方面，一部分论文是对网络环境中的言语交流的研究考察，如巢乃鹏《网络虚拟环境中的言语交流》、江臻《网络语言运用特点及其分析》、黄春平《论网络聊天中的脸谱符号》等，一部分论文则是针对具体个案尤其是对BBS网络评论的特点的研究，如陈彤旭、邓理峰《BBS议题的形成与衰变——对人民网强国论坛的个案研究》，唐大勇、施喆《虚拟社群抑或公共领域——以强国论坛"撞机事件"的讨论为例》等，还有一部分论文则是对网络新闻语言特色的研究，如林纲略《论网络新闻语言特色》。

由此可见，对网络新闻评论结构语言的专题性研究目前还是一个空白，仍旧需要深入考察分析，以做出较全面性的思考、论述。随着网络媒体十来年的迅速发展，它越来越成为一股不可低估的力量，网络舆论的强大致使对若干事件的发展过程进行了改写，譬如"孙志刚事件"、"刘涌案"、"铜须门事件"、"虐猫事件"等。网络舆论的造势功能愈来愈强大，并逐渐介入现实，对传统的言路渠道造成了一定冲击。

可以说，借助语言的力量和言说的自由，网络舆论至今体现出它的两面性。一方面从"小思怡事件"、"孙志刚事件"和大量网络募捐活动中，我们看到了在网络评论推动下舆论正义的一面。另一方面在铜须门、海艺辱师门等事件的传播中，通缉形式在网络虚拟情境下被反复征用，并导致泛滥化的"话语暴力"与"人身攻击",一定程度上出现了负面的效果,可以说网络新闻评论中的言语狂欢到达了一个鼎盛的时刻,网民在虚拟空间借助技术优势开展了对现实空间他人人身权力的剥夺,突显了网络话语权的过度使用。

鉴于网络新闻评论所产生的"话语正义"与"话语暴力"的超能量,那么在和谐社会的原则下,如何更好地对舆论做出一定的规范,使其更好地化规于"正义",偏离于"暴力"?为更好地窥探网评的话语运行规律,以更好地制定规范策略,就需要把网络新闻评论结构语言研究提上议事日程。

网络评论中既有相对完整的单个文本,又有许多文本是存在于网络特定的结构所形成的语境中的,例如论坛中的跟帖评论,如果把某一条跟帖单独抽出来,我们会根本不知所云。每一条跟帖都在与其他帖子的链接中显示出其意义,它自身已经失去了文本的完整性,成为网络超文本中的一环。即便是相对完整的单个文本,其意义也在与其他文本的比较、映衬、对话中发生着变化。当然,在传统媒体如报纸中,评论文本也正在超文本化。比如,以前的报纸新闻评论,都是跟在某条新闻后,或自叙新闻,然后做出评论,除了与其相关的新闻文本外,单篇评论嵌在版面上大量不相干的文本中,没有对话、没有冲突、没有映衬,基本上是自说自话。但现在许多报纸已经开设了评论版面,有的编辑还有意把意见相互冲突或呼应的评论文本放在一起,形成一种头脑风暴,此时,对同一事件的观点交杂的评论就相互连接到一起,形成了一种超文本链接。但是,毕竟报纸的版面有限,报纸对不同观点的容忍度也有限,有时为了某种导向会有意进行把关,使某些观点失去见报的机会。在网络中,即便是报纸上的评论的电子化,也已经使原有的评论的封闭结构发生了重大变化。各网站在信息竞争和内容竞争中,充分发挥了网络的数据库功能特性,把报纸上每天出现的评论文章集纳到其栏目或频道中,这样,每一事件各报上的各种不同的评论便汇聚到了一起,从而显现出各种观点的差异和争锋状态,使每一评论在争锋中嵌入新的语境。这种各文本对话所显示出的文本间性是网络新闻评论必须充分注意到的。这就提示我们,讨论网络新闻评论的结构时,我们已不能再单纯来看每一个文本在封闭状态下的结构,而必须考虑到它与其他文本的交织方式,因而,网络技术所形成的某种文本交织方式,以及网络编辑有意设置的网络版面及链接方式所形成的超文本结构也是我们要讨论的网络新闻评论结构内容中的极为重要的方面,甚至是远超出单个文本内部结构的重要性的方面。

所以,我们这里所说的网络新闻评论的结构在宏观方面是包括了每条评论间的接触方式与对话结构在内的。

可以说,从 1995 年至今,网络媒体的发展度过了十多年荆棘与鲜花交杂的历程,网络新闻评论也越来越成熟,越来越普及,形式也多样化起来。具体看来,网络新闻评论的承载空间,以发展时间为序,则主要为以下几个平台:BBS 论坛、新闻即时跟帖评论、网站观点频道、新闻专题、博客、播客;同时评论主体也愈益多样,有网民评论、专家评论、编辑、评论员评论、以及转载于网络的传统媒体评论形态。而期间使用的评论手段也多种多样,花样翻新,有文字评论、符号评论、音频评论、视频评论、漫画评论等。而伴随着这些承载空间、评论主体、评论手段的不同,所呈现的网络新闻评论的结构语言也相应地显现出不同的特点来。

托伊恩 · A. 梵 · 迪克在《作为话语的新闻》里认为话语分析的主要目的是对我们称为话语的这种语言运用单位进行清晰的、系统的描写。这种描写有两个主要的视角,即文本视角和语境视角。文本视角是对各个层次上的话语结构进行描述。语境视角则把对这些结构的描述与语境的各种特征如认知过程、再现、社会文化因素等联系起来加以考察。① 那么在对网络新闻评论结构语言的考察中,最好的分析即是在具体语境中对具体个案、评论文本进行细致的描述分析,以得出考察结果。因此,笔者在对这一课题的研究中,将以网评的主要承载空间即语境为平台展开考察(包括 BBS 论坛、新闻即时跟帖评论、网站观点频道、新闻专题、博客、播客),并将相近环境(新闻即时跟帖评论与新闻专题评论、博客与播客评论)各划分为一类,最后相应分为四个小节(BBS 中的网评结构语言研究,即时跟帖、新闻专题网评结构语言研究,观点频道网评结构语言研究,博客、播客中的网评结构语言研究),并在最后一小节里对每个在此环境中的网评结构语言一一做出描述,同时在每个具体环境的考察中,选取具体个案、评论样本,结合网络评论的主体、手段等差异,深入地、多角度地做出论述,通过考察分析从宏观角度做出对网络新闻评论结构语言研究的结论。

---

① 托伊恩 · A. 梵 · 迪克:《作为话语的新闻》,北京:华夏出版社 2003 年版,第 26 页。

第二节 BBS平台上网评的结构语言特点

一、BBS：网络新闻评论的起点站

在今天，对于BBS的考察似乎已成为一个旧话题，在Web2.0技术支撑下，博客、播客作为自媒体传播成了互联网的新宠，以个人价值为枢纽的SNS新型社区也成为一种黏合度极高的关系型社区，如猫扑、天涯。在这样的时候，BBS的风头似乎减了不少，但是不可否认的是，BBS在网评发展起步时期所起到的作为公共平台的广场效应，第一次为广大的网民打开了一个迥异于现实空间的言说渠道，使民众们在网络上第一次实现了自由言说、进行表达的话语权，为民主的发展开拓了一条道路。

在许多大事、不公之事、突发之事、特异之事发生的时候，BBS作为一个虚拟的交流平台，曾起到了不可替代的作用。从小范围对时事热点进行传播讨论的水木清华BBS，到新浪体育论坛的热火，再到1998年科索沃战争中北约轰炸我驻南使馆后人民网开设的"强烈抗议北约暴行BBS"，再是西祠胡同、凯迪社区等等，大大小小的论坛一哄而起，各种形态，各种主题，各种样式的都有，其间对时事新闻的讨论始终占有着最大的分量，无论从量上还是实际的舆论效果来看。从"陈易卖身救母事件"、"孙志刚事件"，再到"宝马撞人案"、"铜须门事件"，BBS论坛在这些热点问题上从来没有闲着，并且是这些事件的第一推动力，持续不停的帖子在BBS上像海水一样漫溢过来，有一些事情就在不期然中改写了它的命运。

可以说，BBS是网络新闻评论起步的开始，也是它持续不断的发展中始终寸步不离的伙伴，并在今天一直发挥着它的热量，因此对BBS环境的考察，对网评的结构语言研究有着巨大的意义。

1. 对BBS的认知

BBS的英文全称是Bulletin Board System，翻译为中文就是"电子公告板"，作为一个集体讨论区，它是一种交互性强，内容丰富而即时的Internet电子信息服务系统。论坛按不同的主题分为许多版块，版面的设立依据是大多数用户的要求和喜好，用户可以阅读别人关于某个主题的看法，也可以将自己的想法毫无保留地贴到论坛中。

在论坛里，人们之间的交流打破了空间、时间的限制。在与别人进行交往时，无须考虑自身的年龄、学历、知识、社会地位、财富、外貌、健康状况，也无从知道交谈的对方的真实社会身份。具体表现为管理者与发言者位置较接近、参与者之间的权力关系较为平等。因此，在论坛的技术条件的支撑下参与讨论的人可以处于一个平等的位置与其他人进行任何问题的探讨。

作为一个公众探讨话题、发表见解的地方，BBS第一次突破了过去媒体的单向传播模式，呈现出网络传播交互性的特点。网民们在BBS中可以自由地发表信息、评论信息。"近用"与"降低参与门槛"是BBS交流的最大特点，即不对发言者门槛严格设限、对言论歧异度的容忍度较高、信息得到实时响应的可能性较高。可以说BBS自由的交流方式和广泛的参与性使它很容易成为具有影响力的"意见市场"、"舆论阵地"和"公共领域"，既可以整合和表达民间的要求，又能使公共权力接受来自民间的约束，成为一种自由而富于理性的民意表达场所，对现实空间产生直接的影响。

2. 目前BBS的主要代表

作为互联网上功能强大的大众化信息服务空间以及互联网最早的公共言论平台，网上的BBS论坛多如牛毛，涉及政治、军事、科技、教育、经济、外交、体育等诸多方面，大到国计民生，小到个人感受，话题设置非常广泛。这其中对新闻、时事进行评论的论坛的人气最旺，主要有商业网站的论坛、传统媒体的网上论坛、网络媒体的论坛、民间论坛等。如新浪论坛、搜狐论坛、东方论坛、京华论坛、强国论坛、新华网论坛、西祠胡同、凯迪社区等。这其中，传统媒体的网上论坛以强国论坛最为著名，商业网站论坛的代表为新浪论坛，而在民间论坛的表现上，这几年凯迪社区作为公共知识分子言说的平台，表现也不错。

应该说，不同的论坛类型，其中的网络新闻评论结构语言特点有相同的地方，也有不同的地方。为了更好地对网络BBS下的网评结构语言特点作一把握，最好深入到论坛的具体语境、文本、个案中作一考察。

以下我们将选取强国论坛、新浪论坛作为考察样本,具体在其中再选取新闻评论的个案做具体分析,以更全面深入地把握网评在BBS下的结构语言特点。

先对这两个论坛作一简单介绍。

人民网"强国论坛":《人民日报》网络版是最早尝试网上读者交流的新闻媒体网站之一。1999年5月8日,中国驻南联盟大使馆遭到北约导弹袭击,5月9日,《人民日报》网络版适时开设了"强烈抗议北约暴行BBS论坛",为网友表达自己的愤怒情绪与爱国热情提供了一个重要的言路渠道,在当时发挥了重要的舆论作用。一个月后,该论坛改版为"强国论坛"。目前,"强国论坛"不仅成为一个重要的中文论坛,也成为国情民意的晴雨表,可以说它是中文论坛里面的"国家队",它让用户对国际国内大事有表达权利,现已经成为新闻集散地、观点集散地、民声集散地①,突破了传统媒体的舆论一律,成为政府引导网上舆论的中坚力量。

新浪论坛:新浪论坛作为全球最大的中文社区和网络主流舆论中心,从其成立始便推出了BBS论坛,至现在为止,已发展了十年,以便捷、稳定、友好的互动平台为网民提供了生活化、多元化的资讯交互服务。其母体新浪网在长期的门户发展中始终主打新闻,以海量的汇聚性、新闻推出的迅捷性,成为网民们首选的经常浏览新闻的网站。新浪论坛凭借其母体在网络新闻领域的出色运作与能量,亦吸引了广大的网友,并在对历次重大网络舆论与网络事件的推动中扮演了一个至关重要的角色。

二、在"强国论坛"、"新浪论坛"语境下对网评结构语言特点的分析

从宏观方面的观察来看,"强国论坛"作为中文论坛中的"国家队",与它的母体《人民日报》在宣传与舆论导向上是一致的,不过是在网络技术条件下采取了网络的表达方式;但从总体上来看,"强国论坛"的整体风格大气严肃,编辑与版主对舆论的控制较严格,网民在发帖后会有一个时滞,提交后并不会仅几秒钟就可通过,有时候还要经过编辑们的把关才可最终发

① 闵大洪:《网上舆论的形成及特点》,http://www.zijin.net/blog/user1/119/archives/2005/143.shtml.紫金博客。

表,同时强国论坛的发帖时间为9:00—22:00,其余时间段的帖子则暂时不受理。综观论坛,版块设置以及话题内容都较偏“硬”,分别设有:精华区、热帖、热评、深入讨论、实名、辩论、访谈、周刊、网友之声、时政频道,同时每个具体的版块区域内的话题也较偏时事政治等硬新闻,评论的话语也时常有价值,有一定质量,给人以启迪。

而“新浪论坛”从整体来看,更具生活气息,大多话题偏“软”新闻,同时更带有人情味。风格轻松活泼,略显俏皮。编辑与版主对评论的控制也较松,言路更宽些,帖子提交后就即时可见,并且基本上不把关,或者只是实行事后把关,将一些违反规定的帖子予以删除。在新浪论坛中版块设置纷繁,包括时事、体育、文化、读书、财经、科技、生活、教育、娱乐、贴图、女性、情感等多个版块,满足各种口味网民的需求。同时版块内的话题也纷繁芜杂,且较偏向对硬新闻的软解读并更为感性,带有情绪化的痕迹,即时跟帖中也多为只言片语,或者是情绪化语言的流露,偶有精辟之言,但普遍质量不是太高,多为灌水。

1. 对BBS中网络新闻评论结构的分析

(1) 从宏观上来看,二者作为BBS论坛,对于每一个网络新闻的评论都有两种相同结构方式供选择,一种是平板模式,一种是树形模式。

以“强国论坛”中对《记者冒险拍下数万照片记录文革时期荒诞往事》①这则新闻的评论的两种结构的截图看:

BBS中树形模式的网络新闻评论结构如下:

记者冒险拍下数万照片记录文革时期荒诞往事(组图) (爱你一~~万~~年~~~ 07-07-05 21:38:03) 5340字 (0/205/6)

- 显然楼主不知道文革,那时拍这种照片是革命群众支持的。 (61.149.168 07-07-05 21:59:38) 11字 (0/0/0)
- 什么“冒险”,当时有照相机的权贵和记者都能公开拍这些照片 (新时代照妖镜 07-07-05 21:56:44) 0字 (0/0/0)
- 记的有小左儿说跳“忠字舞”是为了锻炼身体。呵呵 …… (笑人缺齿曰狗窦大开 07-07-05 21:45:32) 0字 (0/5/1)
  - 跳脱衣舞是为了什么? (强国论道 07-07-05 21:47:23) 0字 (0/2/0)
- 他当年恐怕不会只是个旁观者吧 (浊斯濯足 07-07-05 21:45:00) 0字 (0/0/0)
- 跟现在的丑恶相比如何? (强国论道 07-07-05 21:44:17) 0字 (0/3/0)

针对同一事件,BBS中平板模式的网络新闻评论结构如下:

---

① 爱你一~~万~~年~~:《记者冒险拍下数万照片记录文革时期荒诞往事(组图)》,强国论坛,http://bbs.people.com.cn/postDetail.do? view=2&id=2760778&boardId=1.2007.7.6截取样本。

第2楼　他当年恐怕不会只是个旁观者吧

[浊斯濯足]　发表时间：2007-07-05 21:45:00　[发短信] [回复] [投诉] [树状

他当年恐怕不会只是个旁观者吧

第3楼　记的有小左儿说跳“忠字舞”是为了锻炼身体。呵呵 ……

[笑人缺齿白狗窦大开]　发表时间：2007-07-05 21:45:32　[发短信] [回复] [投诉] [树状

记的有小左儿说跳“忠字舞”是为了锻炼身体。呵呵 ……

第4楼　跟现在的丑恶相比如何？

[强国论道]　发表时间：2007-07-05 21:44:17　[发短信] [回复] [投诉] [树状

跟现在的丑恶相比如何？

第5楼　什么“冒险”，当时有照相机的权贵和记者都能公开拍这些照片

[新时代照妖镜]　发表时间：2007-07-05 21:56:44　[发短信] [回复] [投诉] [树状

什么“冒险”，当时有照相机的权贵和记者都能公开拍这些照片

这两种不同模式的结构方式，对网络新闻评论并无实质影响，但是在实际具体的操作与影响上会有一些小的区别：

① 在树状模式中，所有回帖的文章都变成“跟上一帖”的观看形势，形成了主体向右错一个位子的现象，使未来所有的回帖都变成树状观察的模式；树状模式更强调标题的作用，读者看了标题就可直接决定是否点开。如当网友回复主题的时候，回复的字数不多，仅十字左右，那么就不妨直接将评论打在题目上。而其他读者看到回复，不需再点击帖子标题就可知道所说内容，对新闻和评论的传播来说，就更一目了然了，基本上访客能从上面的回帖主题大致猜到帖子内容是什么。

② 而在平板模式中，网友可以很清楚地看到论坛中每个帖子的点击率、回帖率、最后发表者以及发帖人的个性签名等信息。另外，当网友点击想看的文章进去后，只需下拉画面，不管是否想看，都可以看到所有的回复，网友就可能对这个新闻事件的评论有个全面的把握，而不像在树状模式中的情形，只是点击部分评论帖子作一浏览，获得的印象有可能偏颇。

③ 在树状模式下，有多少人对帖子进行回复一目了然，如果回复者非常之多的话，将占论坛版块内首页的很大空间，形成强势效果，而遮蔽其他

话题,并且由于不同观点主要聚集于同一个帖子之下,不利于话题内不同观点的交锋,同时因为不可能一一点击回帖,不方便全面掌握舆论情况;而在平板模式下不论这个评论帖有多热,也依旧只在版块内占一栏的空间,不会挤压其他话题,并且方便不同观点在同一版块内的呈现。若想深入了解评论的内容的话,只需点击文章进入,便可全面了解回帖评论的内容。

因此从以上的比较看来,不同的论坛结构模式亦会对网络新闻评论的实际运作以及最终效果产生一定的影响。作为访客或网友来说,应用不同的模式,可能会对同一事件产生不同的整体印象。就观点的交锋,以及所发表言论的到达率来说,也都会有一些区别,并可能在一定程度上影响舆论的传播效果。

不过,现在大多论坛都采用了两种模式供网民选择,在论坛版块的右上角上有"树形"、"树状"或者"平板"、"表状"的按钮供网民选择最适合自己的观看模式,满足每一个网民的口味,以这种交杂的方式发挥了各种模式各自的优点。

(2)从微观上看,每一个具体网络新闻评论的内容中,也依旧体现出一些不同情况,学者陈彤旭、邓理峰在《BBS 议题的形成与衰变——对人民网强国论坛的个案研究》中,对"王明忠事件"相关帖子进行的分析中,亦将主帖与回帖间划分为几种模式,很有借鉴意义。他们认为围绕主帖产生的观点冲突也是讨论的动力,在论坛上,引起关注的主帖一般都有许多回帖,回帖与主帖之间的关系是复杂的,或合作或冲突,这种相互作用的关系促进了论坛意见的形成。并大致可以分为以下几种模式:

①"响应型"——发言者(回帖的作者)都同意主帖的观点,认为值得重视;

②"冲突型"——有人支持,有人反对。冲突明显,支持一方与反对一方势均力敌;

③"靶子型"——主帖的观点招致群起而攻之,基本无人同意其观点;

④"无人回应型"——主帖无人回复,或只有一两个;

⑤"螺旋型"——对主帖的回复,将话题引向别处。特点是回复的帖子长,又引起许多回复,形成一个讨论组,即不是单一的结构,而是复合的结构,主帖反倒成了次要的。①

---

① 陈彤旭、邓理:《BBS 议题的形成与衰变——对人民网强国论坛的个案研究》,《新闻与传播研究》2002 年第 1 期。

那么在这一小节里,我们将深入每个帖子的内部进行具体的考察,同样以“强国论坛”中《记者冒险拍下数万照片记录文革时期荒诞往事》这则新闻的评论为例,作一简单说明,对上述的模式作一阐述。

在对《记者冒险拍下数万照片记录文革时期荒诞往事》这则新闻的具体评论的考察中,我们可以看到,对于这则网络转载而来的新闻共有六个网友对其发表了评论,从树形模式的截图来看,其中五条评论是对原文本的评论,而一条评论是对网友评论的评论,成为评论中的评论。该条评论如下:

- 记的有小左儿说跳“忠字舞”是为了锻炼身体。呵呵 ……(笑人缺齿曰狗窦大开 07-07-05 21:45:32) 0字 (0/5/1)
  - 跳脱衣舞是为了什么? (强国论谨 07-07-05 21:47:23) 0字 (0/2/0)

从上文我们便可以看出,这样的评论结构模式在网评中很多见,在一个主帖的下面回复的帖子内,一般可以划分为以下几种情况:① 围绕针对主帖的内容而评论的帖子;② 针对回复主帖的分帖的观点的评论,以上评论即是;③ 从主帖的话题引申出去,转向另一个话题,引向别处;④ 灌水,没有具体意义的回贴,甚至是滥发的广告。以上四种是网评中常见的几种式样。

以上划分,无论从宏观还是具体个案角度所作的深入分析,都使我们更深入地把握了在BBS环境下,网络新闻评论的结构特点。可以说,这些结构的特点也不只是在BBS条件下才具有的,它在即时跟帖,对博客、播客的评论,以及具体地对单一新闻的多条评论中都存在。

2. 对BBS中网络新闻评论语言的分析

BBS作为在线公共论坛,从网络文化的角度来看,是基于为一个数量庞大的目标人群——“众人”——提供话题讨论服务,解决人们缺乏自由发表言论的机会的问题而创设的。它最大的优势在于打破了大众传播时代意见表达渠道为少数集团垄断的局限,赋予“大众”在互联网这个公共传播媒介上一个平等发言、集中讨论的机会。在这个公共平台上,各种话语交相汇集,就如在一个广场中,你可以在这里驻足、观光、社交,激扬文字、指点江山,或者仅仅作为休闲,转换一下心绪。

由于网络虚拟的性质,网民自身在这个广场中都是带着面具的行者,一方面在广场里,没有现实社会中的警察,没有太多的条条框框限制,每个人都有着自由发表言论的权力,并且没有人知道你是谁。如果从理性角度而言,那么这个广场就是哈贝马斯所言的“公共领域”,是弥尔顿所向往的“意见的自由市场”,在这里,民众可以通过观点的辩论,而使真理经过不断的淘汰最终脱颖而出,并整合和表达民间的要求,同时使公共权力接受来自民间的约束。

同时,按照弗洛伊德关于人格结构“本我”、“自我”、“超我”的三分法,在网络虚拟世界中由于网络匿名的特点,人们很可能将平日鲜有机会当众暴露出来的“本我”表现出来,按照快乐原则行事,不理会社会道德、外在的行为规范,在网络“去抑制”功能的帮助下,通过发表自己在现实空间不敢发表的言论,通过与人辩论、争吵甚至实行“语言暴力”,用非常粗俗甚至侮辱性的语言对另外的成员进行攻击,来进行宣泄,释放潜意识下的自己。

另一方面,在虚拟、匿名的状态下,BBS 的广场性质,使得网民并不负管理责任与话语责任,就像一个大的公共场所一样,随意进出,随意发表,随意言谈。由于马甲的遮掩性,评论者与其真实身份不具有特定指向性,使网民在发表言论时可以规避风险,在发表、回复帖子时,往往不假思索,随意性非常强。有些言论缺乏理性,比较偏激、感性化、情绪化,导致论坛上的垃圾与无效信息泛滥。

总的来说,这几种状态在网络论坛这个大广场中都存在,就像网络舆论所具有的多面性,一方面是网络评论推动下所体现的舆论正义的一面,另一方面,则是舆论滥用下非正义的一面。因此,不同的论坛在不同的时间针对不同的事件也体现出它不同的面貌来。

并且在具体的网评中,由于受到计算机中介下的网络沟通情境的影响,网民在交谈互动中,必然会缺乏一些社会背景线索、以及社会临场感等。为弥补技术所带来的交流缺陷,更增加人情味的因素,网络上的一些评论语言的方式、用词都出现了新的变化,有电子辅助交流的存在。

为了综合地把握 BBS 上网评的语言特点,我们将在下面选取“强国论坛”与“新浪论坛”的新闻评论作为样本,进行深入的阐述。

对 BBS 上新闻评论的样本分析,应该从两个方面考察:一方面将从主帖入手,对网民所发的主评论文本作一话语分析,一般来说,主帖的文字因为是主发帖,通常较长,并有事实陈述。它分为两种,原创与非原创。非原创一般是对传统媒体或者网络媒体新闻评论的转载;而原创则是自己对新闻本身所作的原创性解读评论。因为转载的新闻或者评论不过是原介质文本的比特化,并且在 BBS 上,最为推荐的还是网民的原创性观点,因此在具体的考察中,我们将以网民的原创评论为主展开。另一方面笔者将对网民的回帖言论进行分析,这些评论出自于不同的网民个体,是网络舆论的主要推动力量,这些评论文字通常是支持 BBS 点击率与人气的关键,也是 BBS 上最多量的信息。对这些回帖言论的考察,将最大程度地代表 BBS 下网评的语言特点。

(1) 以下将分别选取两个论坛于 2007 年 7 月份的两张热帖、精华帖作为具体个案样本展开分析。一篇为:“强国论坛”网友寂寞嫦娥舒广袖所发表的原创评论《我们是否误读了中纪委反腐“大限”?》(2007-07-04 09:42:39);另一篇为:“新浪论坛”网友 yzc888888888 所发的评论《对台动武底线有变解放军将提前亮剑》(2007-07-03 08:45:41)

我们先对两位楼主的评论文本语言风格作一分析。

A:《我们是否误读了中纪委反腐“大限”?》①:

我们是否误读了中纪委反腐“大限”?

寂寞嫦娥舒广袖

自5月30日《中共中央纪委关于严格禁止利用职务上的便利谋取不正当利益的若干规定》发布以来,网友们就给予了极大的关注。一个月以来,网民议论纷纷,众说纷纭,有狂赞的,有泼冷水的;有支持的,有看笑话的;有支招的,有献计策的;等等。可30日大限过后,看到主动交待的人数和金额,网民的舆论就呈现出一边倒的趋势,质疑声、批评声不绝于耳,似乎中纪委不该有此规定,更不应该设此大限。

说实在的,看过网友们关于30日主动交待结果的种种有关猜测、议论、批评后,对此事我也有过很多想法,也一度想不分青红皂白地抨击一番。可认真地想一想,对中纪委审慎出台的规定,我们是否还有地方没读懂?

误读之一:“大限”就是规定的终结。其实,“大限”不是结束,而是刚刚开始。在党内,要求违纪党员干部“限期交代问题”,体现了中国共产党惩前毖后、治病救人的政策,是一个政党自我纯洁的有效手段。因而此次规定

① 寂寞嫦娥舒广袖:《我们是否误读了中纪委反腐“大限”?》,强国论坛,http://bbs.people.com.cn/postDetail.do? view=1&id=2742702&bid=2,2007.7.5 截取样本。

了一个30天的主动交代问题的期限。正是这个30天的期限，导致了许多人的认识发生了偏差。人们偏面地认为，30天内就应该把所有的腐败分子一网打尽，这30天的成效如何就是丈量纪委反腐败能力高低的一把尺子，似乎30天后规定就失效了似的。其实不然，中纪委讲得很明确，30天仅仅是一个主动交待的期限，只是个开端和前奏。30天后，"八项禁令"长期有效，对违反"八项禁令"的行为仍将追究。这与任何一个法律法规的实施是一样的，一个新法律法规颁布实施的意义在于如何规范某种行为，以及通过法律的实施对违反法律的行为进行惩处，而不在于法律颁布后有多少人自首。同样，我认为30日内主动交待多少人也不是主要的，通过"八项禁令"规范官员的行为，减少违纪现象的发生，以及日后对违反者进行有效的惩处才是重要的。

误读之二：中纪委这次规定仅仅就是个"大限"。由于人们普遍把注意力放在了30天上，因而大家忽视了"八项禁令"本身的重要意义。从禁令的内容来看，"八项禁令"中列举的八项禁止性规定所涉及的行为，都是近几年来影响极为恶劣，群众反响较大的一些腐败行为。但是，这些新型权钱交易行为大都具有很强的隐蔽性，暗藏在一些潜规则之中，因而也大都具有"私下"、"间接"等特点。而在《中国共产党党员领导干部廉洁从政若干准则（试行）》和《中国共产党纪律处分条例》等党内法规中，由于对这些新型的权钱交易行为，没有明确的定性量级的依据，这就使得现有法律和党规难以适用。"八项禁令"正是根据近年来涉及权钱交易的违纪违法案件出现的一些新情况、新问题，第一次以《规定》形式，明确列出了八种权钱交易形式和认定这些违纪行为的具体政策界限，这些，无疑是当今反腐败斗争的新进展，必将进一步促进和推动我国反腐败斗争向更深的层次发展。所以说，"八项禁令"的出台可谓是意义重大，影响深远。

误读之三："大限"能解决所有的腐败问题。人们由最初的乐观到最后的失望，正是由于对反腐败的复杂性和长期性估计不足所致。善良的人们希望通过这30天就能解决所有的问题，这无论是在古还是今，无论是在中国还是外国，都是不现实的，也是不可能的。反腐败斗争是一个长期的过程，只有通过不断加大打击的力度，不断提高打击的水平和能力，不断制定更有针对性、更具可操作性的对策，从而才能使反腐败斗争取得积极进展。从各种媒体的报道可见，这次的"八项禁令"的出台，中纪委也已研究了一段时间，也专门针对领导干部的廉洁自律问题向专家征求过意见，并且也吸收了前段网友关于“潜规则”的种种争论。因而，在提出30日大限之初，纪委对30日后的结果应该是有预见的，《规定》的出台，既不是一时的冲动，也不是在打无把握之仗。

误读之四：“大限”仅仅就是中纪委一家的事。从5月29日至今，我们随便可以在网络等媒体看到人们对此事的议论，对结果的不满，以及对纪委的嘲笑，但是我们却不曾见到有一个主动站出来举报、揭发，积极参与其中的报道，也没有听到过一个人主动思考，自己是否曾经促成了他人的腐败、助长了他人的腐败，是否把自己参与制造的腐败揭露出来。不可否认，反腐败是纪委等部门的工作，但更是全社会的任务，每一个人都有责任。只有全社会的积极参与，共同行动，腐败分子才能像过街的老鼠，人人喊打，才能构筑起一个预防腐败的牢固防线，才能使更多的人远离腐败，这个社会才能更加纯洁。

于2007年7月3日夜人民网强国社区(http://bbs.people.com.cn)

B：《对台动武底线有变 解放军将提前亮剑》①：

原任解放军副总参谋长、中国人民解放军智库中国国际战略学会会长熊光楷28日和日本自民党前副总裁山崎拓与前干事长加藤一进行会晤。在谈及台湾问题时，熊光楷指出大陆并没有放弃武力手段。同时他还强调，如果台湾有企图独立的征兆，大陆将通过非和平方式解决问题，中国政府必须保卫领土完整。

熊光楷的“企图独立的征兆”的说法，表达方式与《反分裂国家法》的描述略有出入。《反分裂国家法》第八条规定：“台独”分裂势力以任何名义、任何方式造成台湾从中国分裂出去的事实，或者发生将会导致台湾从中国分裂出去的重大事变，或者和平统一的可能性完全丧失，国家得采取非和平方式及其他必要措施，捍卫国家主权和领土完整。江中豪认为，“企图独立的征兆”和“台湾从中国分裂出去的事实”是完全不同的两个概念，这说明大陆对台动武的底线已经发生变化。从近段时间以来台湾当局疯狂的“去

① yzc888888888：《对台动武底线有变解放军将提前亮剑》，新浪论坛，http://search.bbs.sina.com.cn/g_forum/00/03/02/view.php? fid=26493&tbid=703,52007.7.5.截取样本。

中国化”,到最近的拒接奥运火炬,已经极大地激怒了中国人民,解放军或许被逼提前亮剑。

而台方也似有察觉,台湾驻美代表吴钊燮28日对旅美台湾侨胞表示,解放军的扩建与部署早已超过攻台的需要。吴钊燮指出,台湾面临大陆的强大压力,包括军事威胁与外交围堵,大陆每年增加18%的预算,武器部署早就超过攻击台湾的需要,例如解放军现有潜艇超过五十艘,他问过“国防部长”,大陆只需要十二到十六艘潜艇就可以封锁台海。他补充,今年1月《华盛顿时报》也报道,大陆已经有五艘094级的潜艇配备巨浪导弹,充分显示解放军的目标是称霸亚洲,只是利用台湾作为扩军理由。

提到大陆空军的新式战机等同美国最新F-22型战机,而台湾现在连F-16C/D型都买不到,他强调台海军事已经严重失衡,面临大陆越来越有利的局势。

当然,台湾对于我人民解放军来说,只是小菜一碟,解放军一朝亮剑,剑锋也就指向美日。

从以上两个网友的网络新闻评论文本可以看到,作为精华帖,这两则帖子的质量还是比较好的,两位网民作者就事论事地对中纪委反腐事宜与对台动武的事件发表了自己的评论文章,相比许多无效帖,这两篇帖子在构思、主题的选定、论说的方式上还是经过深思熟虑的。但相比较传统媒体上比较正式的新闻评论稿,则体现出网络条件下口语与书面语杂交而形成的一种语言形式,其间会大量夹杂具有个人特点的语汇,如“说实在的”、“可认真地想一想”、“小菜一碟”、“一朝亮剑”等较随意语词,同时语言叙述中可以看到立场的个人性以及受众的网络性,是直接面对网民们的评论。并且所评事实大都就实避虚,弃绝官腔,不会有太多空话、套话,而句句实言,笔锋常带个人情绪、观点表达直截了当。

通过对这两篇帖子的具体分析,并结合笔者常年在论坛看帖的经验,近期对个别具代表性论坛的细致观察,以及一些学者的论述,对此类网络新闻评论语言风格特点做出一些总结:

① 网评行文比较自由,形式多样化。可以说网评的写作跳出了传统新闻评论写作所要求的一些固定模式,将许多规范性的框架搁置一边,网友大多对论点要新鲜,论据需具典型性、说服力,在论证中立论、驳论的规范这些束缚置之不顾。一般来说,大多数的网评都是开门见山,怎么想的怎么写,怎么有利于把问题说明白就怎么表达,而不顾忌结构方式。同时在评论中

感性化的叙述要多于理性化的论述,更体现个人色彩。

② 网评在内容评议上,更注重缘事而议,据事分析。对传统评论写作中引经据典、大谈理论的方式往往不屑一顾,而更注重从小的话题入手,直接取材于现实中百姓关心的事和热点新闻事实,以具体事由为依托而实话实说,据事进行分析,并在分析中鲜明地表明自己的立场、观点,形成结论,更具民众亲和性。

③ 网评文章在主旨风格上,杜绝"假"、"大"、"空"的一些套话、大话、官话与虚语,在具体评论中更注重以"理"服人,以具体事实、以思想论述服人,而无冗繁之言;同时因为评论作者大多为网民,即是现实生活中的平民,因此在评论中更多了份平民视角对社会百态的审视,在评论文章中更多地倾注了对百姓的人文关怀,彰显了平民的人文精神。

(2) 在以下这部分,我们将仍以 A、B 两篇文章为对象展开,对不同网民主体对它的文章回帖的言论进行分析,以探讨在另一层面上,网评的语言特点。

具体操作中,我们将分别选取 A、B 两篇网评的前 20 个评论作为分析的样本。

A:《我们是否误读了中纪委反腐"大限"?》网评的前 20 个回帖:

第 2 楼　看着个帖,好像就楼主聪明,别人都是愚蠢至极的——人们偏面地认为,30 天内就应该把所有的腐败分子一网打尽,[不思进取]

第 3 楼　我看是你在误读、曲解呀。哈哈。特想找回面子吧? [读书狼]

第 4 楼　这个帖子比较有意义,尤其是第四点值得大家深思和学习,与其批评中纪委,不如去写揭发信[伐檀之硕鼠]

第 5 楼　楼主真行,很会掂台阶。[不思进取]

第 6 楼　我觉得这个帖子理性,看问题全面,值得思考![特别的爱!]

第 7 楼　有的网友太要不滴,居然将其提升到有否反腐能力的高度来怀疑……[长风沙 005]

第 8 楼　应给人说话的权利![特别的爱!]

第 9 楼　大限过后,必有大治[死心眼]

第 10 楼　本人有这么大能力? 反腐"大限"应是一种威慑,而这种威慑实际看来没有相应的作用。[不思进取]

第 11 楼　设大限本身无法律依据。刑法反贪条款,哪一条规定可以在

某日前不“查明一个,处理一个”,一律从宽处理?[思闻]

第12楼 怎么没有相应的作用,是对你没有相应的作用吧!哈哈,[特别的爱!]

第13楼 并没有误读,这反映了‘威信’。没有了威信是一事无成的。[海滴]

第14楼 用揭发吗?那些送子女到霉、蝇等国的,一查一个准。[不思进取]

第15楼 haha,我的同事说了个笑话:“广种博收,年年有鱼”[218.4.144]

第16楼 鸡的屁(股),肥,但致癌![58.221.241]

第17楼 就连国家审计署、李金华审计长揭发得明明白白(如高尚全等220多万、56部委348万等),都无人过问。[长风沙005]

第18楼 这第一刀剁谁,哪一级?猜猜.[221.221.196]

第19楼 说是说的不错。那干嘛搞个大限日期,既然有日期,那就是严肃的,不搞日期可能更聪明,按八项禁令,一百年不动摇。[王领华]

第20楼 怎没见一个人主动站出来说,我给某某人送了礼了,我揭发——[秦朝人]

B:《对台动武底线有变解放军将提前亮剑》网评的前30个回帖:

2楼 期待![力杀日本]

3楼 该出手时,就出手![风的海洋从任]

4楼 该出手时,就出手!别在面了自己的台湾还要看美日的脸[ljlyl123]

5楼 那个。。。[fdfefing52014]

6楼 飘过[ywficfef]

7楼 宁可奥运不开,也要统一祖国。“台独”人士简直就是给脸不要脸。[铁厂y8365658]

8楼 借我三千虎骑,复我浩荡中华!饮马恒河畔,剑指天山西;碎叶城揽月,库叶岛赏雪;黑海之滨垂钓,贝加尔湖面张弓;中南半岛访古,东京废墟遥祭华夏列祖。汉旗指处,望尘逃遁——敢犯中华天威者、虽远必诛![woshidafei5093]

9楼 夸大,吹牛!!!!!!!!!!!!![45139541]

10楼 绝对真理![oxtxkhrs]

11 楼　楼下兄弟继续[retervvgt]

12 楼　go go go! [yanhai9614]

13 楼　台湾岛是我们的台湾上的动物我们都可以不要[iceicenet]

14 楼　要动主权,没门! 一个中国下什么都可以谈。[风云_123]

15 楼　8 楼是 YY 王! [love199919991999]

16 楼　十亿人民百万兵! 国仇岂待儿孙平? 待到报仇雪恨时,横刀立马入东京! [yueyu_555]

17 楼　该到亮剑的时候了,也给世界证明下中国军队的实力,看谁还能说 3 道 4。该出手就的出手,民族利益高于一切。[jiang7564563]

18 楼　炎黄子孙! 复我中华! 磨剑十年! 只待令下! [liudekuan2005]

19 楼　引用 iceicenet 在 2007－07－03 13:00:33 写到(原帖):"台湾岛是我们的台湾上的动物我们都可以不要"

这说法我很不赞同,我们送台湾的大熊猫怎么办?!! 台湾的什么动物都可以不要,可大熊猫是国宝一定先要回来再打,他的命可比台湾任何东西都有价值呀!! [台湾中国的]

20 楼　项庄舞剑意在沛公!!! [lin20000xin]

除了以上的纯文字的信息评论外,大部分论坛的回帖中还允许链接图片,并有自选表情符号的选项,比如"新浪论坛"的这篇新闻评论样本(B文),在长达 13 页的跟帖中,就有许多网民在回帖中,除了文字信息外,选用了表情符号,并用图片表达了自己的评论。

如:B 篇 25 楼评论的全样为:

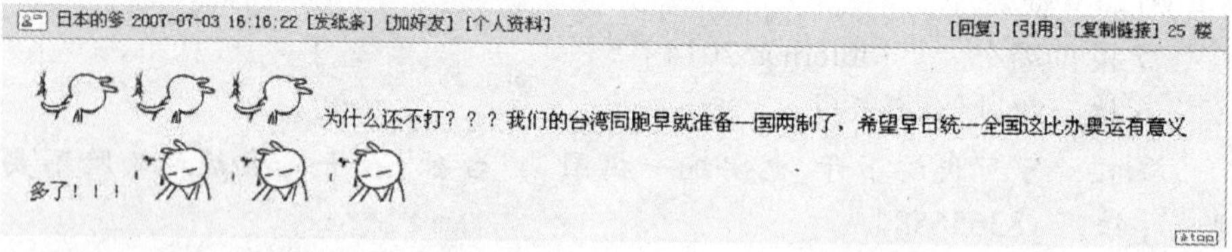

B 篇 88 楼评论的全样为:

a138617 2007-07-04 10:47:13 [发纸条] [加好友] [个人资料] [回复] [引用] [复制链接] 88 楼

杀它台独一百万!!!!

top

雨伴萤昏 2007-07-04 10:54:46 [发纸条] [加好友] [个人资料] [回复] [引用] [复制链接] 89 楼

B 篇 36 楼评论的全样为:

ycs余春生 2007-07-03 18:16:33 [发纸条] [加好友] [个人资料] [回复] [引用] [复制链接] 36 楼

哪怕让台湾变成一堆废土,哪怕中国经济倒退30年,也不能把台湾让给外国列强,来卡住我们的脖子.战死到最后一人也不惜,谁丢掉台湾谁就是罪人.

top

从上面 A、B 二帖的回帖来看,网络新闻评论语言具有以下特点:

① 网络新闻评论语言呈现一种书面语与口语交杂的形式。可以说,无论是 E-mail、网上聊天、BBS,还是博客,在网络上的人际传播是一种以文字交流为主的传播。人们都是以文字为主要交流手段,用来清楚地表达自己的意思、观点与思想。因为是打字,作为一种书写,网评上的文字自然体现为一种书面化的特点,同时由于用文字书写是主要用于交流的,它就自然带上了口语化的痕迹,就像我们在现实生活空间中的交流,它是以口语化的言

语表达为主,而到了网络空间,因为技术受限,那就只得将言语交流的语音转化成文字的形式,把它记录了下来,才能让别人看到你所发出的信息。因此网络语言天生是一种书面语与口头语杂交的形式。

从A、B两篇稿子我们可以看到,这些评论的文字较少修饰,口语化痕迹较浓。看评论的时候,仿佛一个匿名的人的音容笑貌浮现了出来,你可以通过文字想象到他说话时的表情和一些小的心理动作,或者感同身受,或者恨之入骨,也可能是漠然处之。相比A、B篇的主帖那些长篇大论的网评来说,这里的短评更能体现网络新闻评论语言的最大特色。那即是:文字化的口语记录,感情色彩溢于言表。

② 语言文字缺乏理性,易于偏激。因为网络具有虚拟性、隐匿性的特点,网民在网络上同样是以虚拟的身份登陆的,有一个在网络条件下注册的虚拟代称,因此,网民发表言论时可以规避风险,不必为说过的话负责任,因此部分网民就被祛除了现实生活中所必须遵守的社会规范和长期社会化下形成的内心准则,而可能以更放松的姿态在网络中呈现自己。在这样的情况下,网评的语言将更具感性与个人化。部分言论缺乏理性,比较偏激、显得情绪化,可以在不注重礼仪的情况下对别人任意批评,显得不怎么客气,甚至进行人身攻击。相比A篇的评论,B篇中的许多评论就显得极端不理性,如88楼网友发表的"杀它台独一百万",13楼网友的评论"台湾岛是我们的台湾上的动物我们都可以不要",这些语言无疑都是情绪化的流露,是一种非理性的言论表达。"9·11"恐怖袭击刚发生的时候,就有些网友在网上幸灾乐祸,而缺乏对人的生命的基本关爱与尊重,在这些网友的评论中有着各种意识形态在作祟,包括非理性的爱国主义与民族主义情绪等。

现在网上多数的愤青言语便是如此,个别"愤青"不管什么事都要"咬一口"、"炒一把",有一种思维定势,就喜欢挑刺,喜欢唱反调以显示与众不同,似乎感觉自己是《水浒》中行侠仗义的梁山好汉,"路见不平一声吼,该出手时就出手",纯粹是某些不良情绪的宣泄。综观近几年网上论坛的言论空间,会发现网上的恶言秽语、人身攻击越来越多,其表现为:蛮不讲理、自我发泄、危言恐吓、哗众取宠。有些网民将语言直接用来作为互相攻击谩骂的工具,无所顾忌,个别骂语之刻毒之下流到了无以复加的地步,形成网络上的"言语暴力"。在"铜须门"事件中,就有网友不断地用恶毒的语言对"铜须"与"幽月儿"进行人身攻击,各种骂语缤纷多样,网络一时成了各种毒骂语言的集中地。

③ 计算机中介下网评中语言的特点与电子副语的运用。作为电脑中介下的网络语言,它呈现为一种低语境的传播,在传播时仅用文字语言进行交流,会出现缺乏社会背景线索、缺乏临场感、信息贫乏等问题。在网友彼此不见面的情况下,缺乏表情、语气、肢体言语,会使得沟通出现一定程度的阻碍。为此,在这样的交流场景下网民们发明了他们用来弥补这种沟通欠缺的办法,即为电子副语。

关于电子副语,台湾学者潘美岑在《网络语言之初探研究——语言学习理论的取径》这一论文中是这样说的:"最常用来'补偿'非语文线索的方法,就是采用一些特殊的图形、语言或符号。"①

可以说,在网络条件下,仅用文字作为交流的手段似乎并不足够表达一些微妙的情绪。在电脑中介下,我们在输入文字的时候,主要是以键盘作为主要的输入手段,在现阶段大部分网友普遍使用的为拼音输入。在具体的输入中,由于时间所限和非智能化的语言拼结,导致许多语言在网络中出现了一定程度的变异。包括:

a. 同音的错别字,如A篇2楼网评中"人们偏面地认为"一句即有同音错别字出现,这源于拼音输入选择的繁复性,使得网民常常就简选择最易选的一个;

b. 各种符码交换运用,如A篇15楼网评中的"haha,我的同事说了个笑话",即为汉语拼音与汉字的杂交使用。这种符码转换有多种类型,除了杂用汉语拼音语言,还会经常使用汉字谐音语言("美眉"与"妹妹"),英文字母语言(包括正常的使用和一些简写,如"BTW"是by the way的简写),符号语言(如Zzzz……表示睡觉的意思、^_^表示高兴、^o^表示惊讶),数字语言(如"55"表"呜呜"、"7456"意为"气死我了")等;

c. 网络语言有失语言规范,主要表现为:一是非语法化,诸如A篇5楼网评中"很会掂台阶",类似表达在网络中随时可见,像"好拒绝"、"很风景";二是中外夹杂,如"I服了U!"等。可以说,在网络语言语体中,完全病句、数字、符号、拼音、汉字、英文字母杂糅表达式成为网民的习惯用法。

同时,根据特纳(Turner)的研究,常见的副语用法主要有简写、谐音、转

① 潘美岑、黄圣哲:《网络语言之初探研究——语言学习理论的取径》,台湾"国立"清华大学社会学研究所:《2002年网络与社会研讨会论文》。

喻、图形。[①] 简写,例如TMD指的是国骂“他妈的”;谐音,像A篇14楼网评中“那些送子女到霉、蝇等国的”,霉、蝇分别是说美国与英国,通过这样的谐音方法的使用,表达了作者隐含的一种情绪;而转喻,B篇13楼网评中“台湾上的动物”就是对“人”的喻体;而图形的使用,在网络中表现得就比较多了,它包括利用各种文字、标点符号的组合绘出的笑脸、哭泣等各种字符图形,如笑脸^_^,不高兴:(,也包括直接用图片或者贴图对自己情绪的表达,例如B篇25楼、36楼、88楼的网评即是借助贴图与图片,表达了自己强烈的非理性的民族情绪。

除了特纳所指的这四种常见副语用法之外,网民为了尽可能地模拟面对面沟通的语调、声势、口音、表情、手势等,会使用各种各样的其他方法,以加强社会临场感。例如,运用大量的拟声语气词作为语气的修饰,用状声词“呜呜”来表示自己的痛哭,搭配各种符号的使用来加强语音的效果,自由运用拓展标点符号,如用许多的感叹号来表示情绪的强烈等。

至此,我们已对BBS下网评的结构与语言特点做了初步与大致的考察。可以说,这些特点有些是BBS语境下独有的,有些则未必,而与其他语境下网评结构语言具有着一定共性。在这一节里,我们对网络新闻评论的结构语言特点做了初步探讨,有了一个初步的了解。在以下几节里,我们将继续深入地对不同语境环境下的网评做出考察。

第三节 新闻专题、即时跟帖中网评的结构语言特点

新闻即时跟帖,是指网民在浏览新闻时对某条感兴趣的新闻迅速做出的回应,长短不限,一两句者居多,这种形式在任何传统媒体上都是不可见的。网民在即时评论中能自由、方便地发表言论,实现自己的话语权,对所

① 潘美岑、黄圣哲:《网络语言的初探研究——语言学习理论的取径》,台湾“国立”清华大学社会学研究所:《2002年网络与社会研讨会论文》。

阅读的新闻实现及时反馈,同时与其他网民进行观点的即时交流与论辩,突出了网络传播的互动特点。现在各类新闻网站每条新闻信息的后面都设有“我要说两句”、“发表评论”的链接。

新闻专题,是网络媒体表现形式的集大成者,在内容制作、页面表现以及团队管理上均有独特之处。现阶段,新闻专题在媒体上运用非常广,与一般性网络新闻报道相对应,它是网络媒体表现形式中的一种主要类别。通常围绕某一特定主题(如突发事件或宣传主题),设计固定的专题页面,进行主题相对同一的图片与文字、即时新闻与相关资料,甚至音视频的集中报道。在内容上有着新闻集纳性的特点,能对某一主题作较全面、详尽、深入的报道,在形式上亦可以集网络媒体的各种表现手法、技法于一身,因此被认为是具有网络媒体特色,最能发挥网络媒体新闻报道优势的表现形式。

无论是在新闻即时跟帖中,还是新闻专题的网民即时评论跟帖中,可以说网评的语言特点与 BBS 中网民评论的回帖中的语言基本上呈现出同一特点,即:(1) 一种书面语与口语交杂的形式;(2) 语言文字缺乏理性,易于偏激,显得情绪化,甚至出现“言语暴力”的倾向;(3) 有失语言规范,杂糅数字、符号、拼音、汉字、英文字母等多种表达形式,使用大量的电子副语来弥补社会背景线索的缺乏。这些都是三种语境下网评在语言运用方面所体现的相通点,三者的网评语言特点近乎一致。因此在这一小节里,我们对即时跟帖,包括新闻专题里网民即时跟帖中的语言特点将不再予以探讨,而只局限于对二者新闻评论结构特点的考察。以下将从不同层次分别考察新闻即时跟帖与新闻专题语境中的网评结构。

一、新闻即时跟帖中的网评结构特点

这两年,各类网站尤其商业网站,在细节上愈来愈贴近网民,努力为网民的交流提供方便,结合网络技术的升级,在许多形式上做了更新。在笔者对新闻即时跟帖评论的考察中,发现在一些商业网站中,在每条新闻的网民即时回帖后都添加了“支持”、“反对”、“引用回复”,甚至“举报”、“推荐为精华”、“PK Zone”等新设置,使得新闻即时跟帖成了最为具有互动性的意见 PK 平台。以下我们将选择具体网站即时评论的样本对网评的结构作一分析。

1. 从宏观角度看

在新闻即时跟帖评论中很容易看到一个网站的新闻浏览量与人气如

何。在这里,无疑商业网站是胜出的。在分别对传统媒体网络版、网络媒体、商业门户网站有代表性网站的即时评论的考察中发现:

(1) 传统媒体的网络版以“人民网”为代表,它的即时新闻评论回帖非常少,且实行对言论的事前审查制,使得场面显得很是冷清。拿“人民网”2007-7-7晨新闻页面中的一则《盲目攀比GDP节能减排为何难“伤筋动骨”》的头条新闻来说,虽然编辑对其做了议程设置,放在了头版头条的位置,但是在笔者将自己比较公允的言论观点做了提交后,即跳出一个框,提示“留言发布成功,请等待管理员审核通过”,并在提示框内,可以看到“查看所有留言”的链接,链接进去,看到有3条评论,网友的每条评论后仅显示了IP的地址。经过一段时间后的查询,笔者自己的即时评论也没有审核发布出来。而在对其他传统媒体网络版即时新闻评论的考察中发现此种现象很多。从中可见,传统媒体即时新闻评论的互动性非常差,处于过紧的言论监管环境中。

(2) 网络自生媒体,以千龙新闻、东方新闻为代表。在千龙新闻的首页中,选择当日两条新闻打开,都没有网友评论,但是笔者尝试去发表评论后,提交很顺利。在东方新闻中,它首页的头条新闻是《不忘国耻——写在“七七事变”爆发70周年之际》,与千龙网当日的头条新闻《“七七事变”70周年:不忘国耻面向未来》的主题相同。千龙网此篇新闻并无评论,而东方网的此条新闻有23条评论,但是笔者在东方网发表评论的时候也跳出提示框,提示“发言成功,你的留言正在审核中,谢谢您的参与”。在比较中,比起“人民网”来看,千龙新闻与东方新闻在评论的环节里相对而言增加了一点互动性,如二者在每一条即时回帖的右下方,都有“支持”、“反对”、“引用”、“快捷回复”等图标显示,这样一方面可以实现观点间的互动,另一方面可以增加人气,有些网民在怠于回复的时候,可以直接用支持、反对来表示自己的意见倾向。总体来说,网媒的即时评论人气也不是很旺,处于较宽松的言论监管环境中。

(3) 商业门户网站,以新浪、搜狐、网易、腾讯为代表。以2007-7-7关于《教育部原则禁止高校学生校外租房》这则当日热点新闻的即时评论为例,可以看到评论空间里人气非常旺,截至考察时间为止,其中腾讯的这则网评共有3 860条之多,新浪全部留言1 339条,网易全部留言1 064条,搜狐则有404条留言。这些评论留言观点多样,并形成交锋辩论之势,而与此相比,人民网此则新闻仅有3条评论,千龙网此新闻则无一条评论。可以说,商业网站即时跟帖参与评论人数之多,观点之多样,战火之旺盛,不论其中语言是否理性,无疑都给网民们提供了一个网上的公共领域与意见的自由市场。

同时,在对不同商业门户网站即时跟帖评论的具体观察中发现,以上所举的网站的即时跟帖评论的结构设置同中有异,以下我们将从微观角度,以“教育部禁止高校学生校外租房”这则新闻的即时跟帖评论为例作一具体考察。

2. 从即时评论跟帖的结构设置看

(1) 比较腾讯、新浪、网易、搜狐即时评论结构设置的同与异。

通过对“教育部禁止高校学生校外租房”这则新闻的即时跟帖评论的观察,可以看到,这几个网站在即时评论结构设置上的共同点为:每个回帖的右下角都有“引用”、“回复”等常规设置,并有“顶”、“支持”、“反对”、“不好说”、“不知所云”等选项,以即时对发帖网民的意见做出自己的评价,有助于网民间的意见互动交流与辩论;回帖都是逆时间顺序排列,最近的回帖排列在最上,以方便新到的网民及时看到最新的评论信息,然后表达自己的观点态度;总体来说,言论控制较宽松,在腾讯、网易、搜狐上回帖评论不需要审查立即可见评论发表,而在新浪上则须经管理员审核后才能发表,不过间隔时间较短即可看见自己的评论发表。

同时这四个现今国内最大的门户网站,它们的即时新闻评论结构在具体的设置中仍旧有稍许不同,我们可以挑重点分别对它们进行描述:

① 在新浪网中,在此则即时新闻评论的页面上端,分别有三个选项:过滤水帖、全部留言、留言热帖。

当你点击进入去看网友留言时,通常系统默认出现的页面为“过滤水帖”,这些帖子通常是网民的原创评论帖,而手动将页面转入“全部留言”页面,可以看到除了网民的原创评论外,一些网民并没有发表言语评论,而只是直接选择点击了“顶”、“不好说”、“反对”、“不知所云”等常规按钮,行使了对它人评论的观点评价,这类帖子即是在“过滤水帖”中被过滤掉了的帖子;同时若手动将页面转入“留言热帖”页面,就可以看到被网友评价最多的帖子,即本新闻留言热帖前 20 条的帖子,这些帖子按照热度排列,被用“顶”、“反对”评价最多的帖子将自动排入第一序列,被网友首先看到。如下图所示的留言热帖中的前两帖:

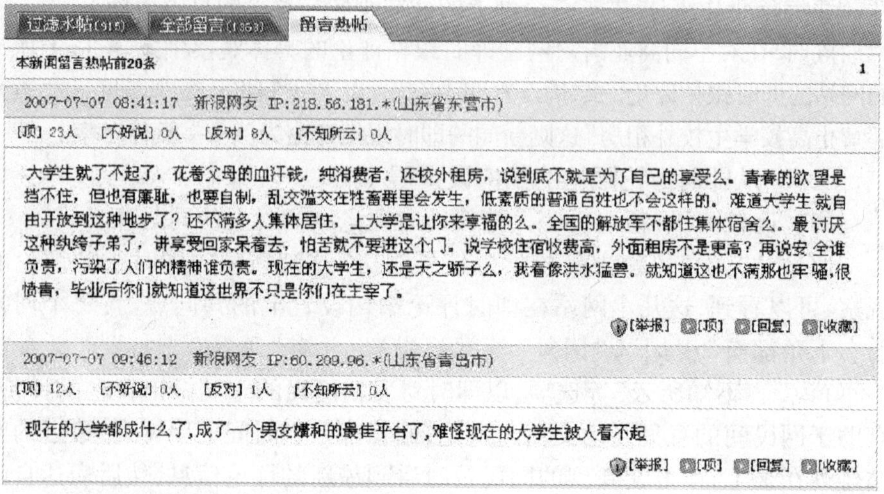

新浪最大的特点便在“新”与“全”,汇聚传统媒体的新闻与各类信息为一身,成为各大媒体信息的存储库。近年因对热点新闻快速、及时的公布而影响力攀升,成为商业网站在新闻传播方面的“领头羊”。同时,为了更稳健地发展,近年来,新浪对政策的解读更到位,并树立新闻权威与负责任媒体的形象,因此开始对不良言论加以一定的控制。比如在对这四个最热的商业门户网站即时新闻评论的考察中,新浪新闻的即时评论是唯一一个需要编辑审核才能发表的网站,同时在即时评论的具体设置中,我们可以看到,新浪也是唯一一个在每条即时评论右下角设有“举报”字样的按钮。

因此从整体来看,包括对“过滤水帖”、“留言热帖”以及“举报”的设置,可以说新浪是有意在通过这样的结构设置而使网内即时跟帖的言论有一定质量的保证,同时杜绝水帖与广告,用程序自动整理其中的热帖,为网民做了一部分信息整理工作,使网民们能迅速地看到最有代表性的言论观点信息,以便更充分地表达自己的意见。

② 在搜狐的即时网评中,也有“全部跟帖”与“精华区”的设置,在每条即时评论信息右下角有“推荐为精华”的红色标注,但是点击后,会要求网民输入推荐理由,这样的设置其实是比较麻烦的,相比新浪通过网民的点击评价自动用程序整理出热帖来说,没有从受众的便捷角度做出考虑。不过搜狐即时评论中有一点做得很好,很突出,即在“全部跟帖”与“精华区”之外,还设置了“辩论区”,只要网民在发表言论时,勾选“设为辩论话题”,他

所发表的言论便会进入“辩论区”,如下面的截图所示:

此图下面则显示正反方的评论观点,甚至包括第三方的评论观点,都可在此发表并显示。从图中可看出,就像真正的一场拉力辩论赛一样,运用得好,将会是一个良好的公共平台,公众可以在上面发表各方观点,通过辩论,使真理越辩越明,并最终使真理从沙砾中淘出,代表真正的民意。

③ 在网易的即时网评中,在页头只显示“本评论共 * * 条,显示 * * 条”,而无其他设置,整个页面的排列分为两部分,上面部分为十条最热的“热门评论”,下面页面部分为“最新评论”,在排列上,稍显凌乱,如果按新浪那样分层、分页面选择性排列应该会更清晰一些。不过网易值得推崇的是,在每条即时网评右下角有“精华推荐”的按钮,点击后,按照操作,就可以将这条评论推荐转至网易 BBS 论坛的“网友跟帖精选”的版面内,同时在所推荐的即时网评中添加了评论的原主体新闻,并相应链接了与这条评论相关主题的议题,可点击后观看。可以说这种做法,无疑增加了新闻即时评论与 BBS 论坛中新闻评论的即时互动,可以对热门的网评进行双重的议题设置,增加讨论与点击率。

与此同时,网易还在可能会有观点争论的新闻下面,附上一个“新闻追问令”,作一个新闻观点的小调查,如下面的截图所示。

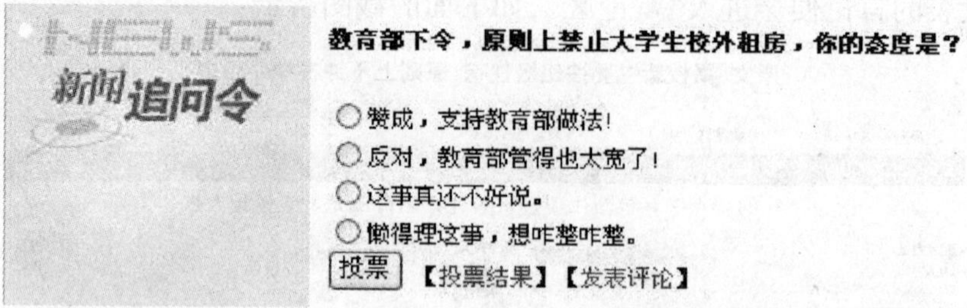

通过这样的调查,就可以最直接、最直观地看到大部分网民的意见,看到网络舆论的倾向,从而更客观全面地对事件进行分析认识。

④ 在腾讯的即时网评中,更是极大地发挥了网络作为公共平台的辩论性质。腾讯与新浪的设置一样都是三层页面,题头标有“原创评论”、“全部评论”、“精华评论”,网民选择性地点击层面去看。并且在“精华评论”设置中亦与新浪一样,都是通过网友的点评而由程序自动整理集合而成。同时腾讯极大地发挥了搜狐“辩论区”的设置功能,使每条即时网评右下角都有一个“PK Zone”的标记,点击进入之后,任何一条网评,无论是热帖还是冷帖都可成为一个辩论的观点平台,如下图所示:

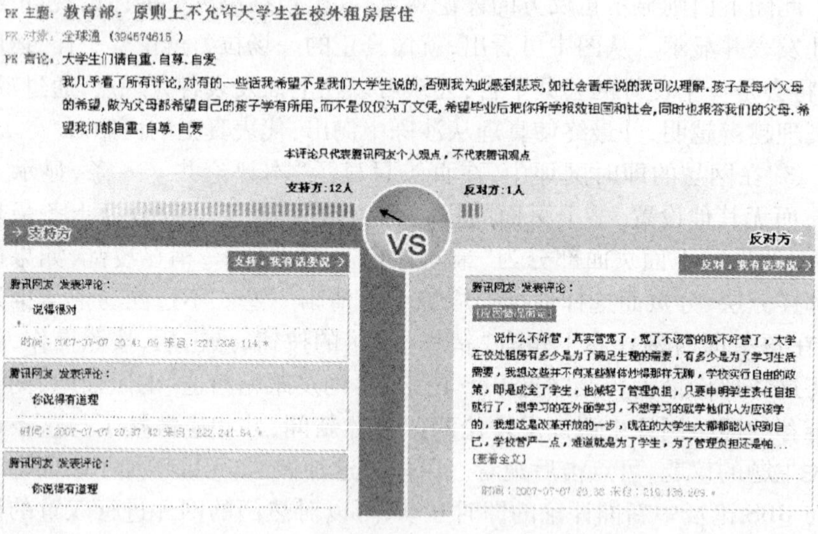

与此同时,腾迅在每条即时网评的右下角所设的“支持”、“反对”选项按钮中,鼠标放上去,下拉栏里会分别显示有“支持”下的具体评价:“精彩,一针见血”、“观点独到”、“说的很对”、“你说的有道理”,和“反对”下的具

体评价："乱七八糟说什么"、"你说的没道理"、"简直是胡说八道"的选项。可以说，非常具体、细微而非笼统地把各种评价意见都显示了出来，为网民想得很周全。

腾讯作为第三代门户网站，它的社会粘合度最高，在与网民的互动上做得最好。为了向第一门户发展，近期加大了对新闻的集纳、整合力度，同时在即时网评的结构设置中兼容并蓄地吸收了各家所长，使其新闻即时网评的人气越来越高，发展前景看好。

从以上宏观与微观的观察与分析描述中，我们大致对新闻即时跟帖的网评结构特征作了分析。从中可以看到，随着网络技术的发展以及网站间竞争压力的加大，商业网站间都在努力使新闻评论平台的设置更加贴近受众的使用，为建设更好的公众评论平台与意见市场而努力。而传统媒体网络版与网络自生媒体的表现则相对而言不尽如人意，应该仿照以上几个商业网站新闻网评的模式进行改造，取长补短，提升自己的竞争力。

二、新闻专题中的网评结构特点

根据业界人士对网络新闻专题的定义，认为网络新闻专题是深度报道的一种，它通常围绕某个重大的新闻事件或社会上存在的某种现象，在一定的时间跨度内，运用消息、特写、背景资料、分析、评论、新闻调查等多种新闻体裁，调用文字、图片、声音、视频图像等多种表现形式，并结合电子公告板等交互手段，通过特定的页面编排与栏目制作进行连续的、全方位的、深入的报道①。因此，可以说网络新闻专题具有传统媒体新闻专题所无法比拟的优势。在网络媒体日常运营中，遇有重大事件的报道任务，网络专题常常是需要首先考虑的项目。

在新闻专题的制作中，部分专题只是运用文字、图片、音视频、Flash、互动调查等多种表现形式对新闻进行集纳，而另有一部分专题则是围绕着一个话题、一个争议事件，借着对各种样式的新闻、各方观点的评论的集纳整合，而藉此形成一个议题设置，吸引网民浏览并发表意见性信息，加以评论。在这一小节里，我们将集中对这类话题新闻评论专题进行考察，以分析在它

① 苏蓉娟、陈斌：《网络新闻专题的发展与制作》，东方网，http://news.eastday.com/epublish/gb/paper139/102/class013900019/hwz1041536.htm。

的语境下的网评结构语言特点。

在话题类的新闻评论专题里，一般话题的设置都是围绕着近日的热点事件而展开。网站专题编辑先讨论决定选题，然后围绕选题确定编辑思路、设置专题构架，从各个角度全面地对此主题进行策划，再围绕自己的构架思路，或者进行原创型的新闻采集，或者从各种传统媒体、网络媒体中选择转载适用的消息、特写、背景资料、新闻调查等多种体裁的新闻、评论，用剪刀加浆糊的方式，串连自己的编者按，最终整合话题。网站新闻评论专题为网民作了深度的信息整理工作，而在过去，网民只有对同一新闻进行不同链接，辗转于不同的网页才能把握事件的来龙去脉。专题一站式地为网民呈现出事件的全面真相，方便其进行评论。

以下我们将以腾讯“今日话题”中的一期评论专题《杨丽娟 VS 媒体，谁更疯狂》[①]作为样本，展开对此语境下网评的结构语言分析。

（1）通过考察，从《杨丽娟 VS 媒体，谁更疯狂》这则话题类专题的整体构架来看，编辑将其分为六个版块分别阐述，从而结构话题。它们分别是：

① 抬头版块：在专题页面的第一部分，进行了话题基调的设置：《杨丽娟 VS 媒体，谁更疯狂》，并发表了专题编辑的言论思考，对目前事件发展的状况进行了概述，同时指出这一事件表面现象背后存在的问题，最后发人深省地指出：“在杨丽娟追星闹剧中，我们的个别媒体是否恪守了职业情操，是否客观地走进杨丽娟一家的心灵？还是在消费社会中同样地歇斯底里呢？”一句话点明了编者的评论倾向，引导网民们去思考问题所在。

如下面的截图所示：

① 《杨丽娟 VS 媒体，谁更疯狂》，腾讯网，http://view.news.qq.com/zt/2007/medium/index.htm#。

② 在专题的第二部分《媒体介入杨丽娟事件全回顾》中，对整个事件分为六幕进行了全面的回顾，包括第 1 幕最初报导、第 2 幕联合请愿、第 3 幕假戏真做、第 4 幕争做独家、第 5 幕阵营分化、第 6 幕见好就收（未完待续），分别从《新快报》、《兰州晨报》、《南方周末》、《北京青年报》等传统媒体链接了《解读杨丽娟事件：媒体导演的一场荒诞剧》、《女子痴迷刘德华引全国媒体关注 父亲向华仔请愿》、《杨丽娟获捐 20 万 媒体曾“接力”掏腰包》等文章。同时编辑在每幕的开始都用百字左右对事件进行了概括，使得事件的来龙去脉被一一呈现，令网民对事件进行了全面的审视把握，利于他们发表客观的评论。

③ 在专题的第三部分《争鸣：媒体究竟错了没有》中，编辑提供了三个角度：“如果媒体不关注那反而不正常”、“点到为止，媒体应学学刘德华”、“有多少人懂得杨丽娟的伤悲”，链接了三篇新闻与评论文章，并通过用百字文对各种观点的概括，而提供给网民以观点信息。

④ 在专题的第四部分《媒体的困境：向左走？向右走？》中，综合以上新闻事实的呈现、观点的呈现，在源于事件而高于事件的基础上，专题编辑在这个版块中通过“好新闻：职业与公德间的选择题”、“除了媒体还有谁该反思”两个议题的设置，启发人们通过事件，联系社会背景而进行对媒体的道德伦理与商业营利体制问题的深层思考，“向左走，是新闻的客观性，向右走，是新闻的倾向性；朝前一步，是商业利益的挟持和受众心理的绑架，退后一步，是伦理道德的限制和人类良知的拷问。面对新闻实践中的困境，媒体该如何做出选择？”最终发挥了专题本身通过对事实、观点的陈述而达到的倾向性评论效果。

⑤ 与此同时，在专题中的右页面，设置了“QQ 小调查”与“新闻传达与公德心”两个小版块。通过调查，设置具体的题目，引导网友就这一主题谈谈自己的看法，并通过网民对选项的选择和提交而综合得到网民对这一事件的看法与态度。而“新闻传达与公德心”则是链接了一篇《记者、媒体与人文精神》的评论文章，以给整个话题一个大背景的思考语境，在这个平台下继续深思媒体与记者是向左走还是向右走的问题。

⑥ 在整个评论专题的最后设置了网评的发言评论栏，此栏设置了滑块，往下拉可以看到网评中的热帖，其中呈现网民们的主要观点。

同时在每个版块的设置中，题目旁包括里面所链接的文章都显示了“我来说两句”的红色醒目标记。

可以说，新闻评论专题中的网评结构呈现为一种繁复多维的状态。第一层页面上的评论：包括编辑语言中所体现的意见倾向，每个版块话题设置旁边所显示的“我来说两句”的即时评论标记，页面最下的评论回复区与一些热帖评论的显示，还有评论专题作为整体所体现的评论倾向；第二层页面：版块设置中点击进链接的文章，这些文章中有部分是新闻评论的文章，分别从传统媒体、网媒转载而来，这部分评论文章通常的特点即为相对应的传统媒介新闻评论所具有的特点，在对观点频道的考察中我们将具体对这一特点作一概括陈述；第三层页面：对新闻或评论信息的即时跟帖评论，则呈现为一种线性的结构模式。

同时，在新闻评论专题中所体现的语言特点也分为两类：一类是专题编辑的语言以及所转载的评论文章的语言，这部分语言与报纸的编辑、评论员所使用的语言风格相差无几；另一类是网民即时评论中所体现的语言特点。对于前者我们将在下节展开论述，而对于后者将不再赘述。

第四节 观点频道中网评的结构语言特点

在网络时代，信息不再匮乏，而成一种泛滥之状。近年来，网络新闻竞争加剧，新闻信息大量涌现，但是当网民辗转于不同超链接的新闻时，却若有所失，那是因为网站上缺乏对新闻进行解读的信息。因此，近年各个新闻网站都在解读新闻方面下了功夫，以通过提供大量意见性信息而提升网站的总体新闻竞争力。这个时候，观点频道便诞生了。

BBS与即时跟帖中的网评也是一种意见性信息，但是相对于观点频道的集纳性与精品化论述，一方面它呈现为一种非常零散的状态，在众多理性、非理性，公正、非公正，或者灌水的言论中，金子与沙砾并存。同时它们的评论议题存在一个衰变期，当评论议题处于高潮期的时候，各样评论洪水一样涌来，但是议题处于衰变期后，却仿佛春梦了无痕，没有了踪影。当新帖、新的热点新闻上来的时候,网民的视线、注意力就发生了变更,而转向了新的焦点。这样,以前的很多评论便被新议题不断推后,被挤到了仓库,甚至变成了垃圾。伴随之,那些耀人眼目、曾给人启迪的精品网评也一同消逝。另一方面是因为BBS与即时跟帖中网民的言论不好控制,容易出现情绪化、非理性的言语暴力,使网络舆论一定程度上处于亚健康的状态。

因此,观点频道的出现,即是为了弥补以上在BBS与即时新闻网评中存在的缺陷。一方面观点频道作为对新闻评论、观点的集纳地,可以更好地将精品的网评遴选出来,作一留存,不仅保证了频道内网评的质量,而且形成了一个巨大数据库,供以后调用,让思想的脉络能够存留下来,也让受众花更少的时间而一览无余地了解到近期的热点、观点动态,进行一站式的意见信息浏览,全面把握网络舆论;另一方面是希望通过对意见信息的把关、遴选,以专家、评论员的权威评论为引导,而对舆论进行整合,使它朝着良性方向发展,以便于控制舆论。譬如,2005年上半年,针对日本右翼势力抬头,先后参拜靖国神社,修改历史教科书一事,各地网民利用互联网与手机短信发起民众涉日游行活动,一时间,社会治安与秩序受到了一定的影响,当时人民网评论员丁刚便适时地发表了一篇时评:《我们怎样表达爱国热情》,倡议人们能够从维护国家和民族利益的大局出发,在表达义愤的同时更需要理性思考,以激情加理性的方式去表达爱国热情,而不是一味的宣泄,用狂热无序的举动去抗议。这篇时评在人民网观点频道发表后,先后被各大网站转载,一定程度上起到了对当时民间与网络舆论的引导作用。

可以说,在观点频道中,网评的结构语言特点出现了不同以往的新情况,那么在这一节里,我们将着手对观点频道中的网络新闻评论的结构语言特点作一分析。

一、观点频道:集合新闻评论的大厅

如果说BBS像是一个狂欢广场,网民们在其间戴着假面面具,拿着小喇叭在广场的各个角落里辗转,自由而无所顾忌地随意宣讲的话,新闻即时评论不过是这个信息广场上区隔的几平米空间,但是里外通亮透明,在每个独立的空间里,网民们甚至连马甲和ID都不用,直接以网友的身份匿名发表言论即可,在其间每个人都可随意发言,言论根据发表的时间而排列,只言片语、激扬文字;而相比较,观点频道则类如一个大厅,主题是新闻评论,在这里,每个人都可以来浏览、点击、观看,但这里却不是一个可以随意发表言论的地方,这里有主持人,即许多编辑对所有的评论文章进行把关。设置相应栏目、版块,并根据各栏目、版块的性质,将精品评论文章经过编辑遴选后放进去,评论的基调主要由编辑设定,整体的风格比较严肃、正式。因此在这个大厅里,评论文章就不能只是随性而写,而是不仅要遵循文法、结构的一定规范去写作,而且要符合网站所倡导的舆论导向,评论文章不能过于情绪化,要有一定的理性思考作支撑。在大厅里,网民虽然可以就评论发表即时评论,甚至参加观点间的争鸣、辩论,但是它已不是BBS与新闻即时跟帖中评论的主角了,而只以配角的面目出现。

现在几乎每一个大的网站都设立了观点频道,比较有代表性的有:人民网的"观点频道",新华网的"新华网评",东方网的"东方评论",千龙网的"千龙评论",新浪网的"每日评论",搜狐网的"日月谈",它们分别是传统新闻媒体、网络自生新闻媒体、商业门户三类网站的意见信息平台。其中,每个意见信息平台在栏目、版块设置上都各有差异,但是相通点则是集纳性地将传统媒体新闻评论、编辑评论员评论、专家评论与网民评论的精华帖呈现于同一个频道平台上,像一个小型的评论网站,使网民们不用在网络拓扑式的结点上反复搜寻、移转,就可以一站式地寻找到近期内重点热点事件的意见信息,并在这个平台上,结合相对权威的评论信息,而形成自己对一个事件较理性客观的观点意见。

通观这些观点评论频道,可以看到,隶属于不同实体的各个评论频道在栏目与版块结构、内容设置中大致有以下特色:(1) 在评论内容上,涵盖了各类国内国际时评,包括政治、经济、时事、文化、娱乐、体育等评论;(2) 在评论主体上,有转载的传统新闻媒体、不同网媒的评论,有网站特邀专家、评论员的评论,有编辑对新闻的点题,有网民的来稿评论或是网民发表的精品帖;(3) 从评论的承载介质来看,有文字评论,有图片评论,也有漫画评论,并以文字评论为主;(4) 从评论的样式设置看,有单一文本的评论,有编辑进行点题,集中各方观点的评论样式,有观点争锋,进行辩论区的设置,有网上民意调查等;(5) 部分观点频道,如人民网与新华网每周有言论周刊,集合一周的主要言论,作为存档。并不定期地设有评论集或者评论专题,同时为方便网民的查阅浏览,人民网观点频道还设有观点频道每日导读。

以上是对不同网站实体评论频道的大致勾勒,从对这些有代表性的评论频道的仔细观察中可以看到,背靠传统媒体的观点频道,如人民网"观点频道”、新华网“新华网评”都做得相当出彩，而纯粹网络自生媒体，如“千龙评论”与“东方评论”则表现平平，无论资源、内容还是点击、回帖率都不佳，人气很淡。

同时，在整合集纳性的意见信息方面，传统媒体因为资源实力庞大，无论从内容、栏目设置、观点争鸣、人气上都要远比商业网站要好很多。相比较而言，商业网站的观点频道受制于评论资源的缺乏，并不像它的新闻那样做得那么好。比如新浪的“每日评论”与搜狐的“日月谈”，整个频道综合从首页和第二层页面来看内容都略显单薄。大部分的内容都是转载各方媒体观点，除了网站的评论员的文章外，并没有自己原创性的信息，并且这些原创性的信息都源于签约评论员所在新浪或搜狐的博客，当点击页面上时事评论员的名字时，相应进入的却都是这些评论员的博客，博客内的内容又相当芜杂，除了时事文章之外还有其他的文章，没有实际指向性，因此并不便于网民去观看。而这一现象在人民网与新华网的观点频道则不会出现，在这两个网站中，新闻评论信息极其多样、具有多角度、多思维、多立场的特点。不仅转载信息多，原创新闻亦非常之多，包括专家、特约评论员的评论文集，热心网民的投稿和网民们的网上评论文集。同时网站指导思想明确，编辑思路清晰，整体网页显得厚重、大气，具有理性与建设性。

在对各网站实体的新闻评论频道做了大致考察后，以下我们将选择人民网的“观点频道”与新华网的“新华网评”作为个案样本，对具集纳性观点频道语境下的网络新闻评论的结构语言特点作一深入分析。

二、“人民观点”、“新华网评”语境下网评结构语言特点

在这一小节里，我们将以“人民观点”与“新华网评”为平台，从宏观与微观两个角度对两个观点频道的网评结构语言特点进行考察。即从外层面与内层面二个视域对其网评的结构语言特点进行观察。外层面，将从频道整体的页面、版块栏目的结构设置入手，从宏观角度分别比较描述两个观点频道网评结构语言特点，并作一总结；内层面，则是从微观角度入手，对观点频道内不同新闻评论主体(包括转载的传统新闻媒体评论，特邀专家评论，编辑、评论员的评论，网民评论）的网评文章的内在结构语言特点作一分析。

1. 从宏观角度考察观点频道外层面的网评结构语言特点

“人民观点”与“新华网评”的网页与版块、栏目设置稍有不同，我们做一比较。

从网页布局结构来看，“人民观点”的导读页的版面布局比“新华网评”的版面布局稍为复杂，类似门型布局。导读菜单在页面的最上端横向排列，有三栏类别设置，如下图：

第一栏的内容需点击链接才在第二页面中呈现，这一栏内容主要为编辑的推荐，其中“评论员文集”、“网友文集”为常设，“每月三甲”、“投稿信箱”为传受交流，“和谐社会”、“文明办网”、“廉政网谈”、“荣辱观”则为观点频道根据宣传任务而做的专题。

后两栏设有的栏目内容，包括：人民时评、网友拍案、评论靶子、图说世象、周刊、点题、时政、科教、国际、人民日报言论库、网友说话、学者新论、今日话题、报系言论、集粹、热评、社会、文化、经济、新闻评论名专栏，在首页主页面部分都依版块作了布局。主页面大致分成三排竖栏，因为内容很多，以上版块都聚集安排于其间，致使“人民观点”导读页面总体较长，使用鼠标滑块需滑动三次才到页底，整个页面内容相当丰富和庞杂。

而“新华网评”的导读页的版面布局比“人民观点”的版面布局要简单得多，为竖排三栏布局，导读菜单栏在最左面，中间一栏为主要版面，放置关键原创评论信息，整页主要为横向扩展，浏览视线安排从左往右。下拉只需使用鼠标滑块滑动二次即可到页底，整个网页排版方式显得既理性、富有条理，又活泼而富有弹性，使网民浏览起来比较轻松。

同时“新华网评”导读菜单上设置的版块栏目有：专栏作者、原创评论、媒体时评、留言排行、看图说事、一言集、正方反方、观点争鸣、时政 · 经济、国际 · 社会、科教 · 文体、网评 1 + 1、观点集纳。仔细考察这些栏目的设置，可以看到栏目间内容的区隔性较大，不至于重复。可以说，“新华网评”相比“人民观点”，无论在内容设置还是网页设置上都显得更富有逻辑，清楚明朗一些。

通过对具体栏目设置的考察，会发现各观点频道的特点：

(1)“人民观点”主打的评论文章主要都是传统纸质媒体的评论文章，包括《人民日报》系的言论观点与国内重要报纸，如《人民日报》、《广州日报》、《南方日报》、《中国青年报》、《华商报》等的言论观点，可以说对舆论具有很强的引导性；而“新华网评”因背靠新华社，有巨大的人才储备资源，因此主打的评论文章除了传统媒体的新闻评论外，更多的则是网站评论员与网友中比较精品的评论文章。通过对“新华网评”专栏作者的统计，可以看到“新华网评”共有特约评论员 84 人，网友评论员 200 人，原创新闻评论的队伍非常强大。而“人民观点”仅有特约评论员 34 人，网友评论员 35 人。

(2)“人民观点”与“新华网评”除了对传统新闻评论文章转载、刊用评论员、网友的言论文章之外，还非常重视编辑的议题设置作用。在现象问题上，编辑经常在频道首页中定期设置主题征稿与讨论话题，大致按“编者按/新闻由头 + 媒体报道链接 + 编辑点题”的方式，引起网民对话题的关注与重视。之后从所设置的议题中选择受到广泛关注的主题，将征集来的评论稿件遴选出集，或综合不同立场，将议题设为论辩题目，再次展开讨论；对于热点事件，编辑则集合各方观点，大致按“编者按/新闻由头 + 各方观点(正方、反方、第三方)/评论主体(媒体言论、专家言论、网民言论) + 新闻点题”的方式来引导网民对议题的讨论。

同时，在编辑的议题设置下，两个观点频道中还常设有正反方辩论、争鸣、评论靶子等栏目，通过这样的设置，众人参与讨论，可以将频道建设成为一个公共平台，让各方意见在频道版块里流通，成为一个意见市场，最终使问题愈辩愈明，让真理得以胜出。

因此，从整体来看，编辑作为议题设置者的参与，集中针对事件、现象、问题设置议题，可以使 BBS 与新闻即时跟帖中零星散乱的观点聚于一地，并在编辑的把关引导下去参与有质量的讨论，最终将思考引向深化，而不是流于表面。在这一方面，使显示出观点频道在整合解读新闻、集纳观点方面的优势来。

(3)两个观点频道都设有“网上民意调查”，这种调查形式普遍在各个评论频道都存在，并多数以两种形式进行。一种是在页面上针对一些现象进行调查，如“人民观点”对见义勇为行为所作的“民间调查”；另一种则是在话题或讨论事件内，针对一些具体问题做出的小调查，通常为 2—3 个小问题。这样一种网上民意调查形式，虽然小，但可方便评论员在做评论之前对具体事件、现象的民意情况有个基本掌握，并对调查结果做出自己的分析，以数据为依托作出更具说服力的评论来。

下图即是人民网关于“见义勇为行为”所作的小调查中一个题项的统计结果：

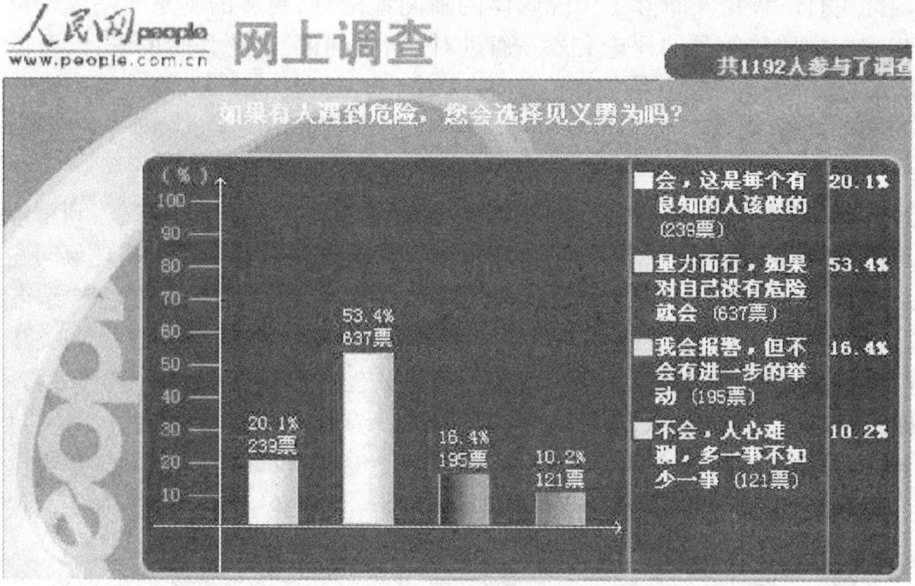

（4）“人民观点”对评论信息的集纳做得比较好。每日有“每日观点集粹”，由编辑次第将前日新闻评论中对最热门事件的媒体评论集粹而成；并每周编辑推出“人民观点周刊”，将一周内的热点评论集纳整合其中，类如一本小型的新闻评论周刊，成为观点、民声、民意的集散地。同时通过将过期的精品新闻评论整合在一起，使其作为一份整理过的新闻评论资料存档，保留了新闻纪录时代过程中思想的脉络。

而“新华网评”在网民的参与性上比“人民观点”要表现得更好，人气综合指数较高。综其原因，主要是因为“人民观点”延续了《人民日报》作为第一大报的权威性，作为党的喉舌在网络上的延伸，人民网在对舆论的引导与控制上更严格。它在更重视传统媒体言论观点的同时，在网民针对评论的留言上，仍旧要经过编辑的审查才能通过，致使网民参与评论的热情降低，逐渐成为只看不发言的看客，长期以来，使人民网的参与性、人气降低。这体现在“人民观点”的话题讨论中，网民留言较少，这样自然达不到预设的舆论效果。而在“新华网评”上对评论文章发表观点则是即时可见的，网民的参与性则自然较高。

其实从两个观点频道的受众水平、层次来看，二者都拥有一群较高素质的网民。这些网友以在科研、教育事业单位和党政管理机关工作的人最多，同时从学历上看，大专以上学历的比例非常之高。从中可看到，与中国整体的网民构成相比，二者的受众集中在文化水平较高、具有一定社会地位的人群中。而从无把关的“新华网评”的留言来看，那些网民的评论质量普遍还是比较高的，情绪性的言语较少，字数也较一般的评论留言要多，并且更具思想，富有理性与建设性。因此，从这方面来说，“人民观点”在网友参与性评论的发表上，没有必要控制得那么紧，可以尝试使用电子程序把关或者实行事后审查制。只有这样，才能调动各个阶层民众的参与，更好地进行议题设置，在公共平台上进行平等的意见交流讨论，形成意见市场，也在这一过程中，提升自己频道的人气。

2. 从微观角度分析观点频道中不同新闻评论主体网评文章的具体结构语言

观点频道内网评文章评论主体的划分主要有以下几种：

媒体评论。即频道内所转载的包括传统新闻媒体评论和网上自生新闻媒体的评论。这些转载的评论大都出自于各报、各网媒专业记者、编辑与评论员之手，相对规范与专业，并且代表着媒体自身对新闻事件的立场和观点。

编辑、评论员评论。即网站的编辑、记者或特约评论员所撰写的评论文章，代表着本网站对新闻事件的立场和观点，同时也体现着评论者本人的思考。

专家评论。专家评论是网站邀请有关专家学者就某个新闻事件从自己的专业角度所发表的评论。专家评论既可以由专家本人撰写，也可以是记者对专家的采访，并以对话访谈形式结文。

网民评论。在观点频道中，网民评论分为网民评论文章与对新闻、评论、话题的即时留言简短评论。前者比较正式，后者则具有一定的随意性与自由性。一般来说，观点频道中，网民评论主要指的是网民所写的大块评论文章。

在观点频道中，以上四类网评文章基本上都是以文字为传播介质，因此自然有着一些共同属性，呈现出书面语与口语交杂的形式，与此同时，因为隶属于不同评论主体，不同类的网评文章在结构语言上亦存在着一定差异，下面我们将分别进行阐述分析。

（1）观点频道中转载的媒体评论的结构语言特点：

这些转载的媒体评论，从纸质媒体搬到网络上，其结构、语言特点并没有发生太多的变化，只不过是自身的印刷体在网络上的比特化。严格来说，这些转载的媒体评论并不是纯粹的网络新闻评论。但是由于网络自生媒体的缺少，政策与资源的受限，各网站都在通过大量地转载而尽可能地丰富自身的信息资源量。

以下我们将以“人民观点”的“报系言论”转载的2007年6月26日《人民日报》的一篇评论文章为例，对其评论的结构语言特点作一分析。以通过分析对传统纸质媒体新闻评论结构的语言特点作一个综合的把握，并以此为参照，比较其他评论主体网评文章的结构语言特点。

人民日报：政绩的有形和无形

南　木

一项统计数据表明，目前全国已建成污水处理厂800多座，但完全没有投入运作的“晒太阳工程”占1/3；半停半开、需要时做做样子，不需要时就歇着的“半拉子工程”又占1/3。

之所以有这么多“晒太阳工程”、“半拉子工程”，一个主要原因是，各地污水处理厂建好了，但截污管网没有铺，或者只是象征性铺了一部分。因此，很多城市出现了一个奇怪的现象：一边是肮脏的污水肆无忌惮地泻往江河湖海，一边是污水处理厂“嗷嗷待哺”、收集不到污水。

为何有些地区热衷建污水处理厂却不愿建截污管网？答案是“不正确的政绩观作怪”。有的地方管理者认为，建污水处理厂是“地面工程”，看得见摸得着，是“政绩”；铺截污管网是“地下工程”，涉及征地拆迁，工程量大、投入多、周期长，短时期内见不到成效，难以显示“政绩”。如此一来，“晒太阳工程”层出不穷也就不足为怪了。

领导干部都希望自己有政绩，但如何创造政绩？则大有讲究。有人把政绩等同GDP，为了GDP不顾一切，不惜牺牲环境、社会的公平与正义，以至于“数字游戏”、“注水数据”接连不断；有人热衷于搞“形象工程”、“标志性建筑”，认为这就是政绩，结果是“最大的广场”、“最高的喷泉”、“最豪华的会展中心”遍地开花。如今，只谈GDP这一招已不灵，“形象工程”受到批评，一些人又开始打着“绿色GDP”、“循环经济”等幌子，进行种种有名无实的“形象工程”。

“政绩”是什么？政绩就是为人民谋福利、对社会做贡献。立党为公，执政为民。我们党的宗旨是为人民服务，我们的干部必须牢记“权为民所用、情为民所系、利为民所谋”，把群众关心的难点当作我们工作的重点。“政绩”，常常是有形的，有时也是无形的。实实在在地为民办实事、做好事，让老百姓切实享受改革发展的成果，是政绩；着眼于科学、长远发展，其经济、社会效益或许一时难以看见，但是符合科学发展观的要求，有利于推动社会整体进步，也是政绩。总之，一切以维护党和人民的根本利益为依归，就是科学、全面的政绩观。

如何树立和落实全面的政绩观？番禺的实践做出了很好的回答——既要考虑当前的利益，也要考虑长远利益；既要重视局部效益，也要重视整体发展；既要算清经济账，也算好社会责任账。番禺区委一位领导说得好：“我们现在所做的一切，都是基础性工作，虽然不可能在短期内见效，但为了全区未来发展、人民整体利益，这些工作一天也不能耽搁。”

无论是有形的政绩，还是无形的政绩，最重要的是踏实干事，而不是自我炫耀。“天地之间有杆秤，那秤砣就是老百姓。”为官一任，政绩如何，老百姓心里清清楚楚。“晒太阳工程”、“面子工程”、“形象工程”，只能劳民伤财，决不是我们共产党人所要追求的政绩。相反，只要是把党和人民的利益摆在首位、为了群众利益而兢兢业业地干事业，就是最好的政绩。

在这篇新闻评论中，报纸评论员围绕污水处理厂污水处理设备只是放在一边装点门面，摆着不用，而造成大量污水污染江河的事件，抨击了一些省市领导干部的政绩工程、形象工程，并提出问题：如何树立和落实全面的政绩观？提醒相关干部在做事时，要将党和人民的利益摆在首位。

从这则新闻评论中，我们可以看到转载于报纸的新闻评论的结构语言特点为：① 鉴于印刷媒体的可保存性，新闻评论在观点、论证、遣词造句方面比较严谨、精确，经得起推敲；② 从语体方面讲，报纸新闻评论为政论语体，准确、简明、富有哲理是它的语体风格；③ 在结构文章时，通常讲求说理艺术、论述的方法，表现为分析论证时采用恰当有力的材料和论证方法，要求论点正确，论据充分，论证严密，以增强评论的说服力与感染力；④ 评论不仅要求立意新颖、论述精当，而且要文采斐然，在有限的篇幅中，靠独特见解吸引读者。

同时,在对其他转载而来的评论文章的考察中,笔者发现,近年随着受众观念的改变,新闻评论观念也发生了变化。以往政治与意识形态色彩较浓厚的社论、评论员文章越来越少了,而各种题材的小块言论多了起来,这些言论不仅内容涉及到社会生活方方面面,言论的选题也逐渐生活化、大众化,行文在表达上也加入了更多的人文关怀。

但是究其实质,报纸的新闻评论一定程度上代表着媒体的观点立场,因此还是以严肃与思想性著称,有着严格的写作规范。其结构与语言讲究概念、判断、推理的逻辑性,论辩较周密,能够提供深刻而细致的分析和言简意赅的论述,因此而具有着公信力。

(2) 观点频道中编辑、评论员的网评结构语言特点:

观点频道中的编辑更多地扮演着设置议题、进行把关的角色,而不是进行新闻评论。不过与传统媒体中的编辑角色不相一致的是,在网评中,编辑除了偶尔对评论文章加编者按、编后语外,还要设置讨论话题、引导网民对话题进行辩论。那么这个时候,编辑在串联新闻评论文章的时候,时常在多个评论文章前加上导引词,即编前语,而对新闻事件做出概述。同时在最后的点题中,用很多问句的形式,引发网民去思考,表达自己的观点。比如,2006 年 11 月 9 日“人民观点”“点题”中《新一代独生子女咋被养得像宠物?》这篇话题讨论里,编辑便在介绍了新闻,链接各方报道、观点文章之后,作了如下点题:“教育界人士的担心并非杞人忧天,新一代独生子女在成长过程中暴露出的问题确实值得我们深思。家长、学校和社会应该怎样培育新一代独生子女成长?新一代独生子女如何才能更具有感恩之心、责任之心?欢迎网友参与我们的话题讨论。”

可以看到,这样的编后语和点题,在传统报纸上是比较少的,因为报纸作为印刷媒体,它的互动性很差,接受反馈的能力和效度都不高,鉴于此,报纸的编辑很少这样做出编后语进行点题,而让读者争先发表意见。而网络则不同,网络最大的特点就在于它的交互性,在于传者与受者间的互动,能在信息发布后便捷地接收到反馈。因此,编辑这样带有启发性、问题式、无定性的点题方式在观点频道上非常多。

从“人民观点”与“新华网评”来看,观点频道中的评论员是不隶属于网站人员编制的,只是按投稿量与稿的质量给予一定的稿费。这些评论员,大部分是曾经或者仍旧在传播媒体工作的记者、编辑,而另一部分则为一些关心时事的自由撰稿人,他们也多在媒体工作过。因此评论员的专业背景决定了所写的评论文章与一般的报纸评论文章相差无几，体现为客观、准确、公正性。区别只是网上的评论员文章要结合网络传受的特点，更加注重民间的声音，注重对网络民意的把握，以更平民的视角和人文的情怀来对社会生活、社会价值观做深层次的关注与思考；同时不能泛泛而谈，而需据事分析，缘事而议，选择一个独特的视角，在分析中形成自己的观点和结论。通过对评论员文章的选读，可以看到这些文章最突出的特色为：一是立论贴近生活，敢于针对社会热点问题进行激浊扬清、释疑解惑的论释；二是说理平和、语言生动，用词造句更具亲和力，使网民在平等的关系下更乐于接受其观点并从中获益。

(3) 观点频道中专家评论的网评结构语言特点：

可以说，加入到新闻评论写作的专家学者中，学科涵盖面非常广阔，既有从事新闻教学、研究的专家学者，也有从事人文社会科学与自然科学研究的专家学者。相比较于网站评论员的文章，专家学者所写的评论文章最大的特色在于它的专业性与思想性。这些专家往往知识功底深厚，对本领域内的现象和问题吃得很透，对有关专业问题的评论自然很上手。

记者、编辑作为杂家，终究对许多领域只是三脚猫的功夫，当需要对一个专业背景深厚的新闻事件作评论的时候往往就吃不消，那么这个时候专家的评论就很重要。比如在对一条司法新闻事件进行评论的时候，可能法学家从自身学科背景做的评论就更具权威性。在对"是否是中医害死了陈晓旭"的观点讨论中，具有医学背景的专家的评论就可得到网民更多的青睐。

一般来说，专家评论的语言特色为：更客观，具学理性，大部分文章是从专业理论出发对事件的综合与分析，文章中会出现很多专业术语；逻辑思辨较清楚，可给网民讨论提供更宏观的背景，带有一定的权威性；同时因没有从事媒体工作的经验，评论文章类似学术评论，往往字数较长，放言纵论。同时评论方式也因各人的学科和专业背景而有所不同。

(4) 观点频道中网民评论的结构语言特点：

在观点频道中，网民评论分为网民评论文章与对新闻、评论、话题的即时留言简短评论。以下我们将简略地参照其他新闻评论主体网评的特点作一分析。

一般来说，相比中国整体的网民构成，观点频道上的网民受众水平、层次都较高，多数在党政管理机关、科研教育事业单位工作，都比较关心时事政治，年龄以中青年为主，因此频道内的网民即时评论都相对来说比较理性，富有建设性。同时因为观点频道大部分话题比较严肃，多为时事硬新闻，参与评论的人也比较少，因此相对于商业网站新闻即时跟帖与BBS上的网民评论来说，这里的网民即时评论更呈现出书面语的特点，字数多在百字以上，是有考虑后的发言，组织用语较有逻辑性，大部分都比较有思想和启发性，互相拍砖、对骂的情况很少，至多是比较客气的商讨。

在观点频道中，网民的网评文章是频道除了媒体评论、评论员评论之外的重要支撑，也是最大限度地体现人民的意见观点的一种形式。各观点频道基本上都设有网民评论的栏目，例如“人民观点”的“网友文集”、“网友拍案”、“网友说话”，“新华网评”的“网友文集”、“原创评论”。一般来说，频道内的网民的网评文章要求都比较严格，首先需要编辑就话题征稿，然后网民按照编辑所要求的规范写作完毕后，经编辑审评通过才可发表，因此质量是有保证的。而当网民发表了几篇网评后，观点频道会自动给网友形成一个网友文集。

因此，相比较在第一节里我们对BBS里网友精品新闻评论帖语言特点的分析，在BBS语境下，把关人是自己，只要在不违背BBS对发帖的最底限规定，发什么样的新闻评论都可以，不需要太多规范，跳出了传统新闻评论写作所要求的一些固定模式，论点、论据、论证这些束缚都不用太多考虑，只要缘事而议，据事分析，开门见山把事情说明白说清楚，鲜明地表明自己的立场、观点并形成结论就可以了。但是因为观点频道中编辑的存在，有一定的把关要求，文章必须符合新闻评论的基本要求才可以发表。这些基本要求首先需要满足时效性，必须是对新近发生的新闻事件的分析与评论，同时整体文章有严格的字数规定，一千字左右，还要求言之成理，有一定的分量，显得大气、成熟。同时网评即使通过了，编辑也要进行一定的修改。

在这样的条件下，通观网民的评论，可以发现其结构语言特点为：① 网友更注重在观点、论证、遣词造句方面的严谨精确性；② 在结构文章时，讲求说理艺术、论述的方法，保证论点正确，论据充分，论证严密，以增强评论的说服力与感染力；③ 选题立论贴近生活，言之有物；敢于针对社会热点问题进行激浊扬清、释疑解惑的论述；④ 说理语言生动，更具网民的代表性，注重民间的声音，追求思想的原创性，对新闻事件、社会现象的解读和评说，更讲究独特的视角和新鲜的观点；⑤ 倾注更多人文关怀，由于大量的平民百姓参加到评论队伍中来并以平民的视角来解读社会百态，新闻评论的人文关怀色彩愈来愈浓。可以说,以人文情怀、人文精神来观照世事人生,由此而对社会生活、社会心理、社会价值观作深层次的关注与思考,已成为新闻评论的一个重要取向。

第五节 博客、播客平台上的网评结构语言特点

一、博客、播客:网络评论的新平台

随着计算机与互联网技术的不断发展,2005 年中国互联网传播进入 Web2.0 阶段。Web2.0 作为互联网的第二代服务,是相对于 Web1.0 的新的一代互联网应用的统称,它既包括互联网底层技术的变革,也指互联网应用层面的新变化,其中,博客、播客、维基、RSS(简易聚合)、SNS(社会网络)是 Web2.0 技术的主要应用平台。

从本质上来说,Web2.0 是互联网一次理念和思想体系的升级换代,它的最大特点在于削减中心服务器地位,使中心权力分散,在底层结构重新分权。通过将互联网的主导权由少数资源控制者的手中交还给个人——大量的网络用户,而充分发掘个人用户的智慧与创造力。同时 Web2.0 是一个零技术、零编辑、零壁垒的技术平台,使每个用户可以在拥有生产内容的便利平台之上,参与到互联网内容生产的体系中来,形成从下而上的草根传播态势,并依靠互联网拓扑式的结构,将传播内容随各个结点散开,在真正实现网络去中心化特性的同时,最大程度发挥网络中各个结点的交互性,使得互联网的创造力上升到新的量级,而达到一个网络传播的全民共振效果。

在这样一种平台下,Web2.0 带来的是互联网个人信息节点的爆炸态增长,这其中以博客、播客为代表。1998 年德拉吉通过博客首先揭露了克林顿的性丑闻,让世界第一次真正感受到了博客的力量。2003 年王吉鹏发表在博客中国上要求清除互联网黄毒的一系列文章,直接推动了全国上下

互联网扫黄运动的开展,同时"木子美"事件亦掀起声势浩大的网络评论,这两个事件使得博客这一网络传播途径为大众所瞩目,在国内第一次让博客的概念得到了普及。之后2005年新浪网发力,一系列名人纷纷开博,又借"韩白之争"引来了网络的口水之战。自此,博客在中国网络上风声水起,几乎抢尽了所有网站的风头,中国网民们也纷纷建立起自己的网络日志,来记录自己的见闻和观点。

据中国互联网络中心《2006年中国博客调查报告》显示,2002年以来,博客在中国大陆增长了30多倍,截至2006年8月底,中国的博客作者(blogger)达到1 748.5万人,其中活跃博客作者769.4万;博客空间量达到3 374.7万个,人均注册博客空间1.93个;中国网民中,超过60%的人浏览过博客,博客读者达到7 556.5万人,其中,经常阅读博客的活跃读者5 470.9万人。①

而与此同时,这两年由于宽带用户的增加,网络流媒体技术的成熟,播客的发展也势如破竹。据菠萝网在2007年1月发布的《菠萝网中文播客现状报告》②显示,现有的播客网站在用户及节目数量上有飞快的发展,节目数量在过去几个月翻了几番,而且每天新用户数量仍然在加速增长,如其所称,播客的节目数量每天都在以成百上千的速度递增。胡戈创作的视频片《一个馒头引发的血案》之后,紧接着便是张钰的"性交易录像"在优酷网上的曝光,两三天之内便有836万人次浏览,相关评论达到7 000多条,并立刻成为网上舆论焦点。"海艺事件"的辱师视频更是使"网络通缉令"再出江湖,一时间网络上群情激昂,视频、报道、评论又再次成为传统媒体、各大论坛、新型社区和个人博客、播客的评论焦点。

可以说,借助Web2.0的技术平台,现在的整个传媒景观发生了变化,每个人都可以不经别人把关在自己的博客、播客等平台上记录自己看到的新闻,发表自己对新闻事件的看法,一个"自媒体"的时代已经到来。在"全民记者"、"全民博客"、"全民播客"的新景观下,人人都是爆料王,又都是评论员,也都是"监察员",不仅逐渐成为其他传媒与网上新闻媒体的信息来源,同时也以多数的个人化的声音攻占了传统公众新闻评论的阵地,使网络

---

① 《菠萝网中文播客现状报告》,菠萝网2007年1月,http://www.podlook.com/2007_1_Public_Podlook.pdf。

② 中国互联网络中心:《2006年中国博客调查报告》,2006年,第5页。

新闻评论的样式发生了一系列的变化。

今天,当我们在搜索引擎上对某个热门新闻事件的评论进行搜索的时候,可以看到,除了转载的传统媒介新闻评论、网站评论员文章、网民 BBS 评论、新闻即时跟帖评论之外,自媒体包括博客、播客与新型社会网络中的自创性新闻评论已开始占据大半江山。在新的传播景观下,网络新闻评论一定程度上已进入了个人新闻评论众声喧哗的时代。

而博客、播客作为自媒体给网络新闻评论提供了全新的舞台,在这个平台里,没有编辑、没有版主,网民自己就是自己的把关人,作品从录入到发布都是由网民自己管理。在这样的一个高度自由开放和个性化的言论空间里,网民作为"新数字时代民主社会"的公民,每一个个体都有可能通过自己对新闻事件的评论,彰显自己的观点,并在与网络上无数个结点的意见交流、聚合中,放大个体的声音和能量,去影响公众舆论,对事件的发展过程进行追踪或者改写。

在具体的传播过程中,又是怎样一种情形呢?

具体来说,博客与播客在对新闻事件评论的传播中,使用的介质、表现的形式是不同的。博客作为文本日志,更多的是通过文字、图片来对信息进行传播,而播客的传播,则是音频与视频信息的传播。因此二者传播符号、介质的不同必然使评论的样式有所差别,以下我们将分别给予论述。

二、博客平台上的网评结构语言特点

相比 BBS 的广场性质,blog 更像一所私家住宅里的一间大客厅,博主,即所属用户是这间客厅的主人。这是一个私有性较强的平台,面向的是个人和朋友或具有共同目标的群组。在这里,博主将他的思想观点、生活心情经过文字的梳理与遴选后展示于上。因此在"客厅"里,用户自己就是自己的把关人和主人,不仅可以管理自己的日志,还具有管理别人留言与评论的权利。同时在这个客厅里,博主还可以邀请自己的朋友共同参与,通过"友情链接"和"圈子"来开展属于自己私人圈子的"社交"。

在这个背景下,我们从两个层面(评论日志与对日志的评论)来考察博客语境下的网评的结构与语言。

1. 评论日志的结构语言特点

方兴东在《博客:e 时代盗火者》一书中对"何为博客?"做了定义与解

释，他认为，“如果把论坛（BBS）比喻为开放的广场，那么博客就是你的开放的私人房间。可以充分利用超文本链接、网络互动、动态更新的特点，在你‘不停息的网上航行’中，精选并链接全球互联网中最有价值的信息、知识与资源；也可以将你个人工作过程、生活故事、思想历程、闪现的灵感等及时记录和发布，发挥您个人无限的表达力；更可以以文会友，结识和汇聚朋友，进行深度交流沟通”①，因此，可以看到，博客上的文章一般来说，既可以包括对别人的文章即有价值的信息、知识、资源的转载，亦可以是自己原创性的思想、生活记录。那么相对而言，作为博主的评论日志也大体是分为两类的，一类是转载他处的评论，一类是自己原创的评论。

作为转载他处的评论，一般来说，转载的评论文章包括：传统媒体评论、评论员与专家评论、网民评论、或者是 BBS 上的一些网民言论。这些评论形态的结构语言特点我们在前几个小节都已经有所涉及，并作了比较，在这里就不再作为主体而研究了。

而作为博主原创的评论，在博客的语境平台上，有以下两种突出的倾向：

一种是相比于 BBS 总体所显现的芜杂凌乱、随心所欲、良莠不齐甚至谩骂的情绪化言论来说，博客中的评论日志会稍显理性，是很精心组织构思而写的评论，其单个文本的丰富性、写作脉络的清晰度、论题的拓展空间都比同一主体在 BBS 中发言帖子的质量要高一些。因为在博客中，虽然博主使用的是昵称，但是他的真实身份却是在私人圈子里都基本知道的，因此，他处在“前台”与“后台”的交叉区。对于陌生的网民来说，他相对处在“后台”，但是对于认识的朋友来说，他则相对处在“前台”，这样的一个身份，会促使博主在一定程度上将博客看作社会情境中的一个“舞台”，而更加注意对自己形象的设置，令他在写作日志时会更加审慎、仔细和周详，一般都会经过一些思考，对材料进行一定的筛选和组织。

如下面一篇博文评论：

① 方兴东：《何为博客？（更详细的定义和解释）》，方兴东科技中国博客，http://fxd.techcn.com.cn/article.php?id=5982。

由铜须门偷情事件所想到的①

[原创 2006-06-06 00:12:33] 发表者: caserduan

http://caserduan.blog.hexun.com/4018247_d.html

6月2日央视《大家看法》栏目播出《铜须在电视媒体回应网友讨伐》,铜须门偷情事件引发更多关注。整个事件是由网络引发,继而给当事人的现实生活带来巨大影响。在此,我不想去讨论关于偷情事件本身(不了解这一事件的读者可通过超链接查看),因为“偷情”并非网络的产物,我感兴趣的问题在于:网络人际传播中的“论坛”功能。

首先,这一事件体现了网络人际传播的两大特点。一是速度快,这样一件当事人肯定是努力掩盖的隐私,一旦在网络上被曝光,其传播速度极快。这也引出了网络人际传播的第二个特点或者也可以说是作用:容易放大事件,短时间内形成巨大的舆论压力。在这一事件中,尽管我们说偷情在道德上是要被谴责的,但是却也没有严重到需要受到“全国网民”谴责的程度。在这里,实际上是网络人际传播实施了它的放大功能。

其次,我们还可以从中发现“论坛”类的网络人际传播与QQ这样的即时聊天类网络人际传播有不同的特点。两种类型的网络人际传播方式都具有网络人际传播的共同特点:语言符号为主,传播速度快,语言互动性强等特点。但是,相比较而言,“论坛”类网络人际传播的放大功能是QQ即时聊天类网络人际传播所不具备的。原因在于,“论坛”是在一个较大的范围内公开的,并且有固定或不固定的用户群。而且,论坛内容在网络内可以被引用到其他论坛甚至是被大型门户网站引用,更容易被广大的事件外网络用户知晓事件本身的情况。相反,因为即时聊天类网络人际传播不具备以上所说“论坛”类网络人际传播的特点,它往往只局限于进行网际交流的双方或几方,是个相对封闭的传播环境,传播范围有限。即使是在公共聊天室内,由于交流内容的不断刷新特点,也使得传播内容很难被复制引用甚至很难引起他人的注意。

再次,什么内容容易在网络人际传播中被放大?随着网络的普及,参与网络人际传播的人越来越多,网络人际传播的内容也越来越广泛。但并不是所有的“论坛”类网络人际传播内容都被放大。这是为什么?是什么内

---

① caserduan:《蓝色理想和讯博客》,http://caserduan.blog.hexun.com。

容在被不断地被放大,并且可能迅速形成舆论压力?

大体想来有这么几类:1.事关百姓切身利益的公共事件,比如医疗卫生改革、燃油加价、出租车调价等都属于这一类;2.舆论精英制造的事件,社会的精英阶层在不同领域往往能够起到设置议题的作用,引导社会舆论的发展;3.新奇事件。受众普遍具有猎奇,偷窥别人隐私的欲望,社会上发生的新奇事件符合受众的这种心理需求。铜须门偷情事件即属于此类。

最后,网络人际传播中的"论坛"功能所发挥的作用是什么?毫无疑问,它首先是传递了信息。信息是海量的,有真有假,需要仔细辨别。其次,容易形成社会舆论压力。需要关注的是这种社会舆论压力的效果,一方面,对于一些公共问题,这种社会舆论压力有可能促成问题向好的方面发展并得到解决。可是,同时这种舆论压力也有负面作用,往往给予事件当事人以不恰当的舆论压力,影响甚至是侵害了当事人的个人权利。铜须门偷情事件的男主角所受到的舆论压力实际上超出了他所应受的舆论压力,对他的指责攻击很多也超出了道德谴责的范畴。而在网络人际传播中的"论坛"发帖、跟帖都不必透露个人信息,是匿名的。这就带来了另一个疑问:在论坛中发帖、跟帖的人,是敢于直言还是不负责任?网络人际传播的匿名方式,一方面使得人们平时碍于各种政治、文化、道德因素不敢或不能发表的言论可以在论坛中自由而真实地表达自我;另一方面因为匿名,也使得很多人在论坛里发表不负责任的言论,给论坛的网络人际传播功能带来不利影响。

透过铜须门偷情事件中"论坛"作用的发挥,可以帮助我们更好地理解网络人际传播的特点及其作用。

从这篇博主 caserduan 的评论日志中我们可以看到,相比较 BBS 中的评论帖来说,这篇网络评论日志是博主经过一定时间思考和构思后所写的文章,是很正规的书面表达,文章结构条理清楚,文字表达富有一定深度,博主分层次地将自己的观点富有逻辑性地表达了出来,文章比较有质量。从全文看,作者都是以第一人称作为叙述视角,可以说这是博文的普遍特点,即都是以个人化的视角去记录生活、发表观点,凸显了评论日志的个人性;同样,相比较评论员或者经过编辑编审的网民的评论文章来看,日志博文通常可长可短,不论是否具时效性,所论主题由博主自行决定,同样评论的方式、手段、用语,也都是博主自己的随性而为,没有具体的规范限制。

作为原创的评论,在博客的语境平台上,另一种突出倾向是:博客上的

评论日志都更带有个人化论述的印记,夹杂大量的个人情感、生活经历与背景在里面。如同一博文作者的下面一篇博文评论:

乱　弹①

[原创 2006－09－28 10:24:42] 发表者: caserduan

http://caserduan. blog. hexun. com/5804949_d. html

这个世界每一天都在发生着你无法预料的事情。泰国发生了政变,他信这个曾经叱咤政坛的"英俊小生"如今已是身处异国他乡。政治局委员,上海市委书记陈良宇被立案调查。其中的是是非非又岂是我们这些普通人所能明白的。人一旦身处高位,权力自然可以大得惊人,自由度似乎也很大,但是也许随着权力地位的上升,自由已很难保持。人如果被众人所关注,不管是追星族还是为了谋取利益的商人,他们都会千方百计地去打探你的隐私,投你所好,由此,你也就决难继续保持你的自由。

懒散的我最近似乎很忙,文化创意产业,一个全新的名词,从来没有接触过。参加过几次会议,国内外的专家似乎对此也没有明确而统一的认识。我最近就在为这个而忙,忙着准备开会,据说会展业也属于文化创意产业的一部分。我不知道自己忙得有没有意义,不知道这个时候做这样的兼职工作值不值得。茫然……

在这篇博文里,上半部分是博主 caserduan 对近日发生的两个重大时事新闻的评论,但是这种评论非常感性和个人化,是由新闻所引发的自己对人生的感悟,说到了对自由的保持这个话题,并由此三言两语地作了几句评论;在下半部分里,博主则是由"你也就决难继续保持你的自由",写到自己的目前生活,所感,所思,似乎亦有陷在不自由之中的茫然困惑。其实这样的评论日志在博客空间中非常多,三言两语由对新闻事件的评论而又联想到自己的生活。这与博客的私人性、生活性的特点有直接的联系,博客,就是每个人对自己思想、生活、观点记录的平台,有很大的个人色彩,就像是在自己的客厅里与读者交流。相反,这样的评论日志若放到 BBS 上,估计是不合时宜的,BBS 是由很多人聚在一起的聊天,是一个自由交流的公众场所,个人 blog 则是个人的网络日记本,记录着个人化的信息。

① caserduan:《蓝色理想和讯博客》,http://caserduan. blog. hexun. com。

博客网站基于 Tag 技术，它是一种更为灵活、有趣的日志分类方式，每个博主也基本上在发文时都会为自己的博文添加了这样类似关键词的几个标签。作为评论日志结构中的一项，加上了 Tag，就为博主提供了一个新的信息表达的维度，由此可以和博客托管网站及网站之外的其他用户通过 Tag 的点击而产生更多的联系和沟通，进行更广范围内的意见信息的共享。

2. 对日志的评论

博客日志的评论与即时新闻的评论发表有些相近，都是直线性的延续结构，按评论的先后在日志评论项里顺序下延，大多都只是文本格式，不可能进行多文本的互动，但是没有即时评论引用回复等复杂结构，所有的评论都基本上围绕原日志文本一个中心而展开。同时在对博客日志的评论中，除特殊情况，网络战火相对 BBS 和新闻即时评论发生的概率要小很多，基本上评论用语都相对具有礼仪性。

因为在博客空间内，一个网民的博客的读者，一般有以下几类人：一是博主熟识的，在现实生活中见过面的人，即朋友、亲人、同事等；二是通过网络的社交圈子而认识的网友，包括朋友的朋友，网友的网友，这一类人通常在现实生活中并没有真正的交往；三是根本不相识，而通过博客托管服务器或者他处的链接而偶然点击浏览的网民。一般来说，对于普通的博主来说，点击率与留言评论率并不是很高，并且大多为熟识或半熟识人的留言，即以上的第一、第二类人，而第三类人的留言非常之少，除非对所评日志很感兴趣。

另外，因为博客是一个私有性较强的平台，面向的是个人和较小的、具有共同目标的群组，而群组则决定了点击评论者大多是与你有共同兴趣或类似目标的成员。

同时由于博客类似私家住宅的客厅，管理编辑权在博主手里，一般来说，网民不会像在 BBS 那里不受顾忌，任意撒泼。同时当一个博客读者进入他人博客的时候，他其实是有个具体交流对象感的，即为博主一人，而不是如 BBS 中的多人互动，因此在言语中就要客气很多。

综合以上，一般来说，网民对日志的评论中用语以友善、客气居多，同时因为网上社会关系网络的存在，亲切褒扬鼓励性的话语亦不少。而在特殊情况下，即事件、问题的争议性较大，双方在短时形成对峙群体，同时博主在现实空间与虚拟空间中颇有名气，并经过传统媒体的加入报道，则可能出现类似“韩白之争”中的口水大战，这时候评论中网民的语言特点则类如在

BBS中所分析的情绪化暴力语言。

据中国互联网络中心《2006年中国博客调查报告》显示，博客作者具有明显的高学历倾向，大专以上学历接近70%，大学本科以上学历也超过40%，远高于一般网民群体不到30%的比例。①（如图3-1所示）同时从收入构成可以看出，博客作者向高和低两个极端集中，结合职业构成不难判断，低收入者主要是在校学生，而高收入者则主要是研发类等技术含量高、收入高的从业者。

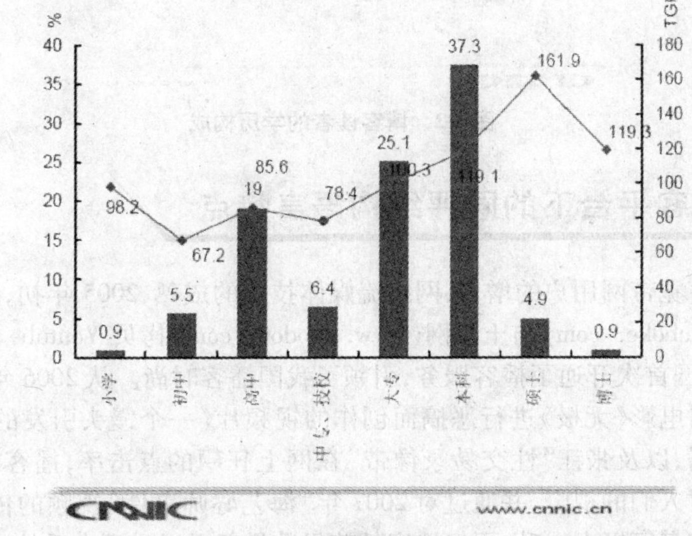

图3-1　博客作者的学历构成

调查亦显示，与博客作者群体相比，博客读者介于一般网民与博客作者之间，从受众价值而言，低于博客作者而大于一般网民。②（如图3-2所示）。一般而言，博客作者同时又会是博客读者，于是博客作者的高价值属性从总体上提升了博客读者的群体价值。因此，整体来说，博客受众群体的文化程度还是远高于一般网民的。在这样的情况下，博客平台下的网评普遍有一定质量保证。

① 中国互联网络中心：《2006年中国博客调查报告》，2006年，第28页。
② 中国互联网络中心：《2006年中国博客调查报告》，2006年，第37页。

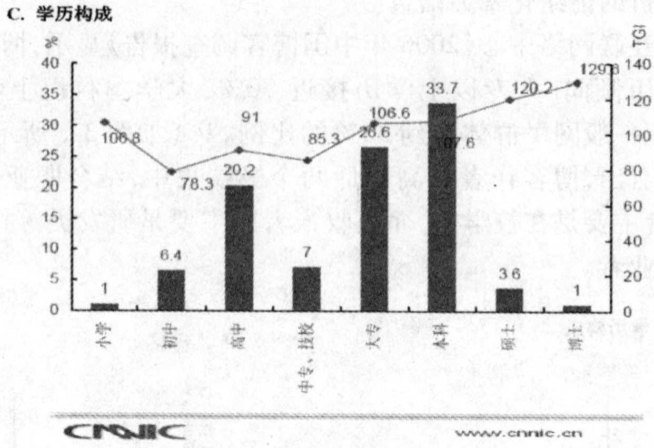

图 3-2　博客读者的学历构成

二、播客平台下的网评结构语言特点

随着宽带网用户的增多，网络流媒体技术的成熟，2005 年初，播客天下（www. imboke. com）与土豆网（www. toodou. com）拷贝 Youtube 的运营模式，在我国首次开通了播客服务，引领了我国播客时尚。从 2006 年开始，借着胡戈对电影《无极》进行恶搞而创作的视频片《一个馒头引发的血案》的广泛传播，以及张钰“性交易录像带”在网上狂飙的点击率，播客视频一下子进入了人们的视野，并通过对 2007 年“海艺辱师事件”视频的传播，而使播客的知名度极大提升，不仅播客的节目数量每天以成百上千的速度递增，播客网站也是如雨后春笋一般，一时间大量涌现。

综观各大播客网的视频内容，主要涉及以下内容分类，包括原创、音乐、搞笑、动漫、娱乐、资讯、影视、游戏、体育、科教、生活、搞笑、惊险、社会、广告等。同时通过新浪播客对播客热门标签的汇总，如下图，我们可以看到播客所传播的内容五花八门，并偏重于休闲与娱乐的内容。

播客热门标签汇总

娱乐	刘亦菲 好男儿 影视 戏剧 韩流 时尚 李宇春 情书 明星 周杰伦 八卦 绯闻 蔡依林 超女 舞蹈 我型我秀 MTV 综艺 刘德华
搞笑	笑话 翻唱 郭德纲 短片 滑稽 疯狂 泡妞 幽默 爆笑 哈哈 绝活 相声 搞笑广告 惊人 捉弄 模仿 创意 倒霉
自拍	暗访 兔兔 自述 搞怪 女生宿舍 粉香茗 宝贝小雨 聊天 漂亮 可爱 芙蓉姐姐 两只鱼 dodolook
体育	街头篮球 世界杯 麦迪 姚明 篮球 足球 街舞 扣篮 乔丹 实况足球 欧冠 奥运会 贝克汉姆 滑板 极限运动 健美
社会	绞刑 新闻 春运 战争 犯罪 伊拉克 案件 热点 军事 人物 反恐 民工 爆炸
音乐	主题曲 MV 原创 日韩 DJ 内地 摇滚 港台 古典 轻音乐 翻唱 饶舌 流行音乐 说唱 重金属 乐队 欧美 电台
生活	窍门 宠物 旅游 风景 爱情 可爱 装修 房子 健康 美食 家庭 幸福 亲情 友情 情感 家居
科技	UFO 探索 火星 手机 数字电视 笔记本 mp3 mp4 互联网 病毒 科普 操作系统 DV ipod 天文 科学 外星人 数码
惊险	车祸 场面 惊险 爆炸 战争 绞刑 原子弹 魔术 龙卷风 海啸 空难 灾难 凶残 跳楼 枪战 抢劫 死亡 鬼影 自杀 地震
动漫	犬夜叉 动画 漫画 死神 火影忍者 死亡笔记 七龙珠 柯南 网球王子 海贼王 高达 声优 灌篮高手 nana 圣斗士 蜡笔小新 头文
游戏	征途 魔兽世界 热血江湖 神泣 劲舞团 电子竞技 网游 丁贝莉 CS PlayGirl 激战 跑跑卡丁车 最终幻想 劲乐团
教育	百家讲坛 伪科学 高考 于丹 王薷童 保健 四级 六级 托福 雅思 公务员 面试 自考 考研 外语 学习 讲座 留学生
影视	韩剧 爱情魔发师 雪山飞狐 007 我的女孩 通天塔 宫 预告片 武林外传 越狱 新上海滩 片花 天国的嫁衣
原创	俺爹俺娘 震撼 后舍男生 dodolook 人物 短片 真实 作品 采访 拍摄 排行榜 独家 另类 花絮 艺术 纪实

通过笔者近期对各播客网站视频内容的观察,可以看到,这些视频主要有转载的影视、电视节目内容与原创性的节目内容两大类。具体来说,主要有以下几种节目形式:① 对电影、电视剧内容的转载;② 对电视台各热点栏目、热点新闻的转载;③ 恶搞的节目,将影视、电视片断或者新闻节目按照自己设计的主题进行后现代式的重新拼贴,而赋予一种新的含义;④ 网民自己所拍的原生态的社会纪录,经过简单的剪辑制作或基本不剪辑,便上传到网上;⑤ 网民自拍,进行自我的展示,这一类节目以女性自拍为多,多数表现为用相机对自己容貌、身体,或者生活的纪录;⑥ 动漫节目,类似以前的 Flash 动画,多数表现为一个故事或一个主题;⑦ 网民自己策划创意拍摄的节目,主题比较多,包括 DV 剧,或者简单地对所拍视频、图片的编辑与剪辑;⑧ 偷拍类节目,这一类节目大多为网民对他人生活的窥视,集中于色情主题。

可以说目前各播客网上，原创性的节目制作占一定比例，但大多还是各个播客对传统影像媒体节目的转载，包括电影、电视等。综合比较，转载的节目因为有专业性的保障，质量都比较高，也大多为网民所喜爱，点击率较高。而原创性的播客节目则质量参差不齐，有些节目做得还比较专业，尤其动漫类的内容，而大部分节目则比较粗糙，没有经过太多编辑，或者只是照片、图片、音乐加文字的合成，操作起来极其简单。

在对新闻的传播方面，播客上主要还是以转载的电视新闻节目为主，而原创类的节目则相对制作粗糙，大多是由网民对所拍的原生态新闻的上传，很少编辑，还有一部分是播客自己制作的新闻节目，这类节目尚少，并且在节目的采访、编辑方面存在一定的硬伤。如偶偶视频网的工作人员在“海艺事件”中所作的视频报道《祖国的花朵事件 5 月 28 日后续》，在报道中主观倾向非常严重，并在采访中存在引导性发问的措辞，带有很浓的感情色彩。

在对新闻评论节目的传播中，综观各个播客网，也是以转载的电视新闻评论节目为主，如央视的《大家说法》、《社会纪录》等，而相应的，网民自己所做的以新闻评论为主的节目则少之又少，并且节目质量不高，大多为网民针对某一具体新闻事件，利用摄像头和话筒或者相机录下自己的声频与视频，然后整合而成，并且评论语言完全个人化，失之客观的情况非常之多。以《王哥说事》和《老曹策划》为代表。

以下我们将把转载的电视新闻评论节目与以上两个网民原创的新闻评论做一对比，以分析它们不同的结构语言特点。

一般来说，电视传播符号有语言符号与非语言符号两大体系。语言符号包括字幕、论述语言等；非语言符号包括画面、实况音响（同期声）等。电视符号的多样性，使得电视的新闻评论与传统意义上报纸的评论相比，除要求评论选题为受众关心、论据有典型性、论证科学严谨外，其最大的优势就在于声音和图像双通道传播，即声画兼备、视听结合，可以将报纸纯粹文字语言和广播抽象的说理评论立即变成形象，创造一种“形象化政论”的新闻评论方式。

因此，电视新闻评论在结构中更多地考虑的是如何运用电视语言的问题。电视语言声画一体的特殊性使得电视评论的说理可以做得比其他媒体更加具体、更加形象化和立体化。它的说理手段主要有：用事实说话和用画面说话。用事实说话，就是通过报道事实，向观众阐明一种思想和观点，用叙述事实来发表意见，把记者的意见和观点寓于对事实的叙述之中，让观众从报道中得出应有的结论；用画面说话，则是通过选择最典型、最具代表性的细节和情节画面，恰到好处地运用同期声，来增强新闻的真实性和现场感。

同时，在电视新闻评论节目的制作中，画面语言与同期声的恰当运用十分重要。因为现场画面有丰富的现场感、真实性和表现力，它与背景和资料画面的穿插运用，不仅可以扩充节目的信息，还可以产生对比和反差，深化节目主题；而同期声是电视新闻评论各种声音符号中最重要和最富感染力的组成部分，它能增强画面的真实性和可信度，传递无法用画面所表达的内容和思想。字幕和主持人旁白也可以通过对所论述事件的提炼和概括，对某些重要新闻要素论点的揭示和强调，加深受众的理解和记忆。可以说，电视评论的解说、论述性语言是对节目内容的补充性介绍及评价、分析与议论，具有一定的理性思辨色彩，同时，将画面和同期声串接起来，也可使整个节目形成一个完整的集合体。

例如，新浪播客转载的中央电视台《焦点访谈》的一期节目《揭秘高考替考》，即对高考中的替考事件作了相关评论，在节目中，主要通过用镜头纪录的事实和拍摄的画面来说话。记者运用现代电子采录设备，用镜头纪录下了整个事件的现场情境，将当事人的对话和事件的进展情况，以真实可信的视觉形象和声音形象再现了出来。整个节目依托电视画面和同期声，并加上了记者客观的旁白与主持人最后言简意赅的评论，在充分展示事件的同时进行了同步的、多层次、多角度的评论，使评论具有了强大的感染力与说服力。

相对于这些转载的视频节目，播客网上原创的新闻评论则要粗糙得多。

因为条件所限，播客们只能用相机来进行摄像，并在拍摄后利用电脑上制作电影的傻瓜软件来对视频内容进行编辑，因此从设备上来说，网民作为个体远远不具备专业媒体的实力。同时因为播客个体的业余性，大部分人没有经过系统学习，因此并不具备新闻传播的专业素养。这二者导致了播客中原创性新闻评论节目的质量都不高。

以《王哥说事》与《老曹策划》为例，这两个播客节目都是草根原创性地对新闻的评论，定期都会有更新，根据新的话题和事件而推出新的节目，并且样板和模式在每个节目中都很固定。但是二者基本上都没有新闻事实的画面，更说不上用事实说话，用画面说话，声画同一了。节目从头到尾都是人坐在电脑前，面向摄像头或相机独语，根据事件所作的评论基本上都是随性而发，主观倾向非常大，大都为个人的好恶之谈，只是作为一种观点的表达，没有太大的价值。不过《王哥说事》的节目里，专门制作了片头，曲调选用刘欢的《好汉歌》，显示了一种打抱不平的姿态，正如其片头语所示："王哥说事，真理！公理！草根方式说三道四！社会道德谁来评判！网上骂人也是混蛋！提倡君子儒雅风范！真理少女！强权流氓！挨骂长知识！批评增学味"，这样的草根评论不过是满足自己说话的欲望并宣泄自己的情绪而已。

闵大洪在《2006 年的中国网络媒体》中认为，2006 年有四个关键词集中地反映了年内网络传播的突出状况，分别是：网络暴民、恶搞、公示丑恶、博客实名制①。可以说这四个关键词中有两个都与播客的传播有关，分别是胡戈创作的视频片《一个馒头引发的血案》与张钰的"性交易录像"，关于二者，网上的评论非常之多，并且受到了传统媒体的关注。再加之"海艺辱师"视频的流传，更使得播客网站成为关注的焦点，因此可以看出，播客在传播信息方面是有它的先天优势的，它借助图像的传播更具形象性和说服力。而相应地利用播客对事件来表达自己观点的原创性播客则极少，并且都呈现为一种原始化的粗糙状态，大都是坐在电脑前通过摄像头与耳麦对自己观点的简单表达，不具备杀伤力和可看性。

比如当"海艺事件"舆论甚嚣的时候，就有若干人出于愤怒，通过播客的形式表达了自己情绪化的观点，这些播客节目有：《海艺学校——一个山

① 闵大洪：《2006 年的中国网络媒体》，精英博客，闵大洪的个人门户，http://blog. voc. com. cn/sp1/mindahong/09043285897. shtml。

东老师的看法》、《针对海艺事件》、《知名艺人不带脏字的声讨海艺事件》、《牛人狂喷海艺畜牲》、《学生辱师视频的积极回应!》,前四个视频都是青一色的四个网民坐在电脑前就“海艺”事件,针对辱师的几个学生发表自己的观点,语言极其口语化,随性而谈,就像一场脱口秀。同时个别节目脏字不断,在《牛人狂喷海艺畜牲》中,发表言论的网民从开始到最后,长达八分钟的视频里,都是坐在电脑前在评论事件表达自己观点的同时不断口吐脏字,可谓尽其骂人之能事。而最后一个视频也是如此,语言显得情绪化,缺乏理性,比较偏激,甚至夹杂了大量对他们进行人身攻击的话语,显示了网络语言暴力的特点。

总体来说,由于播客准入门槛低,实行事后审查制,允许任何人创建与发布。因此通过播客的平台,各种各样的普通人都可以开始用自己不专业不成熟的声音,自下而上地进行文化和信息的传播和发布,使得播客在天然具有平民化、口语化制作特色的同时,有可能倾向于话语失衡和话语暴力。但是,播客这样的特性,又恰巧打破了传统广播电视正襟危坐布道式的信息传播方式,让民间的真实声音被释放了出来,使得网民得以发出自己的声音,进行自我表达,在彰显个性和个人价值的时候,也是一种社会的去压抑功能的实现。

第六节 多空间下的网评结构语言综述

网络是一个去中心、开放性的互动交流平台,在这个平台里,有着多层空间的架构。网络新闻评论作为网络舆论的窗口,在不同的结构层中拥有着不同的表现力,因此只有具体地通过对网络新闻评论在不同语境下(BBS论坛、新闻即时跟帖、新闻专题、观点频道、博客、播客)的分别考察,才能综合地把握网络空间中网评的结构语言特点。

通过以上四个小节的分析描述,我们将在这一小节里做出综述。

一、多维空间下的网评结构

网评在不同的承载空间里呈现出不同的结构特点，综合之，可以看到，它体现为四种态势。

（1）树形化结构。以新闻即时跟帖与 BBS 里就单一文章的评论回帖来看，原帖像是一棵树干，而评论的帖子则是每一条延伸出的枝干或者枝干上再结的枝丫。延伸出去的不同枝干是代表着不同的观点，枝干间，或者意见相左、或者意见相右、或者意见中立，都在朝着不同的角度论辩开去。而枝丫则是具同一观点的枝干，即群体中的分观点，从个人角度的言说。通常这种结构是网评中最主要，是占大多数的一种评论结构，它最大程度上聚集着民意。

（2）汇聚形结构。以观点频道与新闻评论专题的宏观结构来看，观点频道的网评包括传统媒体评论、评论员评论、专家评论、网民评论，不仅主体多样，评论主题也是最海量集中的汇聚。而新闻评论专题是围绕一个话题进行多角度、多方观点的集纳，也汇聚了各个主体的网评，在这一层次上，新闻专题更像一份缩小集中化了的观点频道。

（3）广场化结构。以 BBS 论坛的宏观结构来看，它多版块，多主题，为公众提供公开讨论的舆论平台。在平台里面，参与网民来自不同阶层不同背景，在一个共同的平台里，匿名地发表言论，像是带了一个面具，因此很容易把社会的规范放到一边，表现“本我”的生活和想法，并大声地、没有禁忌和顾虑地讨论，像是每个人都有一个小喇叭去发表自己的观点，令广场上众生喧哗。

（4）个人化结构。这里以博客、播客为代表。博客、播客作为自媒体的代表，具有个性化传播的优势。最大特点在于削减中心服务器地位，使中心权力分散，在底层结构重新分权。通过零技术、零编辑、零壁垒的技术平台，可以任网民充分地挖掘个性化表达的方式，通过文本日志与视频的传播而形成自下而上的草根传播态势。同时在自己的“田地”通过自己对新闻事件的评论，彰显自己的观点，放大个体的声音和能量。

二、多维空间下的网评语言

在互联网上，综观网评在不同承载空间、语境里的特点，可以综合如下：

（1）网评的语言根据评论主体的不同而呈现出不同的特点，有用语正式和非正式的区别，并分别呈现为向书面语或口头语的偏倚。一般来说，网络上转载的媒体评论、评论员文章与专家评论语言更偏向于书面语，同时在写作网评的时候更注重语法规范和论证方法；而相应地网民的评论则偏向于口头语，尤其是即时的新闻评论，文字较少修饰，口语化痕迹较浓，感情色情渲染纸上。

（2）电脑中介下的网络语言呈现为一种低语境的传播，缺乏社会背景线索，因此为解决沟通中的阻碍，普遍存在对电子副语的运用。常见的副语用法主要有简写、谐音、转喻、图形，在这其中，图形是最常用的，表现为图片、表情符号等，用来弥补网络情景交流线索的缺乏。同时，电脑中介下，许多语言会违反语法规范，在网络中出现了一定程度的变异。包括：非语法化、中外夹杂、各种符码交换运用等。

（3）在网络条件下，语言有一个突出倾向，即最大程度上可能发生话语暴力。因为网络具有虚拟性、隐匿性的特点，网民发表言论时可以规避风险，因此部分网民祛除了现实生活中必须遵守的社会规范和内心准则，导致网评的部分言论缺乏理性，比较偏激、显得情绪化，甚至对他人进行人身攻击。近年在网络上的话语暴力即表现突出，有些网民将语言直接用来作为互相攻击谩骂的工具，无所顾忌，个别骂语之刻毒之下流到了无以复加的地步，形成网络上的“言语暴力”。

第四章

网络新闻评论风格论

第一节 形式的创新

网页新闻评论与传统的报刊新闻评论没有多大区别，甚至一些内容是将传统媒体新闻评论直接挪移到网络，但跟帖式评论和论坛式评论却是完全区别于传统媒体中的文字新闻评论的。

一、传播渠道多样性和创作主体的多元化

“在网络上，每个人都可以是一个没有执照的电台”①，网络是各种形式的开放的言论管道和集散地。新的传播技术构建了一种发散型信息交流结构，从而形成一个事实信息与意见信息交流的矩阵，使得传播渠道呈现多样化态势，这种无中心的交流方式可谓是当下网络最为引人注目的传播途径。正是在这种技术保障下，各种言论立场、观点、表达方式共同建构了一个崭新的言论空间，客观上拓宽了舆论空间，但是也带来了一定的负面作用，即在各种信息传播过程中由于意见信息过于丰富产生“信息冗余”现象。网民置身其中，若缺乏必要的甄别能力很有可能会在信息网络中迷失自己，失去自己独立思考的空间。

传统媒体的新闻评论出炉要面临一次次的“把关”，这种评论“不管以什么名义出现，无不体现媒体既定的评论宗旨，其评论主体本质上是一元的”②。在前述的网络新闻评论类型分析中，我们便知晓网络新闻评论创作主体并非像传统媒体那样过于单一，而是来自于传统媒体工作者、各种背景的网民以及与网站签约的特约评论者（这个群体往往又来自传统媒体从业

① 尼葛洛庞蒂：《数字化生存》，海南出版社 1996 年版，第 205 页。
② 王振业、李舒：《新闻评论与电子媒介》，中国广播电视出版社 2004 年 11 月版，第 227 页。

人员），尤其是大量分散的网民，分散的创作主体构成了网络新闻评论主体多元化倾向，而这种倾向又通过新闻评论的内容与行文风格得以展现。

网民来自各个不同领域，虽然传统媒体里评论创作者除了新闻工作者外，也有来自社会其他领域的知识分子，但无疑他们的文字在见诸报端之前都要经过报刊责任编辑的或多或少的修改，即文字表现出来的思想在凸显作者观点同时，更多地是代表了媒体的声音与观点。而这一切都因网络这个平台而正在发生改变。跟帖式和论坛式新闻评论的主体是真正意义上来自各个领域，其思想和观点很难遭遇被修改的命运。他们往往能够在第一时间把所感所思形成文字，阐明道理或者给出关于某一新闻事件的社会公共道德角度的评价。这类评论作品甚至已经被誉为“社会良知和公众态度的晴雨表”。

二、各种符号构建网络新闻评论

网络媒介所运用的符号系统如此丰富，以至于在形式上全面超越了传统媒体新闻评论作品的外在表现形式。当然，这与网络媒体自身的传播属性有着极大关联性，甚至一度引起学界对于这种传播方式之于思想交流、知识传播的破坏性的讨论。因为网络几乎囊括了西方后现代理论的所有话语形式，“零碎”、“拼贴”、“复制”等这些形态在网络中都会发现其痕迹。不过，这并非本文探讨的重点。但不可否认，网络媒介表现出来的这些特征为各种符号构建网络新闻评论文本（不仅于此，几乎涵盖网络任何形式文本）提供了现实可能性。

虽然当下传统新闻评论样式通过单一符号来传播的现状正在发生改变，如报刊新闻评论在利用文字传递观点时候已经会有意无意利用图表来加深印象以便更深刻阐述作者观点，但显然这种创作形式还处于摸索阶段，且这种融合的趋势更多地发生在新闻报道领域而非新闻评论领域。但网络媒介的诞生给新闻评论的创作和传播形式带来了质的区别，更是加快了媒介间的融合趋势。

三、“电子对话”式的评论样式近似于面对面的人际交流

在论坛式和跟帖式网络新闻评论类型中，网民无论是对标题新闻的直接发言还是在论坛里围绕主帖展开自由讨论，这些样式的最大特征就是任

何一个评论主体只要言之有物,观点鲜明且语言风格幽默、轻快——哪怕其中夹杂一点后现代无厘头式的自言自语——都会很快吸引其他网民的回应。这种回应速度远远超过传统媒体。传统媒体在观点回应这个环节要大大落后于网络媒体。也正因此,网络媒体在当下总是能够呼风唤雨,围绕某一事件迅速形成网络舆论高潮。

如2007年3月份,重庆"钉子户"事件以一篇《施工现场拍摄到的"骨灰级"钉子户》(在后来传播过程中被置换成《史上最牛的"钉子户"》)帖子拉开序幕,与彼时"杨丽娟"事件在那个春天共同演奏了一曲在中国媒体上堪称经典的"南北二重奏"。图片拍摄的是重庆市九龙坡区杨家坪鹤兴路17号的房屋产权人拒绝拆迁,开发商将周围房屋拆除后的场景——一个被挖成10米深大坑的楼盘地基正中央,孤立着一栋二层小楼,犹如大海中的一叶孤舟。

由于此前《物权法》刚刚在全国人大高票通过,正是在被外界誉为中国在保护个人财产权利道路上具有里程碑式意义的这一宏观历史语境下,加之城市房屋拆迁这个话题本身所蕴含的奇观性、冲突性、敏感性以及围绕是否"强拆"这个哈姆雷特式的延宕,这个话题给受众留下足够丰富的想象空间,也因此被一些网民称为"一个伟大的标志性的事件"。正是在这些合力牵引作用下,"钉子户"事件迅速得到了国内乃至国外众多媒体的关注。各地媒体一浪高过一浪的报道注定让2007年的3月成为一个为几亿人记忆并为之激动的"神圣的日子",甚至演变为国家级乃至世界级的"大众传播的盛大节日"。其中,网络又一次在事件的传播中扮演主角。网络论坛一如既往地成为网民"指点江山"的地点。如前所述,除了各类网站首页聚焦此新闻,如设立新闻专题网页,网民参与讨论的新闻跟帖长达数十页外,论坛更是热闹非凡,对事件的表述和分析(当然,也存在大量无聊的、玩笑类的"飞语")将此事向纵深方向延展。只是此次传播,论坛不再仅仅传播观点和意见,网民参与事件的现场直播让我们看到了"参与式草根新闻"时代到来的某种征兆。

这种"电子对话"式的评论方式得益于网络传播带来的即时性和互动性,这是传统媒体望尘莫及的优势。当下,受者本位的传播思想在学界和业界已经获得共识,传统媒介也在通过各种方式紧密联系受众,视受众为上帝,为衣食父母。如报纸设立"读者来信",以及在发行领域进行的激烈的竞争,其最终目的就在于让自己的产品最大程度为受众接受,进而拉动第二轮"售卖价格",即广告价格;广播电台在这一轮竞争中也绞尽脑汁,于上世纪80年代末90年代初普遍设立热线电话，改录播为直播；电视节目也将无论是现场观众还是场外观众都纳入自己的考虑范畴。发展到今天，为了让更多观众参与进来，甚至借鉴新兴交流技术如网络论坛开辟相关话题的讨论，开辟短信留言功能，让观众深度参与到节目中来。但由于如技术上的、操作成本上的诸种缘由，传播者与受众之间反馈通道并不通畅，获取的反馈也是有限的。即使如前面所述，传统媒介都作了种种努力，但显然这种努力背后蕴含的象征意义要大于实际意义，因为这种格局下的受众仍然是大众传播年代中一个个孤立的个体，他们与媒介联系密切的同时又不由自主地割裂了彼此之间的联系。我们可以毫不夸张地说，大众传播的春天也寓意这人际传播寒冬的到来。

仅就信息传播及反馈速度而言，网络使得传统媒体的受众首次尝到自己的发言受到重视的兴奋与自足，这进一步刺激了网民参与讨论的激情。可以说，网络评论使得原来较为凝固的话语语境松动，为精英所垄断的评论权回归到普通人群。

第二节 不拘一格、简洁与诙谐的美学风格

无论是传统新闻评论还是网络新闻评论，评论的新颖性、简洁性都满足了受众求新求异的审美心理。要实现这一目标，一方面要从过去的新闻经验中汲取营养，另一方面要借鉴邻近学科的经验与表现方式，在融入异质形式的基础上实现自身形式的变革。这种创作的美学倾向在上世纪80年代表现得尤为突出，特别是强调从文学，尤其是散文的技巧与长处中获取营养。如注重内容意境与深度，结构多样化与自由性以及文字优美、表情达意①。

若是将上述两方面单独来审视，我们会发现一个很有趣的现象：从过去

① 薛中军：《新闻评论》，上海大学出版社2003年9月版，第155页。

的新闻经验中汲取营养这一审美要求正好契合了网页新闻评论的特征。在前文中，我们已经谈到网页专栏式新闻评论无论从评论结构上抑或是行文风格上都接近传统新闻评论；而借鉴邻近学科经验与表现方式这一评论美学风格转向，正好指涉跟帖式与论坛新闻评论，因为凭借网络传播技术最终使得此类新闻评论在表现方式与叙述风格上都迥异于传统新闻评论，进而体现更为明显的简洁、诙谐的美学风格，尤其这种风格在某种层次上又与后现代特征有着千丝万缕的联系。

如果说平面与深度，碎片与整体，中心与边缘，结构与解构，原意与诠释，在电视形式中得到了新的后现代的呈现，那么网络的出现则改变了由电视建构的美学观，它把后现代的拼贴深入为一种全球化的播撒，产生了从后现代哲学与美学向全球化哲学和美学整合的转变。其中，“消解、革命、颠覆、解构”被认为是网络新闻评论表现出来的最为明显的后现代特征，而由对传统话语层级结构的“解构”而产生的诙谐则是传统新闻评论所不具备的。当然，由于网络传播主体多元化格局的客观存在，这种诙谐的评论风格并非是以一种正统单一的语言结构表现出来的，其中相当一部分文本流露出典型的“黑色幽默”或被称为“冷诙谐”的美学风格。

例如，2007 年 5 月 25 日，新华网刊登了一篇题为《合肥商品房销售形势回暖 商品房均价 3 400 元/平米》的文章，在新闻跟帖评论中就有网友如下评论：

网易安徽安庆网友 ip:60.175. *. *: 2007-05-25 16:05:52 发表
靠商品房开发的越多价格就越高！平民百姓只能住“窑洞”!!!!!!!!!!!!

但就在这则评论发表后不久，另一条评论则是以这条评论为由头，发表自己的看法，言辞之间闪烁着后现代的黑色幽默。为了显示其形象性，以截屏显示如下：

网易安徽阜阳网友 ip：60.172.*.*：

> 网易安徽安庆网友 (60.175.*.*)的原帖：
> 靠 商品房开发的越多价格就越高！平民百姓只能住“窑洞”!!!!!!!!!!!!

你能告诉我哪儿有窑洞吗?我也要过去住。别告诉其他人了，否则窑洞我们也住不起了！

虽然有论者指出，这是当下社会思想观念在评论领域的投射，但也据此认为正由于这种后现代特征的存在使得网络新闻评论远没有达到它的成熟

阶段①。但不可否认,这种后现代美学特征也正是网络新闻评论与传统新闻评论在本质上的区分。(后文将专门论述)

传统新闻评论由于受到版面和时段的限制,很难将各种风格、各种题材的新闻评论集中在一起,我们所见到的传统媒体的新闻评论多样性更多表现为题材的多样性,由于其固定的创作队伍使得评论风格及切入点的选择相对固定。网络传播的海量信息特征决定了网络既可以将相同题材的评论加以集中并以此分为各个评论专栏或主题论坛,(如下图所示)其题材之丰富、风格之多样,传统媒体新闻评论只能望其项背。以新华网“新华网评”频道为例,频道开设“专栏作者”、“原创评论”、“媒体时评”、“留言排行”、“看图说事”、“观点争鸣”、“观点集纳”、“网评1+1”等共计12个栏目。可以说,这些栏目的设置几乎囊括了源自传统媒体和网络媒体的有“分量”的新闻评论,无论评论选题的确立,还是网页设置都让人耳目一新,极具条理性,从而使网络新闻评论最大程度上远离了“喧嚣”与“无序”,踏上井然有序的言说轨道。

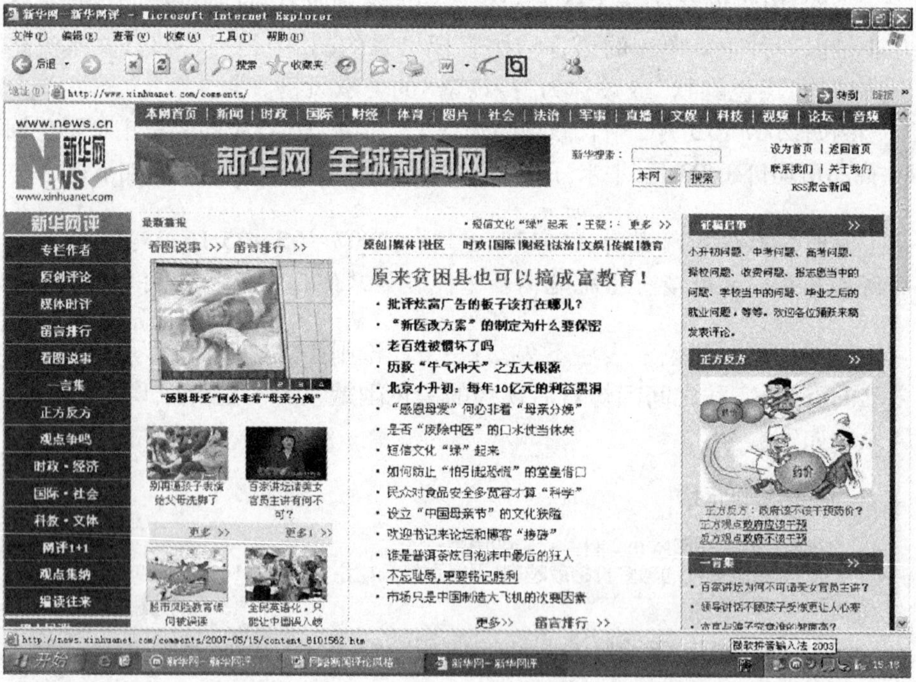

---

① 参见凤飞伟:《网络新闻评论及其发展趋势研究》,南昌大学2005年硕士论文。

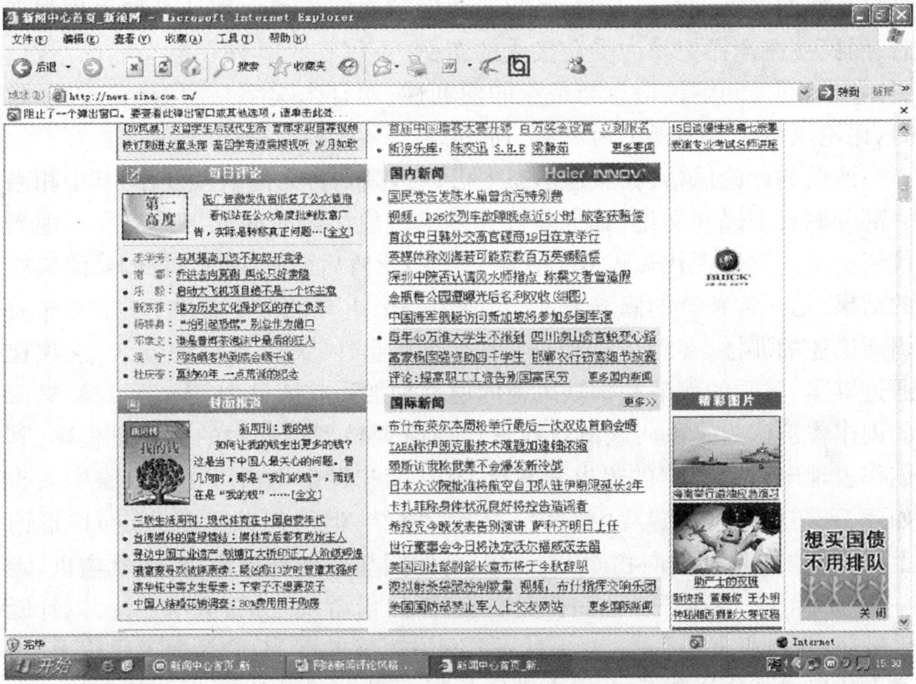

传统新闻评论中，报刊评论强调文字的逻辑性，融逻辑性与抽象性于一体；广播电视评论通过声音和图像展开说理，融逻辑性与具像于一体；而网络则将理性与具像融为一炉，只是这种融合较多表现在技术上，在内容上尚未做到完美无缺。如新华网评频道，其首页上设置多幅图片甚至漫画以加强受众的印象，更有利于理论阐释。以笔者不完全统计，新华网评频道的首页几乎每天都配置多幅图片，在其“看图说事”栏目中，多幅画面序列闪动，在吸引受众眼球的同时，亦刺激着人们的言说欲望。虽然网络可以传播文字、静止图片、动态视频、音频，但就当前网络使用状况，尤其是就网络新闻评论传播现状来看，说理评事还主要是凭借文字符号进行的，当然，随着网络传输状况改善，透过网络音频和视频阐述道理将不再遥不可及。

从网络语言结构方式来看，简洁是其最大特征，即在能够表述一个事件或理论时往往使用最少的语言，遣词造句较少修饰，具有浓郁的口语色彩。一些结构复杂的长句或复合句式在网络新闻评论中较少看到，尤其在原创的网评中更为少见。在一些特殊语境下，往往一个字或一个词便能够简洁而又恰到好处地把作者的观点及情绪表达出来，如“顶”、“强”、“爽”这些极具个性的网络词汇。有时，当静态图例和文字均可以表达某种思想观点时，网民往往选择更易为受众接受的图例，不仅在于其外在形态的简洁性，更是出于网民间解读信息与观点的便利性，而且当文字与图例结合在一起时，评论风格无疑显得更为灵动与活泼。

诙谐的评论风格，在叙述形态上可以追溯到古人的游戏创作，其中相当一部分源自于民间文化，其中蕴含的艺术价值历经时间的沉淀演变为现当代诙谐观。它是现代知识分子在洞悉事物矛盾后而使用的独特的修辞策略的结果，是一种独特的修辞艺术，并成为一个重要的美学概念，正如艾布拉姆斯论述的那样，在叙述过程中“采用非专业性、灵活多样的方式，它往往通过事实、鲜明的例证和幽默风趣的说理来加强其感染力”①。鸳鸯蝴蝶派的创作曾被认为是古典诙谐观向现代诙谐观转型过程中的一块里程碑，其创作表现出对“趣味”的追求和赏玩，喜欢品味世俗生活。在他们眼中人生如戏，一切莫不是在游戏中发生、发展和终结，但他们并不就此走向“形而上”，走向“虚无”，走向物质追求，相反，他们却更加贴近世俗，赏玩尘世，走一条“形而下”的路子。他们在文字流转间“借游戏之词，滑稽之说，以针砭乎世俗，规针奸邪也”②。由此对当下网络论坛考察，无论是内容思想上，抑或表达形式的诙谐俨然也成为网络传播一种独特的修辞艺术。尤其是在2006年，从年初胡戈《一个馒头引发的血案》拉开网络恶搞的序幕，到后来对传统红色经典的颠覆，虽然这种行为引起激烈的争论③，曾一度引发传统媒体严厉“声讨”、围追堵截，但无疑这些事件的传播以及引发的评论，诙谐的评论风格在其中体现得淋漓尽致。

在新浪论坛里，围绕主帖《恶搞影片：一个馒头引发的血案!》，网友展开热烈讨论，网友参与讨论的帖子竟达到惊人的135页。

- 作者:freefatcat 发表日期:2006-01-06 02:17:28
- 作者真的是天才啊!《无聊至极》被批的痛快!

---

① 艾布拉姆斯著，朱金鹏等译:《欧美文学术语词典》，北京大学出版社1990年版，第100页。

② 爱楼:《游戏杂志·序》,《游戏杂志》,1913年第1期。

③ 胡戈的“馒头”事件以及后期激烈的争论，这与此前的“大话”有着一脉相承的联系，但由于在2006年7月前后，网络论坛经历了一场被外界描述为“整风运动”的整顿，网络论坛处于调整期，这个话题的探讨并不充分，相反，传统主流媒体对这一倾向的关注出人意料地强烈，甚至从某种意义上，“馒头”事件更多与网络有关，而与论坛似乎关系不大。

让陈凯歌看看吧！自以为是的“大导演”陈凯歌和爱慕虚荣的陈红，都该狠狠的批判!!! 作者干得好！加油！

● 作者:xiaoge13 发表日期:2006－01－06 02:52:22

● 作者最后点出一切根源。在于导演的无能是点睛之笔。有大家风范。

● 作者:银河边的牛郎 yy 发表日期:2006－01－07 14:32:05

● 太精彩了!!!

有条有理，人名也编得强，楼主没导演正版无极是中国电影界的遗憾!!!!!! ①

而在互联网历史中，《大清国皇家电视台新闻联播》一帖具有里程碑式意义。它彻底地体现了网络言论诙谐风格，且在这种黑色幽默中顺利地实现了对传统媒体一成不变的陈旧叙事风格的颠覆。

【男】:各位观众，晚上好，今天是光绪二十五年十月初六，西历1900年11月6号，距太后六十大寿还有25天，这次节目的主要内容有:全国各地官员、百姓继续深入学习、落实太后“圆明园讲话”精神，以“讲话精神”指导各项工作，取得了显著成绩。

【女】:皇帝陛下在中南海紫光阁接受了新到任的三国公使递交的国书。

【男】:长篇通讯《人民的好公仆——常贝勒》

【女】:总理各国事务衙门发言人就日本海军在东海阻拦我北洋水师正常航行一事发表谈话。

【男】:全国农村稳定工作会议在京召开。下面请看详细内容。

【男】:全国各地官员、百姓继续深入学习、落实太后“圆明园讲话”精神，以“讲话精神”指导各项工作，取得了显著成绩。请看报道:②

诙谐叙事风格既有着远古根基，也带有现代转型期的特征，更是与当下

① 文章只是摘录其中一部分，具体内容请参阅以下网址 http://bbs. bn. sina. com. cn/? h = http%3A//bbs. bn. sina. com. cn/g_forum/00/A6/01/view. php%3Ffid%3D1904%26tbid%3D3245&g =17。

② 文章摘录开头部分，限于篇幅，具体内容请参阅以下网址 http://www. daqi. com/bbs/20/989554. html#。

大众文化强势传播、大众审美狂欢追逐的时代特征有着紧密联系，其风格在很大程度上通过“狂欢”的外在形式表现出来。这在网络传播中表现得尤为突出。在网络评论的文本里，真实性与理性不是审美维度观照的唯一标准，而是把诙谐、幽默、讽刺、嬉戏、游戏、狂欢作为大众审美的自足性归结。大众不仅从那些诙谐的语言和超现实的叙事中获得快乐体验，那种接近节日狂欢的心理感受，正如巴赫金对于狂欢仪式的深层次阐释：“狂欢节，是人民大众以诙谐因素组成的第二种生活。”①“在狂欢节的广场上，支配一切的是人们之间不拘形迹地自由接触的特殊形式，而在日常的，即非狂欢节的生活中，人们被不可逾越的等级、财产、职位、家庭和年龄差异的屏障所分割开来……人们之间的等级关系的这种理想上和现实上的暂时取消，在狂欢节广场上形成一种在日常生活中不可能有的特殊类型的交往。在此也形成了广场言语和广场姿态的特殊形式，一种坦率和自由，不承认交往者之间的任何距离，摆脱了日常（非狂欢节）的礼仪规范的形式。”②由此可见，若是用这段言论来描述网络论坛中言论的美学风格将是异常妥帖和形象的。

学者黄科安在关于中国现代随笔观念的艺术建构的论述中也曾提到，诙谐是中国现代随笔家反抗权威、抨击专制、解构现实的一种修辞策略③。对当下的网络评论进行审视，虽然对于专制的抨击不复存在，但对权威的颠覆、对现实生活的介入、对传统伦理道德的解构倒是随处可见。如迄今为止仍被称为网络论坛第一事件的“孙志刚事件”就引起人们对城市收容制度存在合理性的质疑并最终导致在中国实行几十年的城市收容制度就此划上休止符。而网络论坛对于现实的深度介入与解构在2006年“铜须事件”中可见一斑，而这一事件并非唯一，它是2006年初“踩猫事件”在网络论坛里的再度上演，只是这次事件更多是对人与人之间关系的关切从而使得“铜须事件”成为网络论坛年度焦点事件。

2006年4月13日，网友“锋刃透骨寒”在猫扑网络论坛发了一个名为《魔兽世界:2区麦维影歌守望者发生的丑闻》的帖子，公布其妻子幽月儿与铜须（幽月儿、铜须均为网名）的聊天记录，并谴责铜须对其家庭美满生活

① ［苏］巴赫金著，李兆林、夏忠宪等译:《拉伯雷研究》，河北教育出版社1998年版，第10页。
② ［苏］巴赫金著，李兆林、夏忠宪等译:《拉伯雷研究》，河北教育出版社1998年版，第12页。
③ 参见黄科安:《诙谐:中国现代随笔观念的艺术构建》，《武汉理工大学学报》（社科版），2005年第6期。

的破坏。如果仅限于此,那么网络论坛也就不能称之为网络论坛了,网络论坛之所以吸引人的本质力量也就无从说起了。随后这个帖子被各大论坛转载并被置顶。有网友根据聊天记录追踪到"铜须"QQ号、姓名(郑星)、籍贯、年龄、照片,甚至连手机号和就读学校及房间号都被公布出来,一些极端网民甚至威胁要将其杀死。万般无奈,郑在猫扑论坛发表视频声明,称"铜须事件"子虚乌有,但随后情况出现了戏剧性变化,幽月儿声称此事属实,并宣布将与"锋刃透骨寒"离婚。此事后经传统媒体相继报道后,社会影响远远超过网络,成为社会性事件。

诙谐风格在这里表现为对现实生活的深度介入,并通过一种严肃追问的修辞方式维护着传统伦理道德的底线。不过,网络论坛的这种评论风格(不唯独此事)也让"网络暴力"一词不胫而走。面对无数网民在用深度介入生活的叙事方式发表各式评论时,我们不禁反思:在诙谐、幽默又不乏严肃的评论中,网民是否有权讨伐别人的行为?以道德的名义深度介入他人现实生活,是否是一种新的暴力形式?这是网络言论在发展演变过程中向我们提出的全新的、极具价值的、需要我们认真思考的命题。

其实,诙谐与简洁原本就密不可分。考虑到词语使用的经济性原则,为了避免心理消耗,往往最大可能地限制词语的使用和建立在思想链条之上,但精简或简洁不足以制作诙谐,换言之,即诙谐的简洁是特殊的一种简洁——"诙谐地简洁"。不过,正像网络论坛中的语言及新闻跟帖表现出来的简洁,这种"通过文字游戏和思想游戏所产生的快乐的原初结果是从仅是消耗的经济性中衍生出来的"①。

根据弗洛伊德关于诙谐的理解,诙谐,就其本质上来说,可分为纯粹言语式诙谐和概念式诙谐,前者通过语言组合及特殊安排来获取诙谐效果,并不涉及任何倾向性意图;后者通过更为复杂的技巧来服务于明确的意图。"从理论阐释诙谐的观点来看,言语式诙谐肯定比倾向性诙谐更有价值,浅显诙谐比深奥诙谐也更有价值……因为通过它们,我们能避免被其意图所迷惑的或被其良好的意义而误入歧途的判断的危险。"②如前文提及的案

① [奥]思格蒙德·弗洛伊德:《诙谐及其与无意识的关系》,国际文化出版公司2001年2月版,第167页。

② [奥]思格蒙德·弗洛伊德:《诙谐及其与无意识的关系》,国际文化出版公司2001年2月版,第99页。

例,《大清国皇家电视台新闻联播》俨然就是一则模仿新闻联播叙事口吻的言语式诙谐,某种意义上,其诙谐程度要高于《恶搞影片:一个馒头引发的血案!》,因为后者的表述已经夹杂着明显的主观意图。"(这)不仅将丢失其作为诙谐的特征,也丧失使我们发笑的能力,即丧失了给我们带来快乐的能力"。① 弗洛伊德同时指出,诙谐技巧往往由两种目的决定——在第一个人身上使诙谐的建构成为可能和试图保证诙谐在第三个人身上产生最大的可能的效果。正是这双面特征保护言论主体原初的快乐领域免受批判性理性的攻击②。因此,从获取审美心理愉悦角度而言,我们当放弃明显的表达意图,凭借言语式诙谐手段体验语言带给我们的智慧与幽默;但在这种快乐原则支配下的网络之于民众的思想启蒙的意义又将被放置于何地呢?这显然是在后现代语境下网络言论面临的两难选择。但在追求诙谐的过程中,随着语言游戏或思想游戏发展成诙谐,倾向于经济性原则必然改变目标,即不再仅仅为了节省词语而表现为不吝笔墨去处理复杂的现实与心理问题。果真如此,那么互联网言论初期的简洁、诙谐、幽默等风格是否意味着其言论最终走向的将是凭借理性话语指陈、解构与重构现实呢?

第三节 不同类型网站之网络言论内容设置及风格差异

在以新浪和搜狐、网易为代表的综合门户网站中,网络新闻评论的设置各具特色。如新浪,在其首页上除了设有专门的论坛频道外,在新浪新闻中心的网页上还设置了"第一高度"每日评论专栏、论坛热帖专栏。

① [奥]思格蒙德·弗洛伊德:《诙谐及其与无意识的关系》,国际文化出版公司2001年2月版,第101页。

② [奥]思格蒙德·弗洛伊德:《诙谐及其与无意识的关系》,国际文化出版公司2001年2月版,第165页。

每日评论

第一高度

中国应有自己的国民收入倍增计划

我们应避免陷入“有增长、无发展”的“拉美陷阱”…[全文]

- 张贵峰：如何保障殡仪馆的非营利性
- 青　黄：免费师范生从教十年能安心么
- 李华芳：与其提高工资不如放开竞争
- 唐　钧：小商贩能自由谋生才是城市善治之道
- 新京报：谁为历史文化保护区的存亡负责
- 魏　青：为何不和美国总统比受到的监督
- 罗柏蔚：民告官难，难在司法之外
- 陈　冰：全球化挑战“法国特色”

论坛热帖　**精彩酷图**

大学校名能成为驰名商标吗？

悬疑《血色天堂》　真实古人经典语录

一直没红漂亮艺人　女孩怕堕胎去天堂

李宇春的裤子脱落　大学中学会16件事

- 李湘资助被爆弥天大谎　我怀孕后老公找按摩女
- 反对计划生育最有说服力的文章，震撼心灵

网易新闻评论，相比较而言，其内容的经营要稍强于形式，但这也很容易让受众忽略这一言论平台。其新闻评论栏目“网易·媒体评论”设有单独的网页，但链接点却放置在新闻专栏左下角，很难吸引网民注意。其中，网络论坛里的声音在网易“媒体评论”频道上没有得到展现，恰如其名称所示，主要刊登平面媒体的评论内容，显然，这种设置模式虽然体现了新媒介与传统媒介不断融合的必然趋势，但内容上并没有体现网络言论特有的魅力。

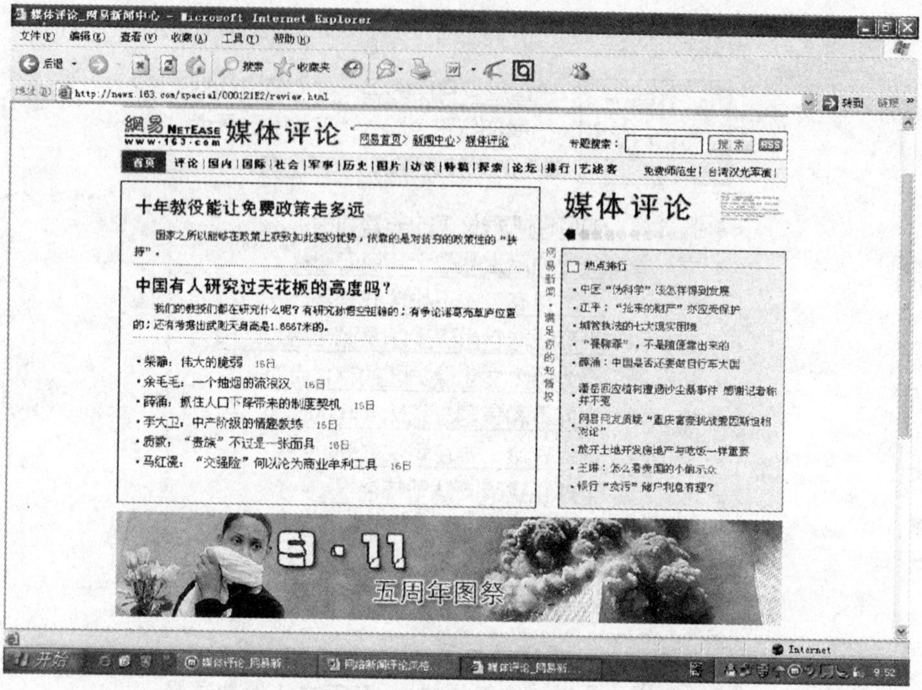

在三大门户网站中，当数搜狐的新闻评论最具特色。这或许是在与竞争对手激烈角逐市场后的一种机智选择。当然，这种竞争策略的改变在多大程度上最终对搜狐品牌建设起到作用另当别论，但此举显然在网络言论领域竞争中略胜一筹。搜狐首页除了传统的 BBS 论坛频道外，专门设置一个名称颇富灵气与极具创意的“日月谈”新闻评论频道。

截至目前，在评论内容经营和网页页面编辑处理两个层面，搜狐“日月谈”新闻评论频道在综合门户类网站乃至整个网络言论领域的表现可用“卓著”一词来形容。恰如频道宣传语所言，“洞察新闻价值，思想就是力量”，搜狐评论一直在为这一目标而努力践行。每天，在频道首页设置评论头条，以期引起网友的关注。此外，在热点聚焦专栏，仍选择一条热点民生和社会新闻，并围绕此展开热烈评论，无论是观点的评述，还是角度的选择都耐人寻味。如 2007 年 5 月 16 日，“日月谈”在版心位置（这个位置一般是编辑从当天众多评论中挑选若干条具有一定分量的评论）突出两条重量级评论，分别为“没有话语权，何谈‘提高职工工资’”与“十年教役能让免费政策走多远”；在热点聚焦栏目，“十年教役能让免费政策走多远”评论的原新闻源“免费师范生须执教十年以上”成为谈论焦点，其中编配了四条相关的新闻评论，分别是：“免费师范生政策能解决师资难题吗”、“吃不到桑叶怎吐得出丝”、“十年教役能让免费政策走多远”，可以说，这四条新闻评论多角度、立体式地对这则新闻展开探讨，也让网民对师范生免费就学这一政策获得深入理解。

“日月谈”更值得称道的地方如在评论频道首页显著位置策划“观点交锋”专栏，让一些极具争议性的新闻成为人们谈论的中心。如下图所示的这个案例，公开场所播放分娩录像在当下的社会环境下确实是一个“大胆”举动，猛听之下觉得有悖于中国传统伦理与文化习俗，但当这个话题与母爱及生命意义连接在一起的时候，我们不免对原先的理解进行重新审视。这种观点冲突所形成的张力不正是我们所期望的言论力量吗？它所激起的思维震荡将直接有助于我们对于现实、对于历史、对于未来的深刻理解和认识。而这不仅仅是网络新闻评论，或许是所有新闻评论最终追求的目标，只是这种观点直接对话状态在传统媒体上因为受到诸多因素如版面、时段及表达符号有限等因素影响，普通受众往往难以感受到，而其中观点碰撞产生的思维力度更是无从体验，但这种状况在网络传播平台下将得到根本改变。

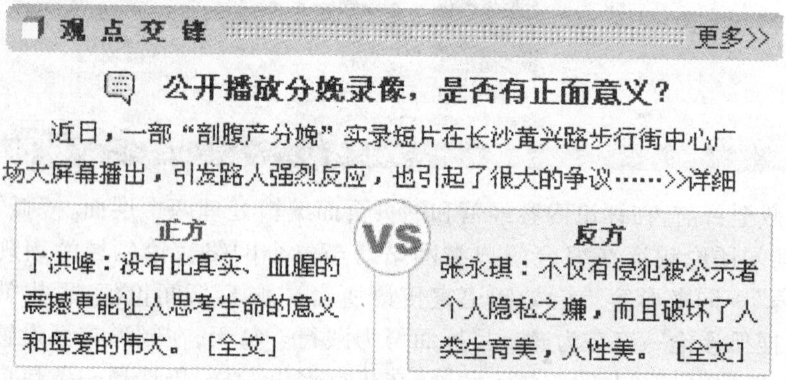

然而，当我们在对这三个门户网站新闻评论作整体考察时发现，已经具备一定知名度和影响力的门户网站及一些大型媒体网站，已经认识到网络新闻评论在对舆论导向以及话语资源权力争夺中处于核心位置，这既有利于将网络言论从早期的喧闹中抽身出来，为建设高水准的言论话语平台打下坚实的传播平台，而且在更深层次上努力使网络言论趋于聚合，网络传播平台本身在话语狂欢语境下竭力扮演传统媒体时代“舆论领袖”的角色。但是，网络新闻评论内容来源却显得过于单薄。对比网易“媒体评论”频道和搜狐“日月谈”频道，二者选择的评论焦点均为“十年教役能让免费政策走多远”，而这篇新闻评论均来自5月16日《南方都市报》的新闻评论。不仅如此，在不完全统计情况下，目前此类新闻评论频道的内容大多来源于传统媒体,网民自己的声音很难在此类频道中听到,尽管在网页上设置了网民参与最为积极踊跃的论坛链接,但其中的观点、意见往往会淹没在喧嚣的话语狂欢中。虽然“观点的公开市场”和“自我修正过程”这两个现代自由主义话语体系中最为重要的理论历来被信奉新闻自由的人奉为圭臬,但其前提无疑是将受众放置在一个接受过高等教育、具有较为稳定的现代公民意识的高度。显然,当下我们的网络语境并不能提供这种思想与智力的保障。因此,优秀的思想资源虽然在网络论坛及新闻跟帖中得以展呈,但缺乏一定受众参与解读的新闻评论无疑如同一幕精彩却缺乏观众的戏剧,或者即使来了很多观众,但因为知识、阅历积累等原因无法分享戏剧所要表达的理念,一样处于一个较为尴尬的境地。

因此,原创性将成为网络言论进一步发展的瓶颈,或者说,网民自己的观点表述如何在理性高度上达到一定水准将事关网络言论发展轨迹。那么,当理性、自由表达、启蒙等这些时代命题均无法在弹指一挥间完成之时,让较为精彩的网民的声音从论坛里走上前台,获得与源自传统媒体的言论一样的待遇的栏目设置,或许是网络言论在原创性道路上必须走出的重要一步,这也是网络言论欲担当“舆论领袖”角色所必需跨越的一步。

而在谈及网络言论原创性问题时,红网“红辣椒评论”与长城评论等几个为数不多的网站,在言论内容及页面设置上都表现出与传统媒体网站及综合门户网站迥异的风格。以红网“红辣椒评论”为例,尽管与其他评论频道类似都设置了媒体(传统媒体)言论专栏,使用漫画提高阅读兴趣,与新浪一样设立了“论坛热帖”专栏,但“红辣椒评论”最大的特色还是在于自己评论队伍的建设。这个群体是其评论内容的重要来源,无论是数量还是言论质量丝毫不逊色于传统媒体。为了营造一个新闻评论业务探讨的平台,“红辣椒评论”还专门设立了一个“时评聊吧”论坛,如“我眼中的《青年时报》时评版”、“我以为这篇文章是对李方先生提出的问题的较好回应”。

更值得一提的就是"红辣椒评论"特有的,自创办以来几近百期的"焦点周刊"①。其中的评论来源大多为红网独创性新闻评论,由此可见"红辣椒评论"在内容经营上的特色及其影响力之深的原因,这或许在互联网领域里再一次验证了"内容为王"的媒介座右铭。正因此,红网"红辣椒评论"栏目在被推荐的来自 25 家网站的 25 个栏目和频道中,凭借言论的影响力和评论队伍的规模,被推荐为"2006 年中国互联网站品牌栏目(频道)",从而成为全国网站中唯一两度获此荣誉的评论栏目②。不过,这种创作思路必然迫使我们追问:若如此,这种网络新闻评论的运作与传统媒体的区别到底在哪里呢?是否仅仅就在于一些原先以传统媒体为传播平台的作者简单地"挪了一个窝"?这是否只是意味着网络发挥的技术作用远远大于思想意义呢?因为,毕竟在网络言论这一传播模式中,我们并

① 截至 2007 年 5 月 18 日,一共发行电子版"焦点周刊"95 期。

② 在网络新闻评论类,除了红网"红辣椒评论"栏目外,东方网"东方网眼榜"、大河网"焦点网谈"均榜上有名。

未看到它(网络新闻评论)带来的思维启迪及观念的更新。在其中可以获得的经验,我们在传统媒体中同样可以获取,唯一不同的是,一种是“读纸”,一种是“读屏”。

第四节 网络新闻评论内在精神的自由和平民化

自由及平民色彩主要是就新闻评论的创作主体以及评论选题角度而言的。在上文分析网络新闻评论创作者多元化倾向时,我们知晓网络时代的评论创作者已非传统启蒙或精英知识分子角色。尤其是在当下,时评勃兴让专家学者纷纷在报纸的时评版上指点江山,激扬文字。知识分子,特别是公共知识分子在传统媒体上的集体登场已成为中国传媒发展过程中一个引人注目的现象。这类人群主要分为两类:一类是大专院校、科研机构的专家学者,尤其是社会科学和人文学科的专家学者;另一类是媒体的资深记者编辑。有学者曾对《南方都市报》在2003年12月3日时评版出现的作者的职业构成进行分析,大多为学者、职员、公务员、媒体从业者及在读博士,体现出鲜明的评论精英化色彩。[①] 再如《央视论坛》这个最为原汁原味的电视新闻评论节目,几乎每期所请的评论人员无一例外的是专家学者或政府官员,其精英色彩更浓。当时评成为媒体竞争必需面对的手段时,第一个开创时评版面的《南方都市报》再开新河,2004年8月3日首创“宏论”版,在其“宏论”版的创版词中,知识分子的作用得到非常明显的彰显,“本报‘宏论版’将不定期邀请国内外知名专家学者与公共知识分子撰文,针对时事新闻背后的纵深与时局,放言畅谈当下中国的大转型、大趋势与大命题”。仅隔两天,8月5日出版的《南方周末》在其视点版推出“月度论文”,并且表明“视点”版的宗旨:“刊登公共知识分子独立的分析、评论文

① 董天策、谭梦玲:《观点竞争成为广州报业新一轮竞争的制高点》,人民网“传媒视点”,http://www.people.com_cn/BIGS/14677/21966/index5.html。

章，点评网络论坛思想热帖，为读者独立、理性的思考提供兼容并包的思想资源。"

上述种种现象表明，知识分子已经与传统媒体融为一体，休戚相关，是媒体决胜传媒市场、吸引高端受众的智力资源，更是媒体提升自己的文化品格、思想魅力的保证。但是，当这些特殊专业背景的学者走进传媒之门的同时，也意味着受众的接近权必然面临更大的挑战，普通民众的声音日渐式微，其中有着更深层次的隐忧：首先，与以前不同①，当下知识分子的言论阵地主要是高度市场化的传媒，这必然使公共知识分子的表达受制于媒体的市场逻辑，被纳入到大众消费文化的商业生产体制中，而无法完全服从于公共利益的原则，传媒自身对经济利益的追求，势必在某种程度上影响其作为公共领域的作用；其次，知识分子自身身份的复杂性，其中相当一部分人或在政府、学术机构中任职，或受雇于某些利益集团，从而与某些特殊利益集团产生千丝万缕的联系，而他们却以公共利益代言人的面目出现在媒体上，就有可能使集团利益侵蚀公共利益，这由近几年关于某些经济学家对于房地产等暴利行业的正向评论而引发的在中国真正称得上是经济学家的不超过五人的激烈争论中可见一斑；再次，尽管中国民间的财富有了极大的增长，但一个热心社会公共事务、具备独立思考和理性判断能力的成熟的市民群体却尚未形成，这也使公共知识分子的言说缺乏必要的回应。②

然而网络在一定程度上缓解了上述隐忧，因为网络写作模式突破了传统写作的清规戒律，打破了先前写作发表、思想表达的垄断格局，引起更广泛的人群参与写作，其中最具有革命意义的自由书写、自由表达是网络言论最大的特点。虽然，网络是一个在推崇个性、追求自由方面走得有点极端的世界，但它为网民们提供了充分发挥想象力和创造性的最自由

① 知识分子与传媒密切接触的时期，学界普遍认为有两个大的历史阶段：第一个阶段主要出现在19世纪末20世纪初，尤其是1895年中日甲午战争后到五四运动期间约二三十年的时间内，表现为从维新运动开始，经历辛亥革命直至五四新文化运动这一线形轨迹；第二个阶段出现在20世纪80年代初，这一阶段，知识分子从"文革"恶梦中刚刚走出还心有余悸，但较为宽松的环境使得他们在大学发表演讲，在媒体撰文，并出版书籍，成为影响全国公共舆论的重量级公众人物，在中国大地上再度掀起一场狂飙突进的文化反思与启蒙运动。（见许纪霖：《专业化时代的知识分子如何可能》，《公共性与公共知识分子》，江苏人民出版社2003年版）

② 田秋生：《传媒中的公共知识分子现象》，《当代传播》2005年第1期。

的空间，这种空间因缺少了传统社会生活中无所不在的“监督”而显得更加自由、更加珍贵，网民们能够在网络上最大限度地发挥自己的想象力和创造性。

网络由于可以匿名发表自己的言论，从而使得网络的言语狂欢曾一度被认为是“草根的胜利”、“草根阶层的民主体现”。因为匿名，任何人都可以毫无顾忌地就任何一个感兴趣的话题发表任何真实、真诚的言论和观点，而不必再遭受像在给传统媒体投稿后杳无音信那样沮丧的境况。一些街谈巷议、陈词滥调的评论也就随处可见。人们可以充分地利用网络的资源，展开思维和想象的翅膀，将自己的思想和情感通过键盘的敲击在网络上展呈。

在激烈的媒介竞争环境中，快速始终是各类媒介极力追求的目标。但传统媒介在这方面始终无法赶上网络。面对突发新闻或重要新闻，从出版到见报，需要经过多道工序，尽管通信技术、印刷技术相对以前有显著提高，但报纸的时效性仍是相对较差的，而广播或电视也都有不可缺少的一些程序，如录制、播放，还有硬件设备等各方面的限制。而网民则可以对刚刚发生的事件做出迅速的评论、形成回馈意见，这种实时交流的快捷性暗含着媒介反映民意的速度之快。虽然有些民众的言语也可以被传统媒体采纳，但受各种条件限制，自己的稿件能够真正刊登，能够走进演播室自由地说出自己的感受者寥寥无几。

如前所述，即使一些知识精英分子经常亮相荧屏，但仍然屈服于电子媒介的传播特性以及媒介商业属性所要求的娱乐化，真正的发自内心的言论和观点的表述明显受到商业逻辑宰制。甚至这种由传统的所谓权威话语与媒介共同建构的言论空间在当下因网络言论空间倡导的自由言说语境中也受到质疑：即由权威话语和媒介共同建构的空间并非公共空间，某种意义上是在主流意识形态规约下知识与媒介共谋而制造的一个“伪空间”，因而造成对观点的垄断，对思维创造性的扼杀。上述言论虽有过激之嫌，但从一个侧面表明，网络与生俱来的自由“品性”使得它更容易与平民式“草根一族”达成默契，使得草根平民顺利地从传统的被垄断的话语言说中彻底解放出来。网络言论对于普遍舆情的收集和判断有着举足轻重的作用，最终使得主流意识形态内的官方行政机构及相关人员在一些特定时空下也上网与网友沟通交流。

匿名既给网民上网发表言论提供了自由，提供了一件可以逃脱信口开河招致责任的保护衣,但同时也给我们的舆论走向带来重要影响,刘涌案、哈尔滨宝马撞人案等几起公众事件中,网络舆论与最终实情不符便是例证。甚至一些心术不正之人假借网络传播匿名性进行人身攻击,并屡屡触犯法律,由网络言论招致侵权的案例也进入高发期。于是,早在2003年便有学者提出实名上网的政策,但由于招致各方舆论责难最终不了了之。但在2006年,这一话题再一次被摆上桌面。这一年,“开博了吗?”一句简单的问候被赋予了深刻内涵,一个“全民冲浪”正在向“全民开博”时代转型。鉴于博客给社会乃至国家层面带来的影响目前尚难以估计,博客实名制被放置于政府官员的案头,在强大的舆论声中,暂时以“后台实名,前台匿名”的管理方式作为一种替代性措施。

虽然看起来这与网络先行者当初提出的关于网络建设的两个原则(其一是通信网络必须没有中央权威;其二是在遭到破坏的情况下也能照常运转)背道而驰①,但网络绝非自由的神话②,它仍然要接受主流意识形态的规约,特别是在当下,工具理性在与价值理性交锋中占据上风的情况下,“经济与意识形态的结合,产生了非常强大的力量,任何反对的或者激进的运动都立即被主流意识形态所吞没或者同化”③。这也就决定了网络新闻评论要想获取适应生存的土壤和气候,在解构传统话语强势之时仍需积极建构真正属于自己的草根话语形态。这种话语模式能够推动网络言论自由,形成理性的话语空间,否则,在与主流意识形态争取话语权时必然招致精英文化的一致谴责。当然,即使如此,仍有一种论断不能忘记:对于这个由军用转为民用,登陆中国刚出10个年头的新技术——网络及其带来的言论自由以及因此推动中国民主进程的实质精神,给它再高的评价也不为过,即使这种言说自由有时夹带更多不成熟、不理性的成分。

由此观之,自由与平民色彩当是网络新闻评论最为重要的风格,正是在这一点上,它从评论外在表现形式与评论内在话语精神上全面地与传统媒体区别开来。

---

① 胡泳、范海燕:《黑客——电脑时代的牛仔》,中国人民大学出版社2002年第1版,第216页。
② 参见杨新敏:《网络:自由的神话》,《现代传播》2001年第2期。
③ [美]约翰·菲斯克著,祁阿红、张鲲译:《电视文化》,商务印书馆2005年8月版,第55页。

第五节

媒介话语自由及其可能

网络的出现在人文社科领域内掀起了一浪高过一浪的研究热潮，政治学、社会学、经济学、伦理学、哲学、新闻学、传播学无一不将其纳入自己视阈内，或对新鲜现象概述、梳理，或从纵深方向进行深度解读、深刻剖析。但在将所有的论述考察后，我们仿佛看到有一个词——自由——始终贯穿于各个领域之间；无论是以直接面貌出现还是以间接面貌出现，它始终是论题论述的焦点或产生演变的焦点。

在网络空间中，自由话语的价值归宿最终又被评论者指向了公共领域。在这个纯粹借助网络传播技术，由网民建构起来的虚拟言论平台，所使用的工具恰恰是话语的自由表达。正是从这个意义上说，"观点的公开市场"、"天赋人权"这些从上世纪初期一直为国内启蒙之所孜孜追求的价值载体终于在科技力量资助下，在外在形式上获得了某种程度的满足，这种满足并非仅仅表现在新闻信息传播环节的解放上，恰恰相反，言论，尤其是网民个体主观言论的表达呈现出前所未有的被解放后的欢愉，网络言论也因此呈现出一派欣欣向荣景象。于是，言论自由与思想启蒙自然而然地被安置在同一时空下加以考察和审量。

无论是传统媒体还是网络媒介，无论是文字载体还是影像载体，抑或兼而有之，对于受众而言，信息的作用首先体现在有效性层面，而这也符合马斯洛人本主义心理学关于人的"五层需求"理论。但在解决了最基本的信息需求后，受众必然需求更高层次的信息产品。如追求信息的情感性，即希望媒介信息传播能够使主体获得心灵的宁静和精神的慰藉，这显然与单纯的服务性信息旨趣迥异。而按照"五层需求"理论，主体最高层次的需求应是自我价值的实现。若结合主体的传播行为，即传统意义上的受众不再仅仅局限于单纯的信息接受和诠释，而是竭力主张媒介接近权能够真正落实，这也正是民主参与理论核心所在。

受众这种主张和权利往往不在于通过信息采集、制作与传播加以实现，而是通过发表言论形式来获得。个中缘由显而易见，无论普通受众有多么强烈的愿望想参与新闻事件的报道与传播，但因为缺乏必要的信息采制技能与专有的职业素养都极易受到致命影响，同时职业化的信息传播从成本角度考虑对受众而言也显得过于遥远而无法实施。因此，网络平台的提供与上网技术门槛的一降再降几乎让所有稍具文化的人都有机会发表自己的言论。同时，随着通信资费调整及网络运营商充分竞争，网络使用费用亦不会阻碍民众上网的脚步。据中国互联网信息中心（CNNIC）于 2009 年 1 月发布的《第 23 次中国互联网络发展状况统计报告》称，中国内地网民总人数达 2.98 亿，这意味着互联网企业发展前景将是暖春。普通民众无疑将会继续利用网络平台力争发出自己的声音，其实，这种努力已经取得效果。即使是国家权力核心全国人民代表大会举行期间都开设专门的供网友提问的网页，以便于更广泛地收集舆情以供参考、分析，甚至国家领导人都常常触网。

在这些自由言论的话语空间里，除了传统的 BBS、论坛及网络新闻跟帖外，博客在当下成为另一种重要的网络言论平台。博客被赋予了“人人可以用来传播自己的观点与声音”的特质，而其建构的空间从某种程度上来说较传统网络言论空间则显得更有秩序。它既可以围绕某一主题尽情展开讨论，各抒己见，即使当出现一些言语过于激烈或偏离话题方向的帖子时，博主还可以通过删除帖子的方式加以控制。而在 BBS 或新闻跟帖言论控制中，从技术上说完全可以做到，仅需要专人负责审查，但这种行为难以为继，原因有二：其一，有悖于网络自由精神气质，甚至落下“钳制言论”恶名，一些网民在论坛里直接质问版主为何删除帖子；其二，这种专人审查的成本过高，从实际操作层面来说很难实现。而对博客言论的控制权则交到每个博主手里，这种言论管理无论是从可行性抑或执行效率上看都具有双重优势。然而，新浪在激烈的竞争中推出名人博客后，博客话语开始从原先备受称赞的“草根精神”中逃逸出来转而迈向“精英精神”，当然，这种精英显然与启蒙思想相距甚远，它显现出一种建立在名人光环效应基础上的接受或满足受众窥视欲的内在逻辑。这种话语风格的转向并非简单的竞争所致，深层次上体现出新媒介也像传统媒介那样逃脱不了受资本权力宰制的命运。但无论博客话语体现“草根性”还是“精英化”，其数量却是与日俱增。截至2007年1月,中国博客空间达到3 374.7万个,其中有效空间达到984.8万,活跃作者有769.4万,而博客读者高达7 556.5万,其中活跃读者有5 470.9万。① 当然,自由言论风格仍是一如既往地吸引大众的关注目光,这份关注也让网民得到了回报:在虚拟空间里,一份自留地形式的虚拟土地在远离网络喧嚣与口水中相对来说多了一份恬静和静谧,也因此多了一份自由抒写自我意志的空间,孕育着一份民主与启蒙思想的可能。这种满足感和成就感是其他形式的网络新闻评论无法比拟的。

19世纪初期,建立在启蒙运动中的解放性民主话语基础上的、地位牢固的劳工报刊,对当时占统治地位的以精英为中心的党派报刊的逻辑进行挑战,并最终使这种逻辑为新的形式替代。20世纪影像的传播与流行使得原先在报刊言论中广泛传播并为受众赏识的启蒙话语受到压制,消费文化带来的商业逻辑成为主导逻辑几乎被所有媒介奉为圭臬。那么,今天在新的世纪里,如果当代传媒有助于建立一种可持续性发展的民主和启蒙话语,那么网络评论空间尤其是博客这种"自媒体"是否会带来一种新的范式的转换呢?果真如此,我们又该怎样真切地打量网络新闻评论中形式的自由与思想的启蒙二者的关系呢?

在愈来愈趋于媒介垄断和话语垄断的媒介生态中,受众缺少可以利用的传播资源的矛盾直接导致民主参与理论的诞生。"媒介应主要为受众而存在,任何民众个人和弱小社会群体都拥有知晓权、传播权、对媒介的接近和使用权……其核心价值在于多元性、小规模性、双向互动性、传播关系的横向性或平等性。"②为了这一目标,从20世纪70年代开始,西方展开一系列努力,试图改变传统媒介形成的垄断结构。如在美国、德国等一些国家,开设"开放频道",受众或团体可以根据排队原则,按申请时间先后顺序播出自己制作的节目。③ 由于新闻媒体在政治、经济、文化方面的重要性,甚至像美国这样一个最典型的以市场为导向的国家,也以广播频道资源有限等为理由,根据公众利益规范广播电视媒体。

只是很遗憾,尽管传播先觉者做出很多努力,无赖传媒的权力参与媒介

① 参见 http://www.cnnic.net.cn/html/Dir/2006/09/25/4176.htm。
② 郭庆光:《传播学教程》,中国人民大学出版社1999年11月版,第139-140页。
③ 郭庆光:《传播学教程》,中国人民大学出版社1999年11月版,第140页。

逻辑的制造，权力逻辑和商业逻辑的集合对传媒的民主参与和文化传播理念产生双重压迫。这点在罗伯特·哈克特和赵月枝合著的《维系民主？西方政治与新闻客观性》一书中得到深入的阐释。以西方为例，近些年，新闻的发展进一步加强了人们在新闻独立和多元化方面的追求，以及为此维持公共政策和私营媒体之间的平衡关系的努力。但即使如此，在美国仍然出现了疯狂的并购现象，如迪斯尼吞并大都会·ABC公司，西屋兼并CBS，时代华纳入主CNN。尤其是在2000年AOL并购时代华纳，这项牵涉金额达3 500亿美元的史上最大的并购案，揭示了新世纪的媒介走向——将由多元走向单一、媒体巨人群雄争霸时代已然来临。美国的四大电视新闻机构也成了一个巨大的联合王国，产业涉及有线电视、出版、电影、多媒体娱乐以及金融、交通、核动力等军用产品。

由上文可见媒介产业垄断程度之深、之广，而且，当下传媒的集中程度不再局限于国界与市场。“一个为少数纵向联合的多媒体公司所统治，拥有很高准入壁垒的全球性市场正在形成。国际传媒的垄断是全球政治、经济、技术转型的一个方面，这包括通过像北美自由贸易协定这样的方式实现国际资本流向的自由化，传播媒介的数字革命和技术融合以及公共财政危机。这种被称之为全球化的大变革给新闻和民主带来了一种无法解决的危机。”①

如果说媒介形态的垄断一目了然，对受众言论的影响是一种硬性控制的话，那么媒介话语垄断则表现出更大的隐蔽性。已故法国学者米歇尔·福柯曾精准地对“话语性体制”这一理论展开论述，“权力如何与知识叠盖，不是从外部直接地实行审查或高压统治，而是通过标准和实践间接地从内部来统治言论的形成……作为一种文化和社会机构的混合体，客观性体制不仅促进，同时也管理、约束、控制着公众知识的产生”②。在“怎么都行”等虚无主义思想弥漫的后现代语境中，无论传统媒体还是网络媒介都回避或放弃新闻讲述真理的道德旨趣，代之以一种具有自我批评和自我反省或赞赏主观性、游戏性和小说性的技巧方式写作，而且对以

---

① 罗伯特·哈克特、赵月枝：《维系民主？西方政治与新闻客观性》，清华大学出版社2005年8月版，第12页。

② 罗伯特·哈克特、赵月枝：《维系民主？西方政治与新闻客观性》，清华大学出版社2005年8月版，第14－15页。

前边缘化了的和被排斥的声音和人群更开放。在网络新闻评论中,我们发现为数不少的评论放弃了现代主义范式的分析新闻结构的努力,不再以真实性、准确性和表现的充分性来评价新闻。“相反,将新闻作为小说的一种形式……把注意力集中在新闻作为一种叙述类型的特点、其吸引观众的结构、‘表现方面、视觉性及话语视觉化’上。”①甚至将网络空间作为自由杂耍的场所。

如2007年5月2日在天涯BBS首页上刊出一篇名为《请您来向绝色美女宣誓效忠!》的帖子。整篇文章由两幅年轻女性脸部特写为主,夹杂零星的文字表述,而这篇评论之所以“精彩”,却是因为一首随网页打开送出的背景音乐:

美女冲锋队的官兵们,革命战友们,在五一劳动节来临之际,我们终于看到了天涯的希望,天涯的未来,我们的精神领袖,我们的元首诞生了,她就是上帝赐给我们的女神乐舞精灵~!!! 请大家仔细观察元首肖像,就会发现她老人家在举手投足之间,睡眼惺忪之际却尽显清纯女神的风采,现在我们终于能摆脱深海贝类的阴影,从此投身于元首的怀抱了~!!!

现在我们宣誓:(请大家和我一起念)

我宣誓,我志愿成为一名美女冲锋队官兵,乐舞精灵是我们的元首,我们的领袖,我保证一辈子忠于乐舞精灵,服从乐舞精灵的领导,全心全意为乐舞精灵服务,服从命令,严守纪律,英勇战斗;不怕牺牲,忠于职守,努力工作,苦练杀敌本领,坚决完成任务;在任何情况下,绝不背叛乐舞精灵,绝不背叛美女冲锋队。我如违背誓言,愿受国法和军纪的严厉制裁。

网民的跟帖并没有合上主帖的节奏,注意力呈现多维走向,虽有对图片的评论,但更多的网民集中在背景音乐的讨论上(以下为部分网友的评论文字):

沙发,美女漂亮~

激情的音乐~~~

人间哪有真情在,天下美女我都爱!!!

---

① An off-the-record commend at the International Communication Association conference, Sydney, Australia, July 1994; Hartley, “*News in the Post-Truth Society*”.

她是谁?

上文有终于投入元首的怀抱……

可是我还没有投入,请多给我几次机会……

美女帖顶下,宣誓就免了吧? 貌似洗脑术?

请问楼下所有的朋友是什么音乐? 名字是什么?

这个背景音乐是德国党卫军第一装甲师战歌《Panzerlied》,德文原版歌词如下……

2006 年的最后一个工作日,我国自行研制的 J-10 战斗机正式解密,对外发布。随后,J-10 战斗机的研发机构中国一航集团发布了一个 J-10 的宣传片,就是用这支歌配的乐,从那时候起,这支古老的战歌才在网络上开始流行。

不过,上述这种几近"无聊"的话语表达虽然充斥网络空间各个角落,但由于话语自身缺乏现实关切感显得毫无生气,更谈不上任何影响力。真正有分量的话语则属于那些人文关怀、民族兴衰、审视历史的言论空间,如天涯社区的"关天茶舍"。其关注的主题几乎囊括历史发展进程及当下一切值得探讨的话题,甚至连传统媒体的节目制作也已经隐去当初面对网络媒介那种傲慢的表情,开始有意无意地从中寻求话语力量或作为结构自己文本的构件。以《南方周末》为例,它曾创办了一个"网眼"专栏,经常引用"天涯社区关天茶社"、"西祠胡同锐思评论"、"凯迪网络猫眼看人"以及"博客中国"的文章。其中不乏萧翰、王怡、易水寒、薛涌等一批精英知识分子参与,但精英毕竟是少数。2005 年 10 月 12 日,首份由艾瑞市场公司和清华大学共同完成的全球中文博客调查报告通过搜狐发布,调查显示:超过 70% 的博客写者月收入在 2 000 元以下,或者是没有收入,没有收入的多数是学生。由此可见,博客只是"贫下中产阶级"个人化修辞。

2007 年初,在"中国经济 50 人论坛"上,吴敬琏对将社会分成精英与草根表示担忧。邓海建据此在随后的一篇评论中认为,"'精英当道,草根喧嚣'——这是一个众声喧哗的年代。遗憾的是:很少有一个群体勇敢地站出来说‘我就是这个社会骄傲的中产阶层’”①。在网络话语空间里也存在着同现实极为相似的层级结构。在网络空间里，网络新闻评论“精英当道，草根喧嚣”话语风格同样表现得淋漓尽致，不过，与现实“很少有一个群体勇敢地站出来说‘我就是这个社会骄傲的中产阶层’”状况不同，网络新闻评论正好走向另一极：嬉笑怒骂，恣意驰骋，其话语直指社会的各个层面。可以说，现实生活中一切具有新闻价值的事件都将触动网民的言说神经。

在对其中话语风格进行了整体考察后，“孤愤”、“傲慢与偏见”的叙事风格是其突出表达特征，这在一定程度上降低了话语理性。当然，不可否认，这并没有影响它在当下对民众的启蒙意义，毕竟“看新闻去新浪，看思想去关天”，它已经在实践中凝聚起可贵的精神品质，产生了品牌效应。但我们不能因此而无视这种话语表述中存在的话语力量的宰制对受众的影响。以《中国新中产阶层面临精英联盟权力排斥》一文为例②，这是一篇典型的能够激起网络评论的新闻题材，新闻关注的现实问题不仅尖锐且针砭时弊。笔者对这则新闻的跟帖式评论作了简单梳理和分析。在言论起始阶段，网友对作者的表述投入几近完全一致的正面积极回应：

① 邓海建：《草根如何走进中产阶层的序列》，http://news.sina.com.cn/c/pl/2007-02-12/104712296648.shtml。

② 此文为中国社科院社会学研究所副研究员张宛丽在《人民论坛》上撰写的一篇文章，后经中国新闻网和新浪转载，引起众多网友关注，纷纷发表各自的意见。文章认为，当代中国社会处于发育期的“新中产阶层”正在遭遇“精英陷阱”：这一群体遭遇了来自“精英联盟”的“权力排斥”，向上流动及发展的机会受阻。原文请参阅 http://news.sina.com.cn/c/2007-05-10/093512954630.shtml。

2007-05-10 17:14:27 新浪网友 IP:218.88.129.*
这改变和扭曲了市场竞争中具有起点公平的“后致性”(靠个人后天的受教育及专业努力等因素)原则，“先赋性 ”(靠家庭、血缘背景等先赋因素)的地位分配机制作用增强，失去了一个靠后天努力、公平、有序竞争获得体面的社会地位的阶层示范效应。 ----------说的是!
2007-05-10 16:44:13 新浪网友 IP:218.94.36.*
真的写得很好!
2007-05-10 17:24:16 新浪网友 IP:202.153.53.*
说中要害,在公务员阶层中也如此,不走关系就极难上去.
2007-05-10 22:30:51 新浪网友 IP:61.149.218.*
顶，值得讨论
2007-05-10 21:12:48 新浪网友 IP:222.230.116.*
无论这种分析是否客观准确，在中国社会的转型过程中，是绝对需要更多的类似于这样的探讨。只有了解了，才会知道该如何完善。改革不是一句空话，改革是一场革命，需要既得利益者的牺牲。

但在其中还有另一种强烈的对此文表示反对的声音，当然，这种声音在数量上无法与上述的感情倾向相提并论，但其话语表述的逻辑力量却丝毫不逊色于前者，如下面这一帖子：

2007 - 05 - 10 13:37:57 新浪网友 IP:211.150.218. *
[顶] 6 人 [不好说] 0 人 [反对] 3 人 [不知所云] 0 人
《中国新中产阶层面临精英联盟权力排斥》一文，其意叵测。什么叫“中国中产阶层”？“阶层”的划分标准如何界定？这个“中国新中产阶层”与中国“旧中产阶层”以及西方社会学理论关于“中产阶级”有何联系、区别 ？什么叫“精英”？划分“精英”的客观标准是什么？产生“精英”的社会条件和政治经济基础又是什么？ 作者回避上述问题，无法清晰、准确和正确地解构我们社会的基本矛盾，致使人们陷入思维逻辑混乱！

以此帖为例，不少网友在发表各自意见、观点的同时，不仅仅只是针对原新闻展开讨论，甚至在表述过程中，随着议程的进展出现某种程度的偏离，由原来的新闻为评论中心转移到以网友观点为评论中心，而这种转变或许亦是网络新闻评论与传统新闻评论的区别之一，这使得网络新闻评论的话语走向整体上呈现一种开放的态势。以上帖为例，网友对原文所涉及的一些概念提出自己的意见，甚至质疑原文写作态度，这在整个帖子里都极为少见，但其论述的逻辑显然是清晰的，甚至所提出的问题也是确实存在的，不是无病呻吟的那种。围绕这个帖子，网友的态度也是较为分明的。对这个网友提出的观点支持的人数正好是反对者的两倍（截至笔者统计时的数字）。

由此可见，不同言论倾向，甚至是那种在数量上并不占优势的网络新闻评论，只要论述充分，论证缜密，提出有真知灼见的问题，仍然有一种让人难以察觉的控制力量，一种依靠话语表达而实现对其他人思维的影响。这种隐蔽性话语机制也通过一种极为隐蔽的方式表现在传统媒体中。在网络空间里，网络言论却又对传统媒体话语的这种隐蔽性进行修正，转而表现出纷乱喧哗的无序话语状态，即使是网络新闻评论也不例外，在一些特殊、敏感的事件上表现得尤为突出——强硬的、咄咄逼人的话语表达，盛气凌人的主观情感流露。这让人很容易将网络言论同当初的摇滚音乐联系在一起。在摇滚现场，没有一个必须被支配的中心，每个人都是一个中心，表演者与观众的视角是互相交织、互相碰撞的，观众常常是摇滚的激活体；在摇滚中，本能、直觉、意志力这些构成非理性主义的基本元素被体现得淋漓尽致；摇滚演出是一种特殊的空间碰撞，在此空间中摇滚的参与者都暂时被一种新的空间所唤醒，迷失的人们又重新标定了自己所处空间的位置——“看，我就在这里，我依然存在着”；在摇滚中，音乐的传统属性——高度理性、高度抽象、高度严谨——被彻底摧毁，而代之以肆意表现、高度具象、肆意嚎叫的一种东西。摇滚音乐的上述症候与当下网络言论竟是如此惊人的相似。

因此，我们不赞同抛弃那种追求客观的、以公共利益为指向的网络新闻评论，更不欣赏那种卑劣低下、琐碎浅薄、极端相对主义的网络言论。正如一些学者所言，“（新闻的）一些原则应予以保留，但根本性的变革——特别是从市场规则中解放出来——是要发展公众批判意识、讨论与参与意识，这是至关重要的，尤其在当今世界正处在巨大的结构和文化转变的历史背景下”①。而这种观点自然将网络新闻评论与建构公共领域所需要的理性及启蒙意识联系在了一起，也为网络新闻评论的未来走向提出了一个严峻的问题：网络新闻评论自由表达中，通过理性达到启蒙的目标了吗？网络公共领域真的在网络言语狂欢中建构起来了吗？

第六节 后现代主义语境下的网络新闻评论

一、后现代，时代的表征抑或语言游戏

自世界进入近代史以来，人类对新闻传播的研究步入快车道，总结出不少经典理论和传播模式。但新闻实践发展大大超越了这些理论和模式的边框与局限。当下，“建立在网络上的国家”正在取代传统的“建立在轮子上的国家”，现代社会信息化程度远胜于人类历史上的任何时代，互联网的发展更是加剧了这一态势。

在传播史上，人类依次经历了以语言、文字、印刷术、电波等媒介为代表的四次信息革命，每次都在文化领域产生巨大变革：游吟诗人的地位被文字的产生所动摇；祭司、僧侣的特权被印刷物的普及所剥夺；倍受推崇的作家在电视明星魅力光环的笼罩下暗淡……特别是新一轮的网络信息革命与之前媒介相比更是从各方面冲击和改变着人们的社会生活，无论是信息传递还是言论表达对人类社会的撼动之大都可谓“史无前例”。因此带来的诸多新现象是传统新闻哲学模式和理论所不能涵盖的。其中，后现代作为一

① 罗伯特·哈克特、赵月枝：《维系民主？西方政治与新闻客观性》，清华大学出版社2005年8月版，第21页。

个正在席卷理论界和业界的时髦术语自然与传播有着千丝万缕的联系,而网络新闻评论抑或网络言论更是体现了一种典型的"后现代"风格。

后现代,作为20世纪一个西方理论引进品种,一进入中国语境就曾遭遇到激烈的抵抗与质疑,但伴随着中国社会急剧转型带来的价值观变迁,围绕后现代理论本身展开的探讨却从未停止。因为,后现代哲学思潮在解释一些社会现象时,尤其在文化、文学、艺术及大众传播领域提供了较强的理论支持。以传播学为例,鉴于后现代思潮引起大众文化在传播领域"疯狂"传播甚至凌驾于新闻传播之上,俨然一副"霸主"姿态,一些学者甚至提出继自由主义、社会责任理论外应该再增添一个新的传播理论——后现代传播理论。

二、后现代思潮的哲学基础

"后现代"这个时髦的名词直到20世纪80年代以降才逐渐形成气候。1981年,法国《世界报》向其晨报读者宣布"有一个幽灵——后现代主义的幽灵在欧洲出没作祟",只是谁也未曾料到,"后现代主义"这个"幽灵"在今天,已成为一个家喻户晓的用语。①

其实,"后现代主义"这个词最初可以追溯到20世纪四五十年代的建筑学、文学等领域,表示不同于传统的、个性化的风格。这种社会倾向在后现代小说中得到具体呈现。现代主义作家大多认为,资本主义世界中人与人之间的社会关系是确定了的、亲密的和可知的,但在后现代作家看来,世界好像完全变了样,"似乎我们的思想和文学成规的准则都在被全然摒弃"②。他们虚构了世界上"极度畸形"和"极度飘忽不定的"各种经历和癫狂的"病态"。在追寻这种思潮的社会原因时,欧文·豪指出:"在50年代的丰裕条件下,战后的美国社会已变得杂乱无章:传统的风俗礼仪被忽视,固有的权威中心瓦解,消极厌世的情绪随处可见,牢固的信念和'事业心'却荡然无存。"③

20世纪80年代后,后现代主义从狭窄的文学围墙中走出来,成为一种

---

① S.拉什:《后现代主义社会学》,路特来奇出版公司1990年英文版,第1页。

② Howe, Irving. 1959. "Mass Society and Post – Modern fiction", Partisan Review 26:428.

③ Howe, Irving. 1959. "Mass Society and Post – Modern fiction", Partisan Review 26:433.

广泛的文化思潮，在全世界蔓延开来。丹尼尔·贝尔从文化的角度，把后现代主义看成是必然发生的后现代性文化。美国后现代主义的著名学者杰姆逊则将后现代主义视为“晚期资本主义的文化逻辑”，认为它是当代社会和文化转型的驱动力。

后现代在当代语境下的传播过程中，起决定作用、正式把后现代主义带到了哲学论坛前台的是法国哲学家利奥塔。他于1979年出版了《后现代状况》一书并论述道，后现代社会是以计算机产业为基础的社会，知识作为生产力，体现为权利象征，谁掌握了知识谁就决定了生产力的发展方向；同时在《对“什么是后现代主义?”的回答》附文中，利奥塔更是将后现代主义与知识批判、反基础主义等同起来，认为这直接导致了社会基本矛盾的变化，即由生产力和生产关系的矛盾、人与社会的矛盾转变为人与人之间的矛盾。到了20世纪80年代，福柯、哈贝马斯、利奥塔、罗蒂等哲学家发起的关于“什么是启蒙?”以及“现代性”与“后现代性”的大讨论，又使后现代主义的各种理论得到了更深层次的拓展。

总体上，哲理层面上的后现代，不是指“时代”意义上的一个历史时期，而是指一种思维方式。这一思维方式是以强调否定性、非中心化、破坏性、反正统性、不确定性、非连续性以及多元性为基本特征的。《扑朔迷离的游戏——后现代哲学思潮研究》的作者王治河形象地称之为“流浪者的思维”①。根据他的理解，流浪者的流浪就是一个不断突破、摧毁界限的过程，这跟后现代主义思维一样，以持续不断的否定、摧毁等为特征。

在大众传媒催化作用下，文化与商品建构“合谋的空间”，从而孕育了消费文化，使精神产品从原先高尚的道义神坛上被拉扯下来，降为供普通民众消费的大众商品。于是，在逐利本性驱使下，大众文化产品特别是大众传媒，不断地变换形式以满足大众消费的需求。因此，消解中心、无确定性、无深度感、平面化的后现代艺术应运而生。这种思潮甚至被某些学者称为“反智性思潮”(Anti-intellectual current)。

在论及后现代特征时，“理性”哲学概念是无论如何都绕不开的。因为后现代哲学大厦几乎完全排斥理性，建立在“非理性”基础之上。传统理性主义认为：人是理性的动物，理性是人的本质。因此，在古典哲学那里，理性

① 王治河：《扑朔迷离的游戏——后现代哲学思潮研究》，社会科学文献出版社1993年版，第8页。

具有至高无上的权威地位。理性的自立为王，与它以绝对理性的化身自居紧密相联。但进入现代主义，特别是后现代哲学范畴，非理性主义开始萌芽、发展，与理性主义展开激烈"斗争"并试图占据当代哲学核心位置，它从根本上摒弃了"绝对理性的幻想"。海德格尔曾一针见血地追问："什么是理性？理性之为理性，是在什么地方，通过谁人决定的？理性已经自称哲学之王了吗？"①同样，尼采也旗帜鲜明地表达了自己对理性的质疑："我们和所有柏拉图学派以及莱布尼茨学派在思想方式上最大的不同点便是：我们不相信有所谓永恒的概念，永恒的价值，永恒的形式，永恒的灵魂。"②

后现代主义支持者认为，人很多时候都无法用理性来控制自己的行为，理性并非人的本质，至于"人性"、"人的本质"等概念，也只不过是传统人道主义在理想主义基础上的一个"虚构"。人的存在是变动不居的、开放性的，而体系则是封闭性的，所谓理性、真理的体系一旦建成，就把思想自身框住了。

如果说后现代思潮仅仅从认识的角度出发颠覆理性主义权威，那么其影响力绝不会达到今天如日中天的地步。更为重要的是，后现代哲学从政治角度切入揭露其集权性和压迫性。利奥塔曾将黑格尔哲学称为"理性的集权主义"。"理性和权力是一个东西，是同一的。你可以用预知或辩证法来装扮前者，但你将仍有另一道（未触动的）菜端上来：监狱，禁止，选择程序，公共利益。"③福柯则另辟蹊径建立自己的知识谱系学，成功地将理性历史化。他认为理性在根本上是历史的，它与权力历史地联系在一起的。为此，他引用1656年巴黎对癫狂病人、理智失常者实行"大禁闭"案例并就此指出："理性战胜非理性的过程一度只靠物质力量，并以某种真正的冲突来得到保证。而现在，这种冲突总是事先就定局了，在具体情况下，当癫狂病人和有理性的人相遇时，非理性的失败也早已不言而喻了。"显然，在福柯的眼里，理性正是用"大禁闭"这种近乎残忍的手段，将非理性排斥在社会之外，从而确立了自己在近代资本主义社会中正统的权威地位。

福柯进一步对理性与非理性的尖锐对立进行探讨时认为，理性与非理性的现代区分其实是理性权力运作的结果。理性具有压迫性和集权性，它

① 海德格尔：《什么是哲学?》，《现代外国哲学》第七集，人民出版社1985年版。

② 参阅陈鼓应：《悲剧哲学家尼采》，三联书店1987年版，第147－148页。

③ 转引自陈晖：《权利主体的建构与解构——走向后现代的法哲学主体观》，《兰州学刊》2004年第5期。

试图“搁置”、“遮蔽”和“忘却”非理性的冲动,使近代资本主义社会在政治上将“疯人”、“变态者”排除在社会之外成为可能。对此,理性难逃罪责。而这种观点与利奥塔的理解如出一辙,不同的是,福柯在这条道路上走得更远,探讨得更深入。

当然,在探析非理性主义的产生根源时,马克思·韦伯形象地表述道,“启蒙运动的玫瑰红正不可挽回地消褪”。面对20世纪两次灭绝人性的世界大战及野蛮屠戮,人们开始对启蒙以来的历史进行拷问:那些经过理性启蒙的人都哪里去了?那个理性的千年王国到哪里去了?由此可见,对理性的反思,对人类“堕落的理性”的诘难,促成了非理性主义的诞生。在非理性主义者看来,“人类不是用其理性来提高自己的形象,而是用它来编造似是而非、自我中心的解释,并将其强行灌输给他们的受害者——这是一种塞进受难的基督口中的蘸满酸醋的海绵”。① 也正是从这个意义上说,建立在非理性根基上的后现代大厦对理性的诘难有其正当性一面,后现代哲学基础的非理性也并非全然消极的。

与后现代在承认“非理性”的合法地位同时,多元化成为其另一个重要理论资源。既然承认现实生活非理性的一面,那么理性多元化随之而来,对事物的判断不再遵循传统的形而上学思维方式中“非此即彼”的独断论,而是倡导“或彼或此”的选择论。这点对于我们在内容上评价网络言论时提供了一个有价值的、值得参考的衡量标准。

三、后现代的媒介表征

后现代表征贯彻于各个领域,特别在视觉艺术、建筑、电影、流行歌曲和社会理论中推演出一场影响深远的运动。鉴于其对社会生活介入之深度与广度,可以说,它在某种意义上颠覆了古典现实主义和现代主义的种种形态,对人类社会造成了巨大的影响。如杰姆逊所言,种种后现代文化都依赖于歇斯底里的狂热与强烈的兴奋感,由此产生的快感近似于宗教崇拜。

后现代另一个常为人所提起的重要表征——拼贴与戏仿,在媒介领域得到淋漓尽致的展现。所谓戏仿就是利用现代作品风格的独特性,尤其是它们的怪异之处制造一种模拟原作的摹仿。如果这个定义对于理解戏仿还

① [法]约瑟夫·祁雅理:《二十世纪法国思潮》,商务印书馆1987年版,第47页。

显得深奥以致难以理解的话，那么《牛津英语词典》第四版的定义则较为显明，戏仿即"以滑稽或嘲讽的形式出现的对作家思想、语言特点的模仿，尤其是用在极其不对应的主体上；或是以原作为基础的模仿，以产生一种嘲讽、滑稽的效果"。这种操作手法几乎遍及音乐、绘画、广告，甚至新闻及言论等所有文化领域。

美国当代文化批评学者杰姆逊在揭示后现代主义的内在逻辑时，恰恰是选择大众传媒作为理论支点来加以论述，"整个当代社会系统开始渐渐丧失保留它本身的过去的能力，开始生存在一个永恒的当下和一个永恒的转变之中，二者把从前各种社会构成曾经需要去保存的传统抹掉……新闻媒体的作用便是把这新进的历史经验编进过去之中，越快越好。于是，媒体的资讯功能可能是帮助我们遗忘，是我们历史遗忘症的中介和机制。"①这段论述委实让我们看到时代转型在媒介发展史上留下的烙印。随后，杰姆逊将视野由大众传媒延伸至整个当代文化，他认为，当我们进入所谓的后现代社会阶段，即晚期资本主义阶段，其文化的一个重要特点就是在文化领域中呈现出诸多的剽窃或拟仿（Mimicry）现象。二者都是对一种特别的或独特风格摹仿，配戴了一个风格面具。但过多的剽窃和戏仿造成了文化产品的风格无个性化，极其统一。②

学者胡兴荣在《后现代哲学与大众传播》一文中指出，今天的传媒已非传统意义上的媒体。如今我们置身的这个世界正日益被虚拟现实取代，传统价值观、道德观在符号横飞的拟态环境中以最快速度被消解。因此大众传媒传播所依循的"新闻哲学"在后现代社会里开始其"后现代传播理论"的转型。"其突出地表现在三个方面：否定新闻本质的'真实'；否定传播媒介以'真理'为唯一目的；网络信息的摧毁与否定。"③

在探讨媒介后现代风格时，我们必然将传统媒体，尤其是电视媒介纳入观察视野。

由电视建构的消费文化成为战后最为典型的社会特征之一，人类生活从未如此依赖其建构的符号象征环境。电视广告与商业合流从而制造一个

---

① 杰姆逊著，陈清侨等译：《晚期资本主义的文化逻辑》，三联书店1997年版。

② 杰姆逊著，陈清侨等译：《晚期资本主义的文化逻辑》，三联书店1997年版。

③ 胡兴荣：《后现代哲学与大众传播》，人民网·传媒频道，http://www.people.com.cn/GB/14677/22100/40528/40529/2988094.html。

又一个虚浮的欲望主体。在论及这个问题时,2007 年 3 月 6 日在巴黎逝世的法国哲学家让·鲍德里亚自然是绕不开的。鲍德里亚的研究视角集中在对资本主义消费文化和作为拟像构造的现实景观的分析,创造性地运用"外爆"与"内爆"概念来对现代社会与后现代社会加以区分。他认为,现代社会(工业社会)是"外爆",突出表现为商品生产、科学技术、国家边界、资本不断扩张,以及社会领域的话语与价值的不断分化;后现代社会则表现为"内爆",政治与娱乐、资本与劳动、高雅文化与流行文化等各种界限日益模糊。"内爆"状况中缺少积极心态、缺少对美好未来的期望,有的更多的是欲望、迷惘、眩晕、抑郁。在探讨何以至此的原因时,他将矛头直指电视媒介,认为正是电视在我们的世界中制造了一种具有魅惑力的"超现实",而这种模拟的感觉和经验已经取代了真实,电子媒介制造的影像完全没有真实性,完全没有意义。

若说这种后现代风格在传统媒体时代业已建构,那么后现代症候更多是体现在媒介建构的文化图式在启蒙道路上渐行渐远,逐渐偏离理性航道,商业逻辑全面席卷、统治传媒日常运作,新闻与娱乐混为一谈;而当传播模式处于不断升级状态的网络媒介日益深入现实生活时,它让传媒在否认"真实"和 "真理"的道路上以加速度前行,在内容和形式两个层面上共同催生、孕育一种"原汁原味"的后现代主义风格。

四、网络言论,后现代风格集体上演

正如前文所述,"消解、革命、颠覆、解构"可谓网络言论传播的后现代风格的集中体现。

首先,网络言论传播的文本样式颠覆了传统媒体表达样式,体现出鲜明的互文性。我们之所以将互文性作为网络新闻评论的后现代风格表现形式之一,就是因为"互文性理论吸取了解构主义和后现代主义的破坏逻各斯中心主义的传统,强调由文本显示出来的断裂性和不确定性"①,这正契合了上文对于西方后现代哲学基础"反理性"的分析。

"互文性"(又称为"文本间性"或"互文本性")概念最先并非由传播学者

① 闵云童:《文本的影响与对话——当代互文性理论的理论层次分析》,文化研究网,2007-5-24。

提出，而是由法国符号学家、女权主义批评家朱丽娅·克里斯蒂娃在其《符号学》著作中提出并用来分析文学作品的一套全新的理论工具，她认为，"任何作品的本文都像许多行文的镶嵌品那样构成的，任何本文都是其他本文的吸收和转化"①。换言之即是，每一个文本都其他文本的镜子，每一文本都是对其他文本的吸收与转化产生影响，相互参照，彼此牵连，形成一个潜力无限的开放网络，以此构成文本过去、现在、将来的巨大开放体系和文学符号学的演变过程。透过她的论述可以看出，互文性包含两层含义：一是"一个确定的文本与它所引用、改写、吸收、扩展、或在总体上加以改造的其他文本之间的关系"②；二是如罗兰·巴特所言，"任何文本都是一种互文，在一个文本之中，不同程度地以各种多少能辨认的形式存在着其他的文本；譬如，先时文化的文本和周围文化的文本，任何文本都是对过去的引文的重新组织"③。

透过这些理论及概念的演绎推理，我们不难看出：鉴于对文本的准确理解，不能孤立地单独审视文本自身，要着重发现一个文本对其他文本的折射关系，就像罗兰·巴特论述的那样，"文本就意味着织物……主体由于全身在这种织物——这种组织之中而获得解脱，就像蜘蛛在吐丝结网过程中获得解脱一样"④。由此可见，要真正获得对文本的综合全面的理解就必须在文本之间寻找联系点。这种互文性在文学作品分析中的探寻，某种程度上较网络新闻评论文本复杂一些。毕竟，网络新闻评论本身就不是独立存在的。由于有网络技术支持，网络言论借助超文本链接直接附着原新闻来源几乎成为严格意义上的网络新闻评论的重要来源。

如果说像搜狐"日月谈"、"红辣椒"等新闻评论频道的新闻评论与新闻源只是设置一道链接，那么在新闻跟帖和论坛里的言论中，这种互文性显得更为频繁，也更为随意。网民不仅对原新闻发表言论，而且别人的言论完全可以跃升到新闻源的高度，取而代之成为其他网民言论的由头。这种互文性表现得可谓更为彻底，有时"无厘头"的风格毕显无遗，因为网民言论的精彩程度超越新闻事件本身，在"叠罗汉"式的帖子层积下，言论走向简直

① [法]朱丽娅·克里斯蒂娃：《符号学：意义分析研究》，转引自朱立元著：《现代西方美学史》，上海文艺出版社 1993 年版，第 947 页。

② 程锡麟：《互文性理论概述》，《外国文学研究》，1996 年第 1 期。

③ 转引自闵云童：《文本的影响与对话——当代互文性理论的理论层次分析》，文化研究网，2007－5－24。

④ [法]罗兰·巴特：《罗兰·巴特随笔选》，百花文艺出版社 1995 年版，第 229 页。

无法得到有力控制,甚至讨论的重心完全与新闻事件游离开去,更难以将话题引向理性探讨的轨道。如 2007 年 5 月 28 日,一则社会新闻《网上出现学生侮辱老师视频》被新浪转载,引起网民广泛参与。或许由于这样的新闻事件本身具有的显著性和争议性,新浪跟帖评论陷入典型的言语狂欢,常常将他人的观点作为自己"攻击"的对象。如下图所示:

2007-05-28 10:38:05 新浪网友 IP:218.94.48.*

这样辱骂所有的老师,只能说明你是一个绝对的社会渣子,一个头顶生疮、脚底淌脓的臭皮囊!

[原帖] 新浪网友 IP:60.213.191.*

老师都是混蛋 [全部回贴]

2007-05-28 10:35:54 新浪网友 IP:124.77.123.*

那学生为什么穿耳洞上课,带帽子有什么问题吗?

[原帖] 新浪网友 IP:60.28.62.*

老师为什么带帽子上课????????? [全部回贴]

2007-05-28 10:31:34 新浪网友 IP:220.248.24.*

要让那些人渣知道做人渣的后果,现在社会就是把人和禽兽归一起讲权利.

[原帖] 新浪网友 IP:222.68.241.*

看来我国的教育迫切需要改革,社会上存在良莠不齐的现实,我们不必忌讳实行分级教育,对品行不端的棍棒教育,要比放任自流更能体现社会的关爱. [全部回贴]

2007-05-28 10:28:33 新浪网友 IP:222.93.187.*

少在这道貌岸然了

[原帖] 新浪网友 IP:220.188.0.*

原因中国主管教育根本就没有素质的啊!还提倡什么科教兴国,简直可笑。自己从来就是权力的玩弄者管 全国的教育事业! [全部回贴]

显然,上述网络言论有多少理性可言自是有待商榷,人身攻击取代观点探讨司空见惯,但这种新闻评论的文本所体现出的互文性特征显然是传统媒体望尘莫及的。

互文性研究思路的提出对于理解网络新闻评论,其优势在于它从结构主义纯文本的形式研究引入了更多的对创作主体的关注。网络言论主体间打破原来的"主一客"二元对立,只是简单的反映与被反映的阅读模式。主体之间的交流首先是一种共同参与,一种主体的共有、共享或一种共同创造。"它强调相互间的投射、筹划,相互溶浸,同时它又秉有一种相互批评,相互否定,相互校正、调节的批判功能。在此二者基础上展开了主体间本位的广阔天地,不断达成主体间的意义生成。"①其实,主体间性作为一种哲学研究手段被移植到文艺批评领域进而被引入到网络传播研究中,可以说,在这种挪移过程中,主体间相互作用导致意义生成效果直至在适用网络言论时体现得最为明显。当我们在阅读网络新闻评论时,不同文本之间因链接而形成的互射关系和对话,其实是更深层次的主体间的对话,既是读者与作者间的对话,也包括读者与读者间的对话。

当然,网民在阅读网络言论时候,必然涉及对文本如何理解和接受这样一个问题。之于网络言论文本而言,解构主义批评家布鲁姆"影响即误读"理论正好可以用来说明。将他的理解运用到网络言论理解中便容易得到如下结论:不存在任何原文,一切本文处于相互影响、转换、交叉重叠之中,影响关系支配着阅读,而阅读不过是"误读"而已。这种"误读"恰恰体现了网络言论在阐释和吸收阶段的后现代风格。作为草根阶层的网民,面对传统强大权力笼罩的言论环境,在受前代伟人影响与压抑的焦虑中,只能采取各种有意识或无意识的"误读"方式来贬低前人或否定传统,达到树立自己形象的目的。这在我们经验中常常可以察觉,即使他人的言论具有一定的合理性,但为了表明自己主体地位的存在,仍然要采用这种误读方式来表现,哪怕自己的言论并无合理性可言。

在这种对网络言论近乎"不近情理"的解读中,互文性三个重要元素——文本(作为一种显性的存在)、主体(作为一种知性的存在)和文化(作为一种隐性的存在)很好地结合在一起。作为从文学研究借鉴过来的一种研究方法,它既注意到当前文本蕴含的传统文化的延展性,同时也注意到了不同背景下主体表现出的文化的背离与叛逆,即与传统文化理念的矛盾冲突,而文化冲突、强调削平深度、消解传统则一直是后现代主义的一个重要命题,也是一种文化叛逆的表现。

① 闵云童:《文本的影响与对话——当代互文性理论的理论层次分析》,文化研究网,2007-5-24。

五、如何认识媒介话语的后现代风格

在对后现代作系统梳理后，我们发现，即使在反权威、反理性、反宏大叙事的基础上的后现代阵营里也表现出迥然有异的思想倾向。一种倾向表现出对现代主义的彻底否定，侧重于对现代工业文明的批判，带有明显的虚无主义、怀疑主义和悲观主义的色彩，这一阵营以福柯、德里达、利奥塔等人为代表；另一阵营表现出某种建设性，以罗蒂、格里芬等人为代表。后者带有更强的建设性、积极性和乐观性，在面对现实困境时积极寻求解决途径，重构现实环境中人与社会、人与人之间的关系，摆脱了激进后现代的否定主义、虚无主义、悲观主义等倾向。

显然，对于当下言语环境，后现代思潮沿着建设性轨道缓慢前行应是合理的选择。毕竟当下的历史语境中，我们还无力去为"工业文明"进行修辞，工业文明与农耕文明以及晚近的信息文明以一种奇异的方式交织在一起共同拼凑成一幅"瑰丽"的文化镜像。确切地说，我们还没有到达需要整日喟叹感怀虚无主义、怀疑主义、悲观主义这些字眼的时候，我们真切需要的是如何实现农耕文明与工业文明及信息文明三者间的顺利转承。或许当网络言论投射现实之时，一种言语的力量才能被最大程度地激发出来。

这样的例子已经广泛存在于现实之中，可以说，在网络逐渐获取媒介市场话语份额时，一条没能引起网络关注、没有被网友评论的新闻注定在信息冗余的传播渠道中被遗忘，因为网络言论已经成为当下最重要的民意代表，网络已成为事实上的舆论起搏器和集散地。有学者曾指出：新的时代背景、社会舆论环境，特别是公众广泛参与的程度是当代中国新闻评论新的、独有的发展动力……除了评论文体的自身演进规律外，时代、社会开放程度和公众参与程度以及传播渠道与技术的影响是新闻评论发展最重要的影响因素。① 对于新闻评论的这种认识无疑是深刻的，网络的对话精神及互文性都孕育催生了新的评论文体及风格，新媒介与传统媒介的融合趋势由此可见一斑。其中带来的最大的影响表现为个人化的选题、个人化的视角、个人化的判断和个人化的语言，而这恰好体现了言论的后现代转向。这种转向在传统媒体新闻评论领域中已经留下鲜明印记。如新华社浙江分社主办的

① 马少华：《新闻评论》前言，中南大学出版社 2005 年 5 月版。

《现代金报》,其言论版《金评天下》每期配有编辑以"版主"的名义与其他评论参与者针对新闻事件的对话栏目,这在形式上明显融合了电视谈话节目和网络论坛的交流特性,从而突破了传统媒体言论表达形式的局限。

上述案例只是形式上的外在表现,对宏大叙事的消解还突出表现在评论内容上,尤其是文体风格的转变。以媒体最高级别的言论代表社论为例,2005年2月9日,《南方都市报》元旦社论《恭喜发财红包拿来》,行文风趣轻快,透出浓浓的人情味和节日气氛。2007年3月3日,继此前的广东"两会"《南方日报》发动网友为"两会"写社论后,南方报业传媒集团全国两会报道组再次联合南方网、奥一网、天涯社区、腾讯网等多家网络媒体征集网络版"两会社论",发布"一起写全国两会社论":"我们邀请您来写一个网络版的社论,大家可以一吐为快! 跟传统硬梆梆的社论不一样,我们要用网络语言的味道——发表感言,评价两会代表的议案,也可以就某个具体的问题建言。"3月4日《南方日报》便发表社论《网友"键议"天下"网友社论"旋风刮到全国两会》。

由此可见,传媒后现代的某种转向确实给新闻评论带来了某种转机。在传统媒介时代,稀缺性的媒体资源助长了传播者的宏大叙事文风,形成长期以来新闻评论占主导地位的"官话"文风。这种状况随着网络不断扩大人们话语空间而在一定程度上得到修正。或许也只有当网络构建的言论平台为广大网民接纳并真正积极践行时,居高临下、刻板单调的"官话"才会渐渐在言论舞台上隐退。

再重新回到网络言论的后现代风格这个问题上。在网络登陆中国并为网民开启了一扇言论窗户,无理性的、充满嘈杂的声音充斥各个网页与论坛中,消解着宏大叙事机制的解构风格的时候,这一技术神话曾一度被一些学者认为将导致传统社会层级发生变化,网络时代的阅读更像是一场下里巴人的狂欢,这既反映了文化领域现代性与后现代性的摩擦,也是一种社会转型冲突,以文本和专家为中心的现代性范式,正转向以大众和阐释为中心的后现代性范式。多元化阅读,其意义在文本与读者的对话中生成的。一元化的文本,顶多只是充当语形角色的符号而已。有了网络,每个网民便拥有了"六经注我"的权利①。

但随着网络言论逐渐暴露出其"破坏性"的一面,网络又最终在多大程

① 姜奇平:《后现代主义的网络阅读像下里巴人狂欢》,《互联网周刊》2005年12月13日。

度上实质性地促进社会变革、优化文化结构,必将打上一个巨大的问号。而这又将其他问题推至眼前:如何通过积极有效的网络言论来安置当代人的情感秩序,"如何通过一种'生命不可承受之轻'的虚拟话语来提供社会性的观念诱惑和价值诱导"①?因为有了网络,人不再依附于一个宏观思想体系来为自己定位,而是崇尚参与和表达。表达自己的迫切凸现了信息传递的可能性的增长和若隐若现的欲望的爆炸,是一种为了自己的表达而表达的权力和自我欣赏的快感的兑现②,或许正因如此,网络言语表达狂欢也正契合了约翰·菲斯克关于流行文化快感体验的观点:这是"属于自己的社会体验的意义所带来的快感,以及逃避权力集团的社会规训所带来的快感"③。

2007年4月7日,加拿大《环球邮报》以《没想到中国人这样使用互联网》的醒目标题指出:不知从何处冒出来的人,一夜之间变得妇孺皆知,俘获了整个国家网民的目光——这就是中国互联网的现状。世界没有料到中国人会这么使用互联网。拥有1.37亿互联网用户的中国,其网民的人数仅次于美国。但是,中国似乎没有把互联网作为改变社会的工具,而是首先把它当成了娱乐源泉。在中国,互联网不是信息超级高速公路,而是喧闹的娱乐大杂烩……在西方,约70%的互联网用户年龄都超过30岁。而在中国,情况恰恰相反,约70%的网民都小于30岁。中国的网民大部分都是渴望娱乐的城市白领和学生。他们每周的上网时间合起来超过20亿小时。对于许多西方人来说,互联网是用于特定目的的地方,上网是为了浏览信息、新闻或收发邮件。而在中国,互联网首先是一种娱乐媒介,用来给年轻人消磨时光④。

应该说,上述言论确实从一个侧面反映了中国互联网现状,一个原本可以弥补受众在传统媒体时代话语权不足的工具,在全民娱乐和注意力经济盛行的时代其职能也悄然发生改变。其实,通过对西方后现代思潮作哲学层面上探讨可知,后现代的种种表征深层次上是一种社会心理层面的反映,它是在社会,尤其是人,特别是有权力的人的行为准则失范、社会秩序重心

① 陈卫星:《传播的观念》,人民出版社2004年4月版,第293页。
② 陈卫星:《传播的观念》,人民出版社2004年4月版,第290页。
③ 约翰·菲斯克:《理解大众文化》,中央编译出版社2001年版,第58页。
④ Geoffrey York:《没想到中国人这样使用互联网》,[加]《环球邮报》2007年4月7日。

失调的情况下,人们普遍陷入的一种自恋循环。在世纪之交时,有学者就曾论述道:"随着商业化大潮的迸发,在社会空间中开始出现、蓄积、充塞着某种无名的暴力的情绪,既是文化和心理层面的,也是现实层面的。在文化意义上说,它是无名的、无指向的冲动和激情,它最直接地联系着阶级分化的现实,联系着不断被构造出来的欲望、欲望无法满足的焦虑和日渐严重的生存危机与身份危机。"①因社会转型带来的文化冲击与财富两极分化严重,边缘人群的人格焦虑成为社会普遍情感,于是网络成为这种情绪喧嚣场所在所难免,"人们在文化等级和社会等级之间寻觅自己的身份,在不同角色间进行转换,现代人越来越意识到自我的微不足道……而后现代的自我呐喊,则又使人在自卑中自恋,生存的焦虑感和角色的归属感相互抵触"。如吉登斯所言,"在没有终极权威的情境中,自我的反思性必须要在信奉与不确定之间把握一个方向"②。显然,在后现代思潮甚嚣尘上之时,当价值、文化多元化概念被推到极致甚至被放置于图腾位置上时,在一个虚无主义盛行的社会里,会有哪种价值被呈现,并获得尊崇呢?

无疑,网络话语力量最终来自于它对现实的关注,揭示现实格局中的矛盾并调适各个阶层的意识形态话语体系。网络实践在调适各种话语的基础上已然对事关公共福祉的决策产生影响,甚至在一定程度上改变了我们对于历史、社会的传统思维方式。

2007 年初,"中国是否需要一次文艺复兴"的话题在政治、文化等领域引起广泛而又深入的讨论。这场由网络公共知识分子促发,并引起包括《南方周末》③在内的传统媒体关注的,由网络言论与传统媒体言论共同构建的这一主题讨论,实际上是在延续 2006 年热播的纪录片《大国崛起》引发的关于中国在走向未来的道路上该作何种选择这一棘手但却又至关重要的话题。

在网络新闻评论具有品牌化效应的强国论坛深入讨论区,曾发表过无

---

① 戴锦华:《犹在镜中——戴锦华访谈录》,知识出版社 1999 年版,第 124 页。

② [英]安东尼·吉登斯:《现代性与自我认同》,三联书店 1998 年版,第 235 页。

③ 《南方周末》在此轮讨论中刊发作品如《中国,你需要一场文艺复兴》、《文艺复兴岂需良辰吉日?》、《中国需要文艺复兴吗》、《文艺与复兴》、《中国需要文艺复兴,还是别的运动?》等,甚至配发评论《道德重建、社会建设与个体尊严》,这篇评论也在天涯"关天茶舍"引发网友讨论,网名为"fx030784"的网友发表《关于秋风先生〈道德重建、社会建设与个体尊严〉一文的语言逻辑》帖子对评论进行了深入的讨论。

数引起网民极大关注的帖子。其关涉现实的程度也让其登上2006年为数不多的中国互联网品牌栏目的位置。2007年5月21日，“强国论坛”刊登了“皖江流泪”的一篇网文《安徽，我心中的痛》，数万人阅读，数千人参与讨论，探讨安徽民生、政治与社会发展的各个方面存在的问题。甚至有网友深恐这篇帖子会被“封杀”而呼吁道：“如果强国论坛还是人民的论坛，就一定要顶住压力，人民支持你们！”此帖也被广泛转引到其他如网易、天涯等论坛。鉴于文章激起的广泛影响力，强国论坛特邀“皖江流泪”于6月5日13:00做客人民网与网友展开“安徽，路在何方”的主题讨论。

显然，诸如上述的案例在网络媒介中的呈现并没有跳脱出现代性的思维范式，它引起甚至逼迫着主体对自己生存于其中的周遭现实进行反思及寻求对策。而网络媒介总体上表现出的后现代性意欲斩断与传统、与现代间的纽带关系，渴望借助媒介话语支撑来寻求脱离中心的生活模式。闯过各式各样的网络言论的暮霭，20世纪一个推崇、倡导“媒介神话”的麦克卢汉式的幽灵获得重生，再次徘徊在我们周围。

因此，媒介自身立足于现代范式还是后现代范式成为一个问题。

自五四运动开始，启蒙运动就致力于寻求中国实现西式现代化转变，在历经磨难后于20世纪80年代开始的改革重新使中国踏上现代化道路，开启现代化引擎。经济快速运转最终通过媒介向它的受众传达了一种掠夺性的伦理准则：人们不必去顾及自然的生命及其内在的价值。如果我们不去掠夺自然，那就等于我们没能意识到我们心中的规定。同时，“世界的祛魅”让我们在追求现代的同时丧失了原本与自然连接在一起的亲近感。后现代范式正是在这种冲突语境和历史现实中登场。但在寻求主体独立、文化多元化的道路上，个体及不同文化之间的传统却从未消停，伦理道德观念遭遇前所未有的颠覆，这从网络恶搞、粉丝“文化”大行其道中可见一斑。

不过，若是网络言论能够契合格里芬构建的建设型的后现代思想时，这不啻为网络媒介在中国的适用带来的福音。格里芬在其著作中指出：当务之急就是把各种力量联合起来，建立一种让当代人、尤其是正在成长的一代感到更为可信的世界观，并着手建立一种用以规范个人、社区、国家及国际关系的新伦理学，以便提供将来会带来更好的生活方式的现实主义的希望，后现代世界中心正是为这个目的而建立的。

如格里芬论述的那样，当后现代思想成了后现代范式的基础，未来几代人将不会再把建立在二元对立基础上的关系视作处理问题的“自然的”、

“唯一的”和“现实的”方法；他们将不会再把自然看做与我们疏远的、其价值只在于作为我们一种“自然资源”的“祛魅的”领域，不再认为经济方面的考虑是我们公共生活中首屈一指的事情；他们不再把世界看做是由自主的原子构成的，因而不会设想用零打碎敲的方式来解决问题，不再认为个人或社区的利益可以脱离其他所有人的利益而获得，于是自然而然地去寻找把个人利益和整体利益结合起来的方法。

如果网络言论建立在上述思想根基上，那么这种后现代的话语风格应是我们追求的风格，因为在文辞之间吸引网民以及带给传统媒介和整个社会民众的将不仅仅是一个大写的“人”字，它会让我们在现代化道路上奔驰时重新思索人与人、人与社会、人与自然的关系。

5 第五章 国外网络新闻评论研究

第一节 网络新闻评论与言论自由

新闻评论关涉言论自由,网络新闻评论则被人们看做是言论自由实现的新路径。言论自由在西方诸国受到极大的尊崇,特别是在美国,言论自由被认为是民主社会的根基。在美国宪法第一修正案中,甚至有不允许国会制订限制言论自由的法律的条文。

互联网出现之后,因为上面的信息良莠杂陈,美国国会于 1996 年提出了《传播净化法案》,赋予政府以对网络信息的审查权,理由是儿童心智不健全,网上不合适的内容会对他们造成损害。法案一出台便立即遭遇到许多企业和组织的抨击。电子前沿基金会(CDA)联合苹果公司、微软公司、美国公民自由联盟、电子隐私信息中心等控告此法违宪。经过一系列的较量,最高法院于 1997 年 6 月判定《传播净化法案》违宪。最高法院的判词是这样说的:"作为一种宪法惯例,在缺少相反的证据的情况下,我们认为由政府来规范言论内容,更可能干涉思想的自由交流,而不是鼓励它。鼓励表达自由的好处在一个民主社会远重要于任何未被证明的理论上的审查的好处。"

这一判词包括两个方面的意思。一是谨慎使用政府对言论内容的规范权。美国是以欧洲启蒙思想家的设计来建国的,其理念是,国家是公民的共同体,政府是根据公民的契约推选的国家管理者,公民让渡自己的一部分权利,以使政府能够有效地管理国家。但是,公民所让渡的权利有可能被政府所滥用,所以,必须建立在对政府的不信任基础上来设计国家制度,实行权力制衡,并使政府的权力时时处在公民的监督之下。为此,必须保证公民的言论自由。也就是说,公民通过自由的言论来实现对政府的监督,因此,由政府来规范公民的言论,必然形成一种悖论:公民的言论自由是冲着政府来的,如果言论内容要由政府来规范,公民的监督权就有可能被削弱乃至剥夺。但若没有政府来管理,言论自由的权利也可能被某些公民所滥用。二是言论自由的权利的保障既然不能由政府来实现,那就最好是由公民自己自觉遵守言论规范,不去滥用。于是,不滥用言论自由权就主要以自治的方式来达成。就是说,在能够通过自治解决问题的情况下,就拒绝政府插手。事实上,后面我们还会看到,在网络言论环境中,许多网站就是通过自治来严格要求自己的用户的。具体到《传播净化法案》,虽然政府不是以限制言论自由为目的来规范言论内容,而是以保护儿童为理由,但即便这是政府的真实诉求,也有可能伤及言论自由。因为网络上的某些内容可能对儿童来说是不合适的,但对成年人来说却是非常重要的,若政府以保护儿童为托词损害了公民的言论自由怎么办?美国最高法院副法官约翰·鲍尔·史迪文森(John Paul Stevens)认为,此法案对言论自由权投下了太浓重的阴影,直接伤及民主社会的根基。保护言论自由权利和保护儿童免受不良信息侵害都很重要,二者相权,人们就要寻找别的路径,看有没有其他办法来解决这个矛盾,思路仍然是自治。就是说,保护儿童免受不良信息侵害的责任不由政府来承担,而交由家长来实现。通过互联网过滤技术,家长有能力监控儿童,使他们接触不到不良信息。这样做还有一个附带的好处是,使家长把更多的心操在孩子身上,加强了亲子之间的亲情培养。电子前沿基金会行政主管劳瑞·费纳说:"这意味着控制我们的内容的责任落在我们自己——公民和父母——的手中,再次呼唤我们能够受信任地、负责任地使用媒介。""意味着父母,而不是政府,才有权利来选择互联网上的内容。"电子前沿基金会主任委员古德温(Mike Godwin)因此断言:"做到既提升言论自由度,又提升家庭价值,这两者是不冲突的。"①

这之后,1998 年 10 月,国会通过并由总统克林顿签署了一个新的互联网审查法案:儿童在线保护法案(COPA),又称"传播净化法案第二版"(CDA II)。

当然,第二版即便是获得了通过,也仍然有人提出抗辩。

还有人对一切审查都表示反对。美国有的网站评论会显得很激进,"废除审查"网甚至在首页登出一幅照片,照片上两个反战人士伸出中指做出侮辱的样子。此网站打出反屏蔽的旗号,但上面登出的新闻也被有关部

① 资料参见 http://w2. eff. org/legal/cases/EFF_ACLU_v_DoJ/19970626_eff_cda. announce。

门给屏蔽了。看来不仅中国有网络屏蔽,美国也有。①

西方的政府很小,社会很大,民间组织非常发达。比较有名的保护言论自由的民间组织有:费因克斯坦因反屏蔽软件调查(Seth Finkelstein's Anti-Censorware Investigations)、屏蔽方案[The Censorware Project (CWP)]、自由表达网络[Free Expression Network (FEN)]、全球网络自由运动[Global Internet Liberty Campaign (GILC)]、自由表达政策设计[Free Expression Policy Project]、因特网自由表达联盟[Internet Free Expression Alliance (IFEA)]、电子未来联盟[Digital Future Coalition (DFC)]、和平之火(Peacefire)、线上政策组织[Online Policy Group (OPG)]、冷事件(Chilling Effects)等。

第二节 网站的言论自治

既然公民的权利公民自己要珍惜,不能给政府以限制言论自由的理由,那么,网站就要进行有效的自治。

网站的言论自治,做得最严格的应该算是传统媒体的网站了。在 NBC 的一个新闻论坛 TOPIX 上,该论坛对参与者做了诸多限制,具体来说,它要求不能做以下事情②:

上传、上帖、电邮、传播任何非法的、对人产生伤害的、威胁性的、滥用的、攻击性的、歪曲的、诽谤的、粗俗的、淫秽的、侵入别人的隐私的、令人厌恶的、或种族主义、狭隘民族主义的内容;

上传、上帖、电邮、传播任何显示裸体或半裸体的或成人的内容;

上传、上帖、电邮、传播任何教唆他人做违法行为的内容;

以任何方式伤害少数民族的;

① 见 http://www.theroc.org/。

② 见 http://www.topix.net/forum。

模仿和歪曲他人或他机构，包括但不限于，本网站官员、论坛领导、版主或管理员等；

伪造消息头或处理身份以伪造来自于本服务的原始内容；

上传、上帖、电邮、传播任何在任何法律或契约下你无权发布的内容（诸如内部信息、专有的或秘密的信息、员工关系或没有经公开授权的信息）；

上传、上帖、电邮、传播任何侵犯专利、商标、商业秘密、版权或别的任何组织的专有权利；

上传、上帖、电邮、传播任何未经同意或未经认可的广告、奖励材料、垃圾邮件、链条信、pyramid schemes、或任何别的形式的请求，除非是在专门设计为了这些目的的领域（如商店）；

上传、上帖、电邮、传播任何包括了软件病毒或任何别的用以妨碍、毁坏或限制任何计算机软件或硬件或电讯设备的计算机代码、文件或程序；

再次上帖已被删除的内容；

为那些被本服务禁止的人的利益而上帖或提供链接；

允许别人使用而违犯本协议；

破坏正常的对话，刷屏，或影响他人实时沟通的行为；

有意或无意地违犯任何法律的行为；

为美国政府认定为恐怖组织的机构提供材料支持或资料的行为；

跟踪或攻击别人；

上传、上帖、电邮、传播任何违反州公平住房法案、以任何公告或广告的方式出售或出租房屋、建立在种族、肤色、族裔、宗教、性别、家族形象之上的歧视行为；

上传、上帖、电邮、传播任何包括了未经别人允许的别人的个人情况或身份信息；

上传、上帖、电邮、传播任何虚假、欺骗、误导、诈骗、误传或构成诱骗的行为；

使用本论坛为别的网站服务。

这里列的不宜做的事情具体、细致到极其繁琐的程度，几乎涉及法律规范和网络传播道德的方方面面。

事实上，一些民间网络社区对网友发帖的要求也非常高。

ATS（http://www.abovetopsecret.com）网站号称是互联网上最大和最

受欢迎的社区，贡献智慧的讨论和有争议性的话题，拥有124 979个会员，155个论坛，甚至自信地声称："你可以说，真理就在这里。"它的口号是"拒绝无知"。此论坛声明①：

我们拒绝无内容的灌水帖；

我们拒绝在其他论坛中存在的伤害性帖子；

我们拒绝垃圾帖和令人讨厌的言论；

我们鼓励理性的帖子；

我们鼓励建设性的辩论和合作性的讨论；

我们鼓励对任何话题的检查，但必须是以礼貌的方式；

我们尊重别的网站的内容，提倡链接；

我们尊重我们的会员的内容并保护它的完整性和权益。

在他们看来，如果说上个世纪的电子革命解放了工作者的身体，那么，数字革命则解放了思考者的头脑。

数字文化的核心就是合作和共享。

尽管有诸多的戒律，但恰恰是有了这些戒律，该网站给了人们极大的自由讨论的空间。这里的讨论范围非常广泛，如有的人说，传媒对现实的歪曲导致悲惨世界综合征——现实没有传媒说得那么糟，但是说得越糟，人们越爱看。也有人认为，现实中的人是分三六九等的，还有相当一部分人的生活确实是很糟的。也有人说，人只有在有事情让他抱怨时，他才会感到幸福。还有人说，精英和大众传媒控制了人们的思想，使美国人变哑了。还有人讨论媒体的党派倾向，说CNN是民主党的阵地，FOX是共和党的阵地。

还有一些对象性社区也是自律色彩较强的，如The BlogHer社区女性网站的指导方针则是这样的②：

我们欢迎您多样化的价值观点，但是我们坚守的原则是你所发表的内容不能涉及以下内容：

使用网站辱骂、伤害、威胁他人的言辞。

中伤、诽谤、故意造谣。

侵犯版权、商标权、商业机密或专利权的行为（如果您引用他人的内

---

① 见http://www.abovetopsecret.com/about_abovetopsecret.html。

② 见http://www.blogher.com/what-are-your-community-guidelines。

容，您有责任提供原作者出处)。

泄露机密。

泄露第三方隐私，违背公共道德或权利的行为。

包含有第三方委托或支付的编辑内容(现金或交换物)，以及付费广告链接或垃圾广告。

在笔者所看到的美国网站中，WELL网的发言规则最简单。在其社区指南中，他们陈述说，从1985年建站以来，他们坚持最少的规则和自由精神。他们的口号是："你拥有你自己的话语权(You Own Your Own Words)。"①但在具体表述中，他们说得还是比较谨慎的：作为一个社区，WELL的功能是相互尊重和合作。他们警告说，网上交流与面对面交流有很大不同。只有你的话显示在网上——你的面部表情、语调、和别的现场情境都不再存在，因此，要特别小心注意表达的方式。例如，戏弄和挖苦，就不容易被理解。你可能需要一次次地询问或解释一个玩笑的意义，直到你的意思和观点被准确理解。记住你一时兴起所说的话会长期保留在网上，你的情绪性语言直到你的情绪已经过去了人们却仍然在读。你可能常常不同意别人的意见，但在发表你的意见时友善和礼貌比攻击别人的人格要好。一般来说，要避免使用不雅的语言，除非它在交流中可以被人所接受，这里并没有严格的规则。你只需记住，我们这是一个拥有许多不同的人的社区，他们有许多不同的标准，也许会有儿童出现。

第三节 博客表达与网络礼节

在澳大利亚社会与政治网上讨论杂志《在线评论》(http://www.online-

① 见http://www.well.com/conf/guidelines.html。

opinion. com. au)中，索非娅·马森(Sophie Masson，小说家，专栏作家)发表《维基、博客、手机博客及其他》①一文(2005 年 4 月 4 日，2007 年 11 月 30 日查阅)，其中探讨了博客的问题。

在 2003 年，作为一个博客先行者，她在世界范围内的博客中做了一个调查，在发表于 2003 年 6 月号的《Quadrant Magazine》的标题为“博客环境”的调查报告中，她问的一个问题是，博客的优势和不足是什么？大部分人回答说，你能自己掌控它，用以发表你的意见和想法，不必把它们提交给编辑审查，同时，可以直接与读者接触。然而，后来显示，大部分博客的最大的不足是，一些评论过于好斗，让人极度不愉快，还有一些人只允许你自由发表同意他的说法的言论。接下来的一年，当她访问 Troppo Armadillo 博客组中的博客时，她更加肯定了自己的判断。

她说，博客对于作者是种刺激的体验，理论上说，它使你能够与读者展开真诚的讨论，激发你的灵感，使你经常冒出新见解并受到新思想的训练。但那只是一种理想状态，并且很少有、很珍贵。大部分时候，进入的评论板块是一种聋子的对话，无望的帖子消失在离题的灌水中，偏激的立场、大声的吵嚷和一些才智的炫耀，对别人形成极大的威胁。假如你在某处写作，你希望得到或积极或消极的反馈，但是，那种媒介本身是一种争斗的环境，你得不到有效的反馈。

作者认为，一定程度上说，这是网络空间自身的一种特征。由于电子邮件很普及，人们已经不在意写信时的礼貌问题。博客把这一问题放大了，作者可以写博客，而读者却受到极大的限制。上了博客，人们没有了白纸黑字的约束，说话特别放纵。

这一帖子得到了一些回应。格雷汉姆(GrahamY)回应说，博客现在还找不到一种有效的营利模式，这是导致博客内容质量不高的一个原因。因为不挣钱，所以，博主们来去很随意，不像报纸评论员会因为挣钱的动机支撑而留在那里并认真写作。一般来说，我们为报纸写一则评论要花费半天以上时间，而在博客上加帖则只花个把小时甚至更少的时间。他经常为他的博客帖子的品质吃惊，但如果他在写帖子时花费上三倍的努力，并认真修改的话，这些帖子肯定会变得更好的。

提姆金斯则针对传统媒体上的评论的问题发表意见说，事实上，传统媒

① 该文见 http://www.onlineopinion.com.au/view.asp? article=3303。

体放弃对真实和真理的追求,而走向了信息娱乐(infotainment)。对于人们热衷于争辩的问题,提姆金斯则持保留意见。他说,全程追踪、调查报告、寻求真相等等,常常需要一种好辩精神,否则我们只能仅仅以信息的描述了结,或者仅仅因为那些事实是媒体报道出来的而不加质疑地相信它们。

索非娅的观点被一则博客事件所证实。2007 年 3 月,在 unclebobism 博客上,有人匿名发了一幅对博友 Sierra 具有侵犯性质的图片,由此引发一场讨论。在这幅图片中,Sierra 被人 PS 上一副捂上嘴上吊的刑具。在 Sierra 看来,这是对自己极大的侮辱。因此,她找到该博客的主人 Chris 理论,指责其网站是以"提倡网络攻击为目的而设立",还把加帖者告上法庭。Chris 认为,第一,那幅图片不是自己发上去的,而是别人发上去的,每个人都拥有自己的话语权,他不该承担责任,也不应该审查其他人所写的内容。第二,发图的人也许并没有恶意,只是开个玩笑。戴着上吊的刑具的形象是模仿著名脱口秀主持人 Dr. Phil 曾有的扮相。该网站是基于娱乐目的而建立的,人们开一些玩笑很正常,只是有的人开得过头了。如果人们因此找麻烦,那就只有关闭博客了事。事实上,他也确实是马上关闭了自己的博客。事发之后,Chris 和 Sierra 进行了多次电话及面对面的沟通,逐渐达成了较广泛的共识。后来,他们又在 CNN 做了一次辩论。

这一事件引起了人们的广泛讨论。电子技术学院的 Tim O'Reilly 为此呼吁建立博客行为准则(Blogger's Code of Conduct)。在这一博文中,他提出这样几条准则:一是"不仅对自己的言辞负责,还应对你博客网站发表的评论负责"。反对恶意侮辱别人,删除那样的内容与言论自由的信条并不矛盾,不能认为为维护言论自由就可以放任那些侮辱别人的帖子。为使对话标准达到更高层面的博客不应该因为删除不良信息而受到责难。发帖者拥有自己的话语权,但博主也拥有自己的博客网站和论坛的话语风格的控制权。拥有你自己的话语权就意味着你拥有你发表的内容所产生的后果的责任。当出现偏差的时候,要敢于承认。对于 Chris 来说,删除帖子,在博客上明确表示其不可接受性,要远远比悄无声息关闭博客、删除条目和评论而不加以解释好得多。二是根据评论的洁净程度建立分级制。不同级别的评论加上不同的标签,让人们自由选择。如果你不能忍受那些充满污言秽语的评论,看到相关的标签,你就不去点击,以免给你带来身心的不适,这样,大家就可以各取所需,互不干涉彼此的言论自由。三是在博客中取消匿名评论。作者说,"当人们使用匿名时,往往会说一些和做一些他们公开身份时从来不说的话或不做的事。比如,在压制的政体下,采用匿名的方法利用这样的语境对政治言论是有重要作用的。但大多数情况下明确身份的说明会增强人们的自律意识和责任意识”。四是不要理睬那些向你恶意挑衅的人。“不要与猪格斗,否则,你们两个都成为浊物,但猪喜欢肮脏。”在他看来,人类的天性就是爱聚众争斗,爱看热闹。一些人唯恐天下不乱,努力将争议闹大,用荒谬的言辞取代真实的内容,通过整倒别人而获得自我。如果有人敢将恶意的评论发到你的邮箱,你就把他的 IP 地址屏蔽掉,从而让他知道他的评论是不恰当的,只是你不愿意让他当众蒙羞而已。五是发生争执时找对方在网下好好谈谈,或找个调解员从中调解。在网上不谋面争论,越争越说不清。六是如果有人发布了带有威胁性的帖子,你要严正地指出来,必要的时候诉诸法律,不必因为他是你的朋友就放过他,因为那样的人是不值得你当作朋友的。七是在网上不要说那些你不会亲口说的话。有时你可能在网上被激怒而想泄愤,这时你想象一下你正在与你的妈妈说话,想象一下你正在与一个在大街上遇到的人高马大的花花公子说话,或者想象一下正在与你说话的人是一个站在你面前的活生生的真人。你会说那些话吗?

Tim O'Reilly 的呼吁也引发了广泛讨论,BBC 还将其准则转载。① 但这个建议并未获得多少认同,许多博客写手认为这个建议在现实中行不通。

其实,在博客出现之前,有关网络礼节问题就早已有一些学者专门做了研究,只是在博客这样一种特殊类型中,网络礼节问题变得更突出而已。

所谓网络礼节,即在线交流中做什么和不做什么。它覆盖了包括在线公共礼仪和非正式的网络空间规则。

Virginia Shea 曾出版过一本专门的谈网络礼节的专著《Netiquette》(Albion Books,1994),她也界定了网络礼节,认为:“简单地说,即网络中的礼节——在网络空间中的礼节。‘礼节’意味着‘必须的良好教养或在社会及办公生活中的权威的规定形式’。换句话说,网络礼节是一套在线的合适行为规范。”“当你进入任何一种新的文化——网络空间有它自己的文化——你难免会犯一些错误。你可能无意间得罪了别人。或者你可能误解了别人某些无意的话而对别人进行攻击。更加可怕的是,网络空间中的情形使人们更容易忘掉你是在和别的真实的人进行交流——不是仅仅和屏幕

① 资料见 http://radar.oreilly.com/archives/2007/04/draft-bloggers-1.html。

上的 ASCII 字母说话,而是和活生生的人。”其中列了十条规则①:

规则 1:记住人;

规则 2:坚持和真实生活中一样的网络交往行为标准;

规则 3:在网络空间中明白你在哪里;

规则 4:尊重别人的时间和带宽;

规则 5:保持你的网上良好形象;

规则 6:分享专业知识;

规则 7:不要让网络论战失控;

规则 8:尊重别人的隐私;

规则 9:不要滥用你的权力;

规则 10:原谅别人的错误。

Virginia Shea 提醒说,当你上网交流时,你要时刻想想,有些话当你与对方面对面时,会不会说出来?你还要考虑一下,如果你所说的某些不当的话被别人复制并传播,会给你带来什么麻烦?她还认为,人们不能因为在网上没人知道你是谁,就不考虑自己的形象,因为不管走到哪里,人们总是愿意与给自己留下好印象的人交往。在网上说话时,人们往往比较随意,表达欠考虑,导致言不及意,她认为,即使在网上也要想好再说,这样才能达到沟通的意愿。对那些在网上交流中打错字,语言不规范的行为,她也提出批评,认为“要使你的表达清晰而富于逻辑性。完全应该写东西时保证没有语法错误和错误拼写,而不是不在意。有时你为了给人留下深刻印象,用了大量的拼写很长的句子,结果却往往让人根本读不懂你的文章——没有一个值得留下印象的人给人留下印象。简单的就是最好的”②。

还有一个问题就是人们在网上发言常常不注意礼貌,甚至故意说狠话。Virginia Shea 说,“要令人喜欢而文质彬彬。不要使用攻击性语言,不要为了敌对而敌对”③。

---

① 见 http://www.albion.com/netiquette/corerules.html。

② 见 http://www.albion.com/netiquette/rule5.html。

③ 见 http://www.albion.com/netiquette/rule5.html。

第四节

网站与网友的言论责任

上节我们看到 Tim O'Reilly 在他所建议的博客行为准则第一条中就提到,"不仅对自己的言辞负责,还应对你博客网站发表的评论负责"。这一要求对于博客主人来说是比较容易做到的,因为博客毕竟是个小圈子,跟帖的人数有限。即便这样,要担负这一责任,对于博主来说,也是一个不胜其烦的事情,他的大量精力可能都要耗费在删帖和锁帖上。对于一些大型的网站来说,要完成这样的任务,除了用专门的软件来做,几乎难以胜任。在美国很有名的民主与技术中心网(http://www. cdt. org)就反对由 ISP、网站、在线服务提供商来负责净化网站中人们的上帖,认为那样很不现实。举例来说,假如 YouTube. com 视频分享网站不得不对每天上传的成千上万的新视频负责,这个网站就不能继续作为一个开放的为用户的视频表达服务的论坛运行了。因此,他们认为,应该让人们去自我规范。为保护批评和提升自由表达和创新,以允许那些令人不快的上帖作为代价是值得的。

他们的理由是,如果网络服务提供商必须负责监管网上的跟帖内容,就意味着服务商由媒介提供者变为内容出版者了。作为出版者,他必须负责,作为媒介提供者则不必负责。这样,他就可以从担心中解放出来,并通过编辑或删除任何他们或他们的用户认为不合适的内容,积极地进行自我规范。尽管 1996 年推出的《传媒净化法案》的某些条款被最高法院否定了,但其中的第 230 节内容却被认可了,那就是免除传媒提供者的责任。最高法院所做的几例案子都是这样判的。①

① 资料见 http://www. cdt. org/publications/policyposts/2008/4。

但大量滥用言论自由的事例不断发生,又必须找到一种办法以让人们负起责来。一些网络流氓利用网络上的责任真空对他人进行恶意的人身攻击,部分有不良政治或经济企图的个人或团体甚至"劫持"网站,以达到其目的。在韩国,因为无法忍受发布在网上论坛的匿名恶意评论和人身攻击,韩国电视明星郑多彬以及流行女歌手 Yuni 自杀身亡。

既然网络服务商的责任被免除,人们只能把责任推及上帖者。毕竟,任何人都会在网络上留下踪迹,只不过他们经常没意识到这一点而已。无论是开设网页、发电子邮件或者即时讯息,都可以根据网络服务供应商提供的地址追踪。美国乔治中学一名女生就把侮辱她的人所上的帖子打印出来作为证据,提交给学校,从而有效地保护了自己。

但是,依靠网络流氓在网上留下的痕迹来追踪,成本比较大。韩国走得比较远,他们通过一项新法令,要求博客写手以及其他大型门户网站所设网上论坛的参与者必须输入个人身份证件号码,才可以进入博客或论坛发表言论。但部分批评人士指责这项法令会限制人们匿名发表对政治事务的观点,影响普通民众的言论自由。纽约市立大学新闻学教授杰夫·贾维斯认为,韩国的这项举措是"令人反感的、不民主的念头"。①

在奉言论自由信条为圭臬的美国,网络实名的呼吁几乎难以获得人们的共鸣。诸多保卫言论自由的网上民间组织都坚决反对实行网络实名制。在他们看来,借助匿名以自由表达是美国的一个悠久的传统。汉弥尔顿、麦迪逊和杰写作联邦主义论文时都使用了假名,诸如"Publius"、"联邦农民"等。电子前沿基金会就表示,他们将向任何阻止匿名交流的努力挑战,不管是法院还是立法机构,他们将向匿名网络交流系统提供金融支持。美国最高法院已经重申其规则,认为匿名自由言论权受到宪法第一修正案的保护。1995 年高法关于俄亥俄州麦金泰尔选举任命的判例曾被人们广泛引用。该判例说:"对于匿名言论的保护对民主话语来说是至关重要的。允许不同意见者隐藏其身份使他们可以自由地发表批评性的、少数派的观点……匿名是一种针对多数人的暴政的保护措施……因而它是权利法案和第一修正案背后的目的的一个特殊例证:保护不受欢迎的个人

① Cnbeta:《网络流氓阴云笼罩博客》,见 http://net.zdnet.com.cn/network_security_zone/2007/0902/483977.shtml。

不受报复……在一个不宽容的社会中。”①人们不愿意自己在网上所说的话影响到自己在网下的个人形象并进而影响自己的网下工作和社会交往。在他们看来,他们的网上身份一旦被连接到网下的真实身份,就可能受到政治或经济迫害,以至于自己的正常生活被威胁。在现实中,政府或某些公司可能会为了自身利益而压制某些新闻,如果实行实名制,网民就不敢把那些新闻在网上公之于众;孩子若实名上网,家长就担心会有怀不良企图的人利用那些真实信息来影响孩子的安全。对他们来说,匿名是获得安全的必要保障。

第五节 国外网络论坛状貌

国外网络论坛主要可分为传统传媒网站论坛和民间网络论坛及博客论坛。

(1) 传统传媒网站论坛因为有传统传媒的支撑,他们现在把传统传媒和网站打通,实行媒介融合,以实现资源的最佳配置,所以,内容非常丰富。

以 NBC 的一个新闻论坛 Topix(http://www.topix.net/forum)为例:

论坛首页最上端为版头,上写 NBC6.NET South Florida,并有 NBC 的 LOGO 和加入论坛的登录栏。下来分左中右三栏,形成典型的门字型结构。左右两栏较窄,中间一栏较宽。左边一栏是新闻分类栏,设了主页、视频、新闻、NBC6 精神、天气预报、交通报道、娱乐新闻、体育新闻、健康新闻、竞拍、图片、奥林匹克区、环保、社区、消费者、金融、家庭、教育、求职、食品、住房、市场、NBC6 介绍、汽车、求医问药、婚姻、其他合作者、数字工具、广告与我们等类别,非常细,非常全,便于人们迅速找到自己感兴趣的新闻,以对新闻

① 见 http://w2.eff.org/patriot/20040929_NSL_Decision.pdf。

发表意见。右边一栏最上面是当地当下的出行状况,如天气、交通等。下面是个小型网络调查,比如有一则是对人们进入此论坛的频率的调查,有投票、有结果,你可以先投过票,然后查一下结果。笔者查结果时看到,在总共11 146 张选票中,一天数次上论坛的达到 3 130 张,是最多的选项,如果这个统计结果没有作弊,这个论坛还是比较受欢迎的。在这里,每个论坛成员都可以就自己感兴趣的问题或事件设立调查。再下来是热点新闻论坛目录,里面列出了最受关注的一些新闻条,并把此一新闻已经有的评论数量做出了统计。笔者查阅时(2008 年 2 月 16 日 21 点 58 分),其中关于美国是否应该建立广泛的健康保障的新闻已有 10 968 条评论。

中间一栏是主栏,列出了所有在讨论的主题,并建立了"论坛和小调查"、"新闻"、"有线"4 个小标签。进入每一个讨论主题,每页显示 20 条评论,并设立向前和向后翻键,以及进入上一个主题,跳到第几页的指向。下来左边是发言者信息,包括发言者的网名、图标、发言者特别强调的观点(比如"准备堕胎者:美国的塔利班"、"蠢货才支持希拉里"等)、加入论坛的时间、发表评论的数量、来自哪里、ISP 在哪等信息。这些信息使别人分析此人的观点时有所参照。比如有一个发言者来自瑞士,人们就拿美国的情况和瑞士的情况相比较,请她提供瑞士那边的做法。有了那些信息,人们还可以知晓他是站在什么立场上发表观点的、基于什么背景发表此观点的等。在发言者信息中,论坛还特别设立了一个投票按钮,以便让人们推出自己的意见领袖。右边上面是时间、第几楼、回应等键。特别值得指出的是,他们也设立了"报告滥用"键。在页面最下端,设立了提交评论框,包括可以在帖子中显示的发言者的名字,评论。为避免有人批量上传,他们也使用了数字验证手段,让人们在一幅包括了数字的图形中找出数字填入相应的框中,然后提交意见。

考虑到此时正是希拉里在佛罗里达竞选,承诺她若当了总统就建立广泛的健康保障,所以,笔者打开了是否应该建立广泛的健康保障的讨论主题。这一主题从 2007 年 10 月 5 日开始讨论,到 2008 年 2 月 16 日已经是135 天,可见人们对这一话题的持久关心,平均下来,每天上帖有 81 条。2007 年 10 月 5 日,一个署名 Ajaxspank 的人设立了这一调查,当时有人评论说,你在开玩笑吧? 虽然主意不坏,但不切实际。马上有人附和说,如果你把你收入的 50% 交给政府,并对建立一个很好的广泛健康保障系统不抱希望的话,它还是可能的。有人又说,美国健康保障花费特别大。假如政府更深地卷入,它会变得更加庞大。我们不需要一个更加庞大的政府,它已经太大了。我们需要消除政府计划,使我们的国债得到控制,不能增加那些不现实的花费,把我们拖进经济衰退的洪流中去。有的人说,在美国,医生的收入太高了,药品也太贵。政府通过给他们拨款来解决这一问题,这样做当然进一步提高了花费,降低了效率。在州的水平上建立保障还可以,但联邦太大了。一个女子更是用亲身经历进行控诉:我丈夫每个月为健康保障付出近 400 美元,但保障覆盖的范围还不包括看牙医、看眼睛。我们的政策也不管控制生育,好多药都不保障。持异议者认为,医生的高收入还要考虑到医生受教育的支出以及他所担负的特别责任。一个从事健康保障工作的网友站出来说,我每天都要和病人以及他们的保险经纪打交道,事实是,第一,医生并不像人们认为的那样拿着高收入。我的办公室的外科医生挣的并不比大学教授的平均数高。想想那些律师、运动员、电影明星、电视首席主持人等等。第二,商业保险经纪们从政府得到了有用的教训。他们每月获得高额保险费,但却只有极少部分付给了医生和医院。第三,美国的健康保障很优越,以至于人们很长久地享受更好的药品、更好的手术和医疗技术。他们很长寿,但他们后期就不要交保险费了,健康保障必须为他们支付。第四,医疗官司也是一个大问题。我们每年为此支付的费用也非常庞大。还有人指出,医药研发也是需要巨大的费用的,否则就没有了新的医疗技术。

这样,不同背景、不同利益群体间的交流,非常有利于增进人们的相互理解和谅解。

(2) 民间网络论坛则自身没有信息提供,多是由网友从别的站点找来新闻,然后就此新闻表达自己的观点,引发人们跟帖。下面以号称是互联网上最大和最受欢迎的社区的 ATS 为例:

2007 年 12 月 8 日下午 1 点 59 分,署名 Mainer 的网友转发了 uk. news. yahoo. com 的一则消息,见截图(网页地址:http://www. abovetopsecret. com/forum/thread319849/pg1,截图时间:2007 年 12 月 10 日):

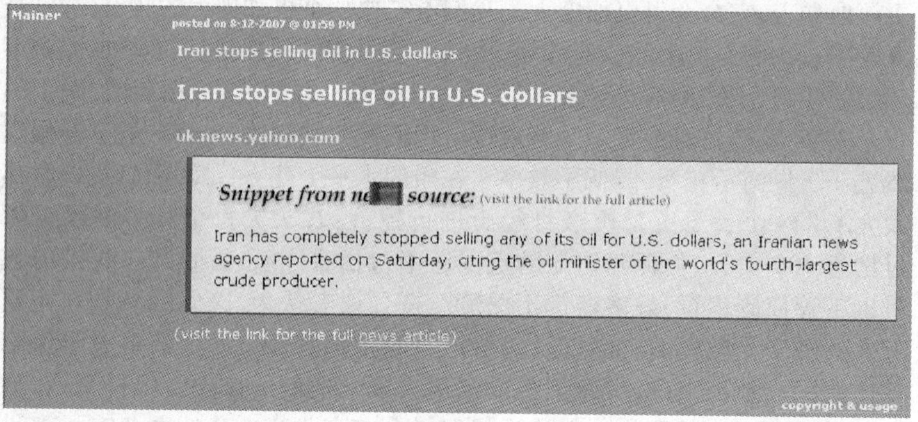

这里，作者既简要截图告知新闻事实，又在截图下面建立了阅读完整新闻的链接，有的还给出了相关的新闻链接和相关的讨论线索。这说明，在美国，人们非常重视评论与新闻来源的链接，要求把评论建立在相对可靠的新闻事实之上。

当然，新闻的可靠性本身就是值得讨论的。在同一个论坛中，就有一个主题是专门讨论新闻的可靠性的。有的人表示，主流媒体的新闻是相对而言更可靠的，此话马上引起争议。有的人认为，FOX 新闻网带有强烈的为布什辩护的色彩，其他几个主流媒体也难以做到公正和平衡，新闻在主流媒体上已经变成了信息娱乐，主流媒体就是一个洗脑工具，使我们远离真实和真理，而网上的草根媒体相对而言还要可靠一些。有的人说，草根媒体更不可靠，其倾向性更明显，没有一个媒体是值得信赖的，你必须就某一事件参看多种媒体的叙述。持此意见的网友最后又半开玩笑地说，要就某一事件参看多种媒体的叙述，我们必须有足够的空闲时间，但这又是不可能的。尽管任何媒体都是不值得信赖的，但给出新闻来源是必须的，因为有了新闻来源，知道某一新闻是哪个媒体报道的，人们就可以对那一媒体所有的倾向给予充分的警惕。

上引消息告知我们，加帖者在雅虎新闻网中看到了一则源自伊朗新闻机构的报道，报道援引世界第四大原油生产企业的官员的话说，伊朗已经完全停止了用美元销售石油。点击链接，进入雅虎新闻网，我们可以看到完整的新闻报道，报道来自路透社，它讲到伊朗此一决定的原因时，一方面讲伊朗一直在与美国作对，一方面讲伊朗方面的理由，即美元在贬值。

就此事件,有的网友更关心的是美元的保值问题,担心美元会一跌再跌,严重影响他们的生活,为此,有的人甚至希望赶快侵入伊朗;看到这样的帖子,一网友批判说,病态和狂热是你的帖子的关键词,你宁愿仅仅因为你们的货币的贬值去侵略别的国家,让成千上万无辜的伊朗人民生活面临危险。有的则说,伊朗拥有选择出售石油时的货币的权利,而伊朗方面的强硬态度可能也与布什支持对伊朗的入侵有关;有的说它会极大地冲击美国经济,影响世界经济;有的则对美元将大跌的预言表示怀疑,认为世界都不愿看到这一景象,特别是中国,因为中国储备了大量美元。

作者叹息说,冷战还没有结束,它在金融领域持续;面对一些网友对发动战争的支持,网友 madhatr137 分析说,当一个人看到最近的新闻时,根据过去的情况不难做出预言。一周多前,NIE 声明,伊朗早在 2003 年就停止了核武器项目。但一周前布什却说,“那不能改变任何事情”。我们都知道,政府在准备干什么了。

作者说,根据已经公开的信息,我敢打赌,政府早已知道,自从 2003 年,伊朗已经不再展开真实的军事威胁——核威胁。正如每个人在理性的会话中了解的,上世纪 90 年代伊拉克并没有威胁我们,白宫盼着来自德黑兰的反应,为什么白宫会拒绝诚意的谈判?很简单,如果美国找不到它期盼的道德理由对伊朗发动战争,那么下一步就是创造一个非常真实的情境,让来自伊朗的威胁使人们无从逃避。它不是制造美国生活方式的道德,而是消费趋势。假如经济崩溃,人们就会别无选择地支持发动战争。记住,第二次世界大战不是始于大屠杀,它始于德国要找到经济失败的替罪羊!我们都知道它将怎样走向结束。网友 menjo2000 不同意他的说法。他争辩说,事实上,我们 2003 年确实不知道,我们获得足够的消息仅仅是今年夏天的事。最大的不同在于真实发生和人们认为发生了。尽管他们已经停止了制造核武器的计划,但他们仍然在进行铀浓缩活动。技术是容易获得的,而铀是难得的,一旦他们得到了浓缩铀,要制造别的东西就太容易了。他认为,伊朗早在上世纪 70 年代就已经在威胁我们。在伊朗的学校,孩子们被教导杀犹太人和美国人是正当的。在开始上课时,他们会喊“美国人去死,犹太人去死”,这一信息来自于一个不久前从伊朗移民到这里的家庭。网友 marg6043 则说,人们在判断说因为石油而侵略别的国家之前,要记住我们国家是生产石油的。不是因为人们几十年来坚信的利益问题,有时我们国家最大的问题是统治了我们国家的现实议程,它相信他们拥有着我们的资源,迫使我们去进行地理政治战争。真正的原因是他们的贪婪和腐败使我们的国家正陷于混乱中。有的网友质疑,没有理由说石油一定得用美元支付。有的网友认为,伊朗所做的事情对美国没有多大影响,主流的美国媒体对此考虑太多了,以至于都没有理会到这一点。伊朗所做的并不会使美国经济崩溃,人们太容易轻信了,醒醒吧。有的说,此事仅仅意味着伊朗的一种聪明的商业决定,不要硬说它是会导致两国发生战争的阴谋。有的说,传媒以此事引起人们的关注,是为了形成反对伊朗的舆论。还有的人提到了美国介入中东是为了获取石油,然后有人反对说,美国并不缺石油,阿拉斯加就有油田。然后,有人说,阿拉斯加的石油是一种战略储备,其次,我们不能破坏环境。我们现在可以买到大量便宜的原油,如果买不到了,我们还拥有足够的资源。将来,到了它变得极贵的时候,还可以用塑料等产品来代替。

值得一提的是一个署名为 Gools 的人,他不是信马由缰地去想象,而是通过对事件发展过程的回顾来表达意见,类似于我们所说的新闻分析。不妨把他的帖子翻译如下①:

我们来回顾一下这一讨论的相关事件好吧?

一年前(去年 12 月 6 日),伊朗宣布将停止使用美元进行石油交易。

3 月份,伊朗宣布 60% 的支付不再使用美元,他们售出了其美元储备并宣布将使用欧元。

紧随其后,中国开始用欧元向伊朗支付,小规模的贸易战在中美之间发生。

7 月,日本宣布将在秋天用日元购买石油。

9 月,伊朗宣布 70% 的支付不再使用美元。

日本也明确将使用日元购买石油。

格林斯潘宣布欧元正在变成新的储备货币。

10 月,伊朗宣布 85% 的支付不再使用美元。

欧佩克(伊朗是其领导成员)宣布他们正在研究用哪些货币来交易石油。

伊朗现在宣布他们已经完全不用美元了:伊朗停止用美元出售石油。

---

① 见 http://www.abovetopsecret.com/forum/thread319849/pg4。

此外,委内瑞拉的储备货币已经多元化并用于石油贸易,俄罗斯现在用卢布卖石油。你也许奇怪,为什么最近几年美元跌了60%(相比于欧元)。整个货币支付体系分化了。

这种分化迅速来到了你眼前。

还会有人继续认为枪炮是薪水战争的唯一途径吗?

从帖子中作者所掌握的信息看,他应该是有关石油支付方面的专家。

还有人疑惑,人们为什么要把美元作为硬通货,直接用黄金不行吗?这时就有人从金融学角度作了专业性解释。

一个署名为unnamedninja的网友专门分析了美国的战争动机。他说,从美国的对外战争中,他得到了这样几个经验。首先,当年对伊拉克的战争政府并没有损失一便士,真正为此付出的是纳税人;其次,军火商们最盼望战争发生。他们为政府捐款、为选举活动设立基金,以此影响政策的制定。军工企业鼓励战争政策,不仅仅是因为那样政府会用纳税人的钱来买他们的武器。看看美国插手的所有地方,不难发现,全都是自然资源丰富的地方。像达尔富尔之类的地方为什么不去插手,因为那里不会为他们带来利益。再次,当年入侵伊拉克并非仅仅为了得到石油,而是为了保障使用美元交易。

我们也看到有的帖子并不太理性。比如署名dj05544的一个帖子说,只要把布什和他的官员们都铲除掉,所有这一切问题就都解决了。告诉切尼,感谢他把我们聚集在了一起,然后把他扔进监狱,这样美国在世界上的形象绝对会变得更好。我希望看到他们像萨达姆那样被绞死。我不知道此事将对我们带来怎样的冲击,但我相信天然气价格会迅速飙升。

(3) 博客论坛也是由博客链接别的站点的新闻,然后人们在后面跟帖评论。

以TOPIX网站的博客论坛为例:进入论坛,出现标题"博客新闻论坛"(Blog News Forum),标题之下是一个搜索框,可以搜索你想看的论坛评论。这个论坛把所有博客主帖以最新评论日期为序进行排列。这种排列方式很新颖。一个主帖可能已经是几年前的,但只要有人现在对它做了评论,它就会被置顶,使人们随时能看到最新的评论,这样就突出了评论的价值而不是新闻本身。当然,博客显示的是那条新闻的题目或链接者对它起的标题。网站显示了最新评论的时间,比如说1分钟前,10分钟前,1小时10分钟前,1天前,100天前等,发表最新评论的人的网名则列在最新评论时间之后，最后还列出了此新闻被评论的次数。它每页显示100条主帖，还告知总主帖量到目前为止有多少。你可以前后翻页或直接跳到某一页。

举例来说，有一条标题叫“反非法移民组织引发争议”，在笔者看帖时，排在第三位，是一个小时前出现最新评论的，评论者的名字叫“mdbuider”，此新闻到目前为止已有143条评论。标题和最新评论者的名字都设置了超链接，点击评论者的名字进入此评论者所评论过的新闻的列表，可以看他/她所有的评论，如他/她没有别的评论，网站就为你提供最近被评论的新闻的小型列表和最受欢迎的新闻的列表。

点击主帖新闻标题则进入此新闻的评论页。打开评论页，左上角是主帖上帖日期和上帖者名字。“反非法移民组织引发争议”这条主帖的上帖日期是11月1日，上帖是“RadicalTim”。右上角是加书签和发电邮按钮。下来是标题，标题之下是完整新闻的链接，再往下是对此新闻的简述。以下就是一条条的跟帖了。如果有的人看了你的评论有话说，却不想公开发表在跟帖栏，还可以给你发电子邮件。

后 记

本书是江苏省教育厅项目“网络新闻评论研究”的课题成果。研究期间几易其稿，经历长途跋涉，现在终于完成了。在做此课题之前，我一直在新闻评论领域钻研，出版过《新闻评论学》、《广播电视新闻评论学》等，因此，想把网络新闻评论做一深入研究，这样，我就对各种媒体的新闻评论有了一个整体的把握。但是，课题做起来才知道其困难。一是网络媒体发展非常快，网络新闻评论一直变动不定，刚刚做好一部分，就又不满意了；二是网络新闻评论作为一个新的领域，搜集资料非常困难，学界的研究一直处于一种与报纸新闻评论相比附的很难深入的状态。网络迅速改变了传媒格局，使国民真正得到了公民教育，并以公民的姿态站起来进行独立思考、独立表达、畅所欲言，它对社会的发展与进步所起到的作用，无论怎么估量都不过分。考虑及此，就总是觉得自己的研究不尽如人意，辜负了这一媒体。但人总是在不断思考中继续前行，所以，只能寄希望于自己在今后的研究中能够做得更好一些。

课题组的几个成员都很睿智，也很刻苦，使本研究的质量令人稍感欣慰。研究分工如下：杨新敏负责第一章、第二章的第五、六两节，许海燕负责第二章的第一到四节，尚香钰负责第三章，罗锋负责第四章，郝吉环负责第五章。

感谢在课题研究过程中给我们提供了无私帮助的诸友，感谢出版社的编辑们的认真审阅。

2009 年 7 月 28 日